"十三五"江苏省高等学校重点教材（编号：20

高等学校创新创业课程系列教材

U0590243

创业经济学

主　编　景　杰

副主编　王子敏　蔡冬青

CHUANGYE

JINGJIXUE

中国教育出版传媒集团

高等教育出版社·北京

内容提要

本书是"十三五"江苏省高等学校重点教材。全书共十一章,分别是导论、创业经济增长、创业者、创业决策、创业企业成长、创业孵化、市场结构与创业、创业政策环境、创业投融资、创新与创业经济、互联网创业。

本书内容翔实、案例丰富,设有思考题、材料分析、综合案例分析等栏目,便于学生加强对相关知识的理解。

本书既可作为高等学校创新创业课程教材,也可作为社会人士自学用书。

图书在版编目(CIP)数据

创业经济学/景杰主编.—2版.—北京:高等
教育出版社,2023.1
　　ISBN 978 – 7 – 04 – 055255 – 3

　　Ⅰ.①创… Ⅱ.①景… Ⅲ.①创业-高等学校-教材
Ⅳ.①F241.4

　　中国版本图书馆 CIP 数据核字(2020)第 221666 号

| 策划编辑 | 张正阳　张　伟 | **责任编辑** | 张正阳 | **封面设计** | 张文豪 | **责任印制** | 高忠富 |

出版发行	高等教育出版社	网　　址	http://www.hep.edu.cn	
社　　址	北京市西城区德外大街 4 号		http://www.hep.com.cn	
邮政编码	100120	网上订购	http://www.hepmall.com.cn	
印　　刷	江苏凤凰数码印务有限公司		http://www.hepmall.com	
开　　本	787 mm×1092 mm　1/16		http://www.hepmall.cn	
印　　张	14.5	版　　次	2018 年 8 月第 1 版	
字　　数	314 千字		2023 年 1 月第 2 版	
购书热线	010 – 58581118	印　　次	2023 年 1 月第 1 次印刷	
咨询电话	400 – 810 – 0598	定　　价	35.00 元	

第二版前言

为什么要学习创业经济学？这，是个问题。

如果我满怀创业热情和梦想，准备自主创业，那要认真学习创业经济学，这样才能更好地认识创业的基本规律，更好地掌握创业的科学方法，提高创业的成功率。

如果我没打算自主创业，而是准备去一家不错的企业，找一个合适的工作岗位，踏踏实实地走自己的专业发展道路，那还要不要学习创业经济学呢？

今天的中国，经济社会发展已经进入新时代，人们对美好生活的向往意味着市场需求的多样化、个性化、信息化和智能化。一个企业只有进行第 2 次、第 3 次……第 n 次创业，对自己的产品和服务不断更新、升级，才能在激烈竞争中生存、发展。因此，每个员工都会有很大概率参加企业的再次创业，成为一名创业参与者。我们参与其中献计出力，不仅能为企业和社会做贡献，也能彰显自我价值，在服务社会中实现专业发展。这就需要充分准备——知识的准备、心理的准备！

一个积极的创业参与者，如果具备创业经济学基础知识，可以对企业发展有更全面的认识、更深刻的理解、更正面的心理认同，从而更准确地把握专业发展的切入点，也就更有可能被领导和同事认可，使自己的专业发展道路更加宽广、明亮。

呈现在大家面前的《创业经济学》(第二版)，在第一版的基础上新增"创业决策"和"创业投融资"两章，并对其他各章进行适当修改，形成了由创业经济基础理论、创业主体经济理论、创业载体经济理论、创业经济环境理论、创业投融资理论和创业经济热点问题研究构成的创业经济学理论体系，结构更完善、内容更丰富，应用性和针对性也进一步增强。

本教材由景杰担任主编，王子敏、蔡冬青担任副主编，撰写分工为：第一章，景杰；第二章，邓若冰；第三章、第四章，王晶晶；第五章、第六章，王峥；第七章、第八章，蔡冬青；第九章，程欣炜；第十章、第十一章，王子敏。

编写组

2022 年 12 月

第一版前言

2018 年 5 月，一份以在校大学生为对象的调查报告，呈现给我们这样的数据：约有 63% 的大学生有明确的创业意愿，其中准备毕业后直接创业的超过 10%。这是来自新时代的令人欢欣鼓舞报告，让我们真切地感受到春天的气息、春天的张力！

与调查报告相印证的是，2016 年全国新设企业 552.8 万户，平均每天新设 1.51 万户；2017 年新设企业 607.4 万户，平均每天新设 1.66 万户。面对汹涌而来的创业浪潮，创业教育应当在创业方法和应用教育的基础上，以增强创业理性为目的，深化对创业规律的研究和教育。只有建立在科学理性基础上的创业教育，才可能是成功的教育。多少年以后——

也许，当年的初创小公司已经员工成百上千、产值数以亿计，创业者也入选这样那样的排行榜。这，将是创业教育的成功！

也许，当年的创业企业没有大规模扩张，但其生产经营基本稳定，为企业和员工带来了源源不断的经济收入。这，是创业教育的成功！

也许，当年的创业者满怀热情，但创业之路几经波折却难以成就，在对照创业教育的理论进行反思之后，决定找一个合适的就业岗位，并一直踏踏实实地做一名好员工。这，也是创业教育的成功！

因此，系统总结丰富多彩的创业实践，进一步探索创业经济的基本规律，为创业实践提供理论指导，为即将投身创业实践的有志者提供知识准备，已成为新时代经济学研究的重要课题。本教材编写组以马克思主义基本原理为指导，从我国的创业实际出发，在国内外创业和创业经济研究的基础上，通过对创业经济基础理论、创业主体经济理论、创业载体经济理论、创业经济环境理论的系统研究，以及对创业经济热点问题的探讨，力图为高校学生、创业者和有志于投身创业的人士，奉献一本既有理论价值又具实践意义的创业经济学教材。

本教材由景杰担任主编，王子敏、蔡冬青担任副主编，各章撰写分工为：第一章，景杰；第二章，邓若冰；第三章，王晶晶；第四章、第五章，王峥；第六章、第七章，蔡冬青；第八章、第九章，王子敏。

在本教材的编写过程中，参考、引用了大量研究文献，谨向国内外同行研究者致以最真诚的感谢！

本教材的编写，也是一次富有挑战意义的"创业"。我们深知，本教材作为"初次创业"的成果，会有不少不足和错误，恳望读者朋友、同行专家不吝指正！

编写组
2018 年 6 月

目　　录

第一章 导 论

案例导入

一个十七岁少年的宜家

1943 年,瑞典少年英格瓦·坎普拉德(Ingvar Kamprad)在父亲帮助下建立自己的公司宜家(IKEA),其中 IK 是自己姓名的首字母,E 是自己家的农场 Elmtaryd,A 是所在的村庄 Agunnaryd。这一年,坎普拉德 17 岁。

最初,宜家只是以售卖贺卡、钢笔、钱包等生活类小杂物为主。1948 年,宜家开始销售家具产品,用于邮购营销的《宜家家居指南》被称为"除《圣经》外最被广为传播的书籍",年发行量达 1 亿本,2013 年更是高达 2.08 亿本。在其后 70 年,宜家迅速发展成为全球家居业巨头。到 2015 年 8 月,宜家在 28 个国家和地区拥有 328 家商场,在 50 个国家和地区拥有 978 个家居用品供应商。2017 财年(2016 年 9 月 1 日到 2017 年 8 月 10 日),宜家集团零售总额达到 341 亿欧元;其中,宜家在中国的销售额超过 132 亿元(人民币),商场访客超过 9 000 万人次,网站(ikea.cn)访问量超过 7 500 万人次,宜家会员俱乐部会员超过 1 800 万人。

宜家的发展和成功,就是坎普拉德的创业成功。第一,在公司的发展过程中,坎普拉德领导宜家,一直保持着创业冲动。从 1943 年成立宜家(IKEA)公司,到 1948 年开始销售家具产品,20 世纪 60 年代开辟北欧市场,20 世纪 70 年代开辟西欧市场,20 世纪 80 年代开辟美国市场,20 世纪 90 年代开辟东欧、俄罗斯和中国市场,坎普拉德带领宜家公司持续不断地创业、再创业。第二,坎普拉德对商业机会的准确识别和延伸开发。第二次世界大战结束后,欧洲的城市化迅速发展,来到城市的大量年轻人迫切需要装修新房,家具用品成为他们的刚性需求。坎普拉德敏锐抓住这一机会,在 1948 年引入家具产品,成为宜家发展的重要转折点。随着门店顾客增加,宜家在家具卖场的基础上,又开发了餐饮、亲子休闲等服务,使"逛宜家"成为市民周末生活的选择之一。第三,宜家在传统业态中开创资源组织方式。从顾客选购到安装,从家具售卖到餐饮、休闲,宜家的全程自助式服务,有效地节约了用工成本,也通过更优惠的价格进一步扩大了市场。近年来,宜家的"民主设计"将来自社会的设计思想、作品,转变为公司的智力资源,和自助式服务一样,突破传统的企业边界组织资源,使宜家成为"无围墙企业"。第四,宜家的成功在于其不断创造新价值,包括其创造的巨大经济价值和社会价值。宜家的环保标准、极简生活方式等,已成为宜家文化并产生全球影响。

第一节 创业及其功能

一、创业的概念

创业是人类的基本活动之一,其内涵十分广泛。《辞海》将创业一词的原意解释为"创立基业"或"开创建立基业、事业"。《现代汉语词典》将创业定义为"开创、首创",突出强调创业是突破资源约束"白手起家"的含义。在英文中,创业有两种表述方式,一是 venture,表示动词"创业",揭示"创建企业"这一动态过程;二是 entrepreneurship,是从词根 entrepreneur(企业家、创业者)演化而来,由于创业与企业家概念相关联,entrepreneurship 一词也就有了创业的含义。

经济学家首先提出了创业的概念。法国经济学家理查德·坎蒂隆(R.Cantillon)早在 1755 年就把 entrepreneur 一词作为术语引入经济学。著名经济学家熊彼特认为创业是将生产要素进行组合的活动,即创业是一个"创造性破坏"的过程,通过创新的发生诱发经济偏离均衡状态,促进经济增长。莫里斯和刘易斯对 1982—1992 年之间美国出现在核心创业杂志上的 77 个创业概念进行了内容分析,把这些概念中出现5 次以上的词语记录下来,发现出现频率前 5 位的关键词依次为:①开始、建立、创造;②新企业、新冒险;③创新、新产品、新市场;④追求机会;⑤风险承担、风险管理、不确定性。从狭义的角度看,一些学者将创业视为从零开始创建企业,如美国管理学会认为创业是新企业、小企业和家族企业的开创和管理。从广义的角度看,学者们倾向于认为创业是一种新价值的创造活动,不再局限于"从零到有"这种形式上的创业。著名的创业教育大师杰弗里·蒂蒙斯认为,创业已经超越了传统的创建企业的概念,在各种形式、各个阶段的公司和组织中都存在创业活动。萨尔曼指出,创业过程就是根据所掌握的各种资源,利用外部各种创业机会,创业者的交易行为在环境影响与制约下相互影响并发生作用的过程。

不论狭义角度还是广义角度,现有对创业内涵的界定,主要可以分为两类:

(1) 创业是一种行为,而不是简单的一个结果,需要个体投入资金、精力等,是一个连续性的过程。科尔把创业定义为发起、维持和发展以利润为导向的企业有目的性的行为。柯兹纳(Kirzner)认为创业是发现经济运行中的机会,抓住机会并且盈利的过程。他更多的是强调创业者利用现有信息,发现可能盈利的机会,并不依赖于知识、技术方面的创新。加特纳(Gartner)认为创业内涵体现在创业者的个人特性和创业的行为结果两个方面,这种创业活动的内涵实际上包括创业中的种种具体管理行为,包括开创新业务,创建新组织,实现各种资源的重新整合,开发机会等。格里斯(Gries)和诺德(Naudé)认为创业是个人在现有的资源、方法和状态下,利用市场正面机会创造和培育新企业的过程。

(2)强调创业的商业化价值。美国学者德鲁克将创业理解为那些能够创造出具有价值的、与众不同的新事物的活动。肖恩(Shane)和文卡塔拉曼(Venkataraman)则认为,创业致力于理解创造新事物(新产品或服务、新市场、新生产过程或原材料、组织现有技术的新方法)的机会是如何出现并被特定个体所发现或创造的,这些人又是如何运用各种方法利用或开发它们,然后产生各种结果。

在国内,大多数研究直接采用国外学者的创业定义,也有从创新、创业过程和寻求商业机会等视角下定义。李志能等将创业界定为一个识别和利用机会,并由此创造出新颖产品或服务,实现其潜在价值的过程。胡振华认为,创业是创业者对自己拥有的或通过努力能够拥有的资源进行优化整合,从而创造出更大经济或社会价值的过程。还有学者从经济学的角度定义创业行为,认为创业就是为了创建新企业而进行的、以创造价值为目的、以创新方式将各种经济要素综合起来的经济活动。

本书所给出的概念,就是创业者基于自身的人力资本优势,在现有社会条件下识别、创造商业机会并承担相应风险,以创造新价值的过程。这一概念将创业的核心和主线融入创业过程,即创业既是一个机会识别过程,又是一个企业相关要素的组织创新过程,更是创造经济价值或社会价值的过程。因此,创业包含以下几个要素:创业动机、创业者、商业机会、资源配置、价值创造。

(1)创业动机。创业动机就是推动创业者实施创业行为的主观理念和意识,是创业活动的"启动阀"。在创业活动中,创业者充分发挥自主性和自身能动性是重中之重。创业者之所以愿意冒较高风险,承担这种不确定性的后果,调动资源进行创业,也正是基于创业动机这种与众不同的自主性。因此,创业动机是创业行为的内在驱动力,正是其促使具有创业能力和创业条件的个体进行创业,是创业者的个性心理标志。

(2)创业者。创业者是创业活动的主体,是创业乃至经济发展的"领头羊"。在创业过程中,从自身优势和对外部条件的判断,到商业机会的识别、开发,并最终实现新价值,创业者始终发挥着组织、领导的作用。因此,创业者不仅是创业活动的发起人,也是价值的创造者。任何创业活动同时也是创业者的个人活动,任何创业成功当然也是创业者的个人成功。

(3)商业机会。创业行为需要创业者识别经济运行中的机会,可以是需求机会,也可以是生产机会。蒂蒙斯将创业看成一种受到创业机会驱动的思考和行为方式。识别创业机会包括三个阶段:①感觉或感知到市场需求或尚未利用的资源;②认识或发现在特殊的市场需求和特别的资源之间"相匹配的东西";③将这种"相匹配的东西"以新业务的形式展现出来。识别和选择正确的机会,是创业者成功开展新业务的重要能力。

（4）资源配置。创业的过程是一个不断投入资源以连续提供产品与服务的过程。创业活动最终要顺利实现生产经营,必须根据对特定产品需求和生产方式的预期,快速锁定目标消费者,利用新资源或以新方式将资源进行高效结合,以最小的投入获得最大的产出,使得企业具有竞争力并赢利。因此,创业的成功取决于对稀缺资源的发掘或高效的资源重组。

（5）价值创造。价值创造是创业活动的唯一目标。创业必须创造经济价值,即通过向社会提供新产品、新服务获取经济收益,表明其满足了消费者需求,并形成了市场动力机制,从而为创业提供可持续的基础条件。在创造经济价值的同时,创业还应当创造社会价值,通过创造社会价值巩固、发展创业的经济价值,将创业升华为全价值创造。创造经济价值和社会价值,是创业成功、创业者成功的根本要求和标志。

二、创业的类型

现有研究对创业活动有多种分类标准。按照不同的标准,主要可以将创业划分成以下类型。

（一）生存型创业和机会型创业

按创业动机划分,创业可分为生存型创业和机会型创业[①]。

（1）生存型创业,就是就业或就业选择未满足基本生活需求的个体,放弃就业或就业选择而进行的创业活动。生存型创业往往是一种被动创业,并且大多数生存型创业者受教育水平不高,创业项目也主要集中在餐饮副食、百货等微利行业,创业目的大多仅仅是为了养家糊口、补贴家用。

（2）机会型创业,就是指为追求商业机会而进行的创业活动,是在已经拥有了较为满意的就业岗位或经济收入,在相对稳定的经济和社会条件下进行的创业活动。这种创业已经脱离了"谋生"阶段,是由于个体偏好而在较为熟悉或感兴趣的领域创业。

机会型创业是积极主动的,而生存型创业是相对被动,甚至是被迫的。生存型创业和机会型创业的差异也较为明显,表现在创业者的年龄、学历,面临的资金、技术壁垒,对经济增长的贡献等方面。而且,机会型创业的成功率更高,创业行为的持续时间更长。2016 年的全球创业观察（GEM）报告显示,在中国以机会型创业为主,64.29％的创业者为机会型创业者。

（二）自主型创业和企业内创业

按新企业建立的渠道划分,创业可分为自主型创业和企业内创业。

（1）自主型创业,就是创业者利用自己的知识、才能、技术和所形成的各种能力,以自筹资金、技术入股、寻求合作等方式,在有限的环境中寻求机会、创造价值的过程,如开店、办厂、创办公司、投资生意等生产经营活动。自主型创业被普遍用于描述

---

① 2001 年全球创业观察（GEM）将创业活动分成生存型与机会型两种类型。

创业个体开创某种事业的活动,即创业者在一定客观条件的制约下,从社会经济发展和市场需要的实际出发,根据自身的经济状况和爱好、特长等自主地选择创业方向。自主型创业强调创业个体思维的相对独立。

(2)企业内创业,就是企业为了取得可持续发展、实现企业长期的战略目标,在现有公司的内部进行的创业活动,也称公司创业(corporate entrepreneurship,CE)。CE并不单纯是新企业的建立,而是为了获得更大价值,在已有公司基础上进行再创业,包括开发新的营销项目和在原有公司上创立一个新的企业。CE并不改变公司原有总体目标,其本质是创造和利用竞争优势,比竞争对手提前对市场机会作出快速反应,创造先行者优势,并转化为优异的公司绩效。

(三)初始创业、二次创业和连续创业

按创业周期划分,创业可分为初始创业、二次创业和连续创业。

(1)初始创业,就是创业者分析自己的优势和环境中的机遇、风险,确定创业方向,按照法定程序建立企业并投入经营,在适应市场、扩大市场的过程中实现由亏损到盈利的过程。初始创业是一个从无到有的过程,也是一个学习的过程,创业者往往边干边学。在初始创业阶段企业的淘汰率较高,面对来自多方面的风险,创业者要承受极大的经济压力和心理压力。

(2)二次创业,就是为了防止或延缓企业进入衰退期而在成熟期进行再创业。企业的生命周期分为投入期、成长期、成熟期和衰退期四个阶段。创业者表现最明显的阶段是在投入期和成熟期,没有投入期就没有创业;成熟期不进行再创业,企业就会过早地进入衰退期。二次创业的目的就是使企业长期保持竞争优势。

(3)连续创业,就是把企业生命由原来所系的产品(或服务、技术)嫁接到另一种新产品(或新服务、新技术)上。但是,新产品(或新服务、新技术)的生命也是有限的,这就需要三次创业、三次嫁接生命,等等。当企业进入第四个阶段即衰退期时,保证不被市场淘汰的唯一办法就是进行连续创业。

(四)复制型创业、模仿型创业、安定型创业和风险型创业

根据创业的创新程度和对创业者的改变程度两个维度,可以将创业分为以下四类:复制型创业、模仿型创业、安定型创业和冒险型创业[①],如图1-1所示。

(1)复制型创业,就是在现有经营模式基础上进行简单复制的创业活动。例如,某人原先担任家电公司部门主管,后离职创建一家与原公司相似的新公司,且新组建公司的经营风格也与原公司基本相同。现实中,这种复制型创业的例子特别多,由

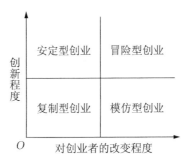

图 1-1　四种创业的创新程度和
对创业者的改变程度

①　Christian, P.A.Julien. Defining the field of research in entrepreneurship[J]. Journal of Business Review, 2000,(16):165—180.

于前期生产经营经验的积累,新组建公司成功的可能性更高。但在这种类型的创业模式中,创新贡献较低,也缺乏创业精神的内涵。

(2)模仿型创业,就是指创业者学习和模仿他人成功创业的一类创业活动。模仿型创业具有运作简单、投资少、见效快等特点,虽然较少给顾客带来新创造的价值,创新成分也不太高,但可能对创业者本身命运有较大改变。如某煤矿公司的经理辞职后,模仿别人新组建一家网络公司。相对来说,这种创业具有较大的不确定性,学习过程较长,经营失败的可能性也比较大。只有创业者拥有适合的创业人格品质,经过系统化的学习与培训,掌握正确的市场进入时机等,才可能有很大机会获得成功。

(3)安定型创业,就是在原组织内开创新业务。这种类型的创业对创业者个人命运的改变并不大,因为创业者从事的是比较熟悉的工作,但能不断地为市场创造新的价值,为消费者带来实惠。安定型创业强调的是创业精神的实现,也就是创新的活动,但不是新组织的创造。企业内创业即属于这一类型。例如,企业内部的研发小组在开发完成一项新产品后,继续在该公司开发另一种新产品。

(4)冒险型创业,就是从事一项全新的产品经营。这种类型的创业面临很高的失败风险,个人前途的不确定性很大,但有可能改变个人命运。这种创业的预期报酬较高,对那些充满创新精神的人富有诱惑力,但需要创业者较强的个人能力、适当的创业时机、合理的创业方案、科学的创业管理。只有具备这几个条件才有可能获得成功。

三、创业的功能

创业活动是经济社会发展的重要原动力,对经济社会发展和个人价值实现的促进作用,具体表现在以下两个方面。

(一)促进经济社会发展

(1)创业对一个国家或地区的经济增长具有重要的推动作用。创业对经济增长的推动主要表现在两个方面:一方面,创业是知识外溢的重要渠道。创业是一个有效实现知识从组织中溢出的环节,能够实现新知识的商业化,从而创造新价值,进一步激励整个社会的创新和研发热情,为经济发展注入源源不断的动力。另一方面,创业活动是先进技术实现商业化、产业化的重要途径。科学技术进步与商业化之间,存在着一个过渡阶段。创业活动,尤其是高新技术创业活动,则是对技术的商业化过程不断尝试,对高新技术的商业转化起着至关重要的推动作用。这种推动作用,对于经济的持续增长具有重要的意义。在过去的三十年里,美国一直保持世界经济"火车头"的地位,创业被认为是美国秘密的"经济武器",代表着创业与创新精神的硅谷和波士顿128号公路成为美国乃至世界的创业中心。

(2)创业可以带动就业。就业有两种基本形式:雇佣就业和创业就业。创业是就业的前提和基础,没有创业就不可能有创业就业,更不可能有雇佣就业。成功的创业,不仅解决了创业者自身的就业问题,而且还可以连带创造更多的就业机会。因此,创业是实现充分就业的最有效途径。当代世界各国经济发展的现实也证明,新创企业对就业具有强大的拉动力。一个机会型创业者当年能够带动大约3人就业,未来五年则可带动大约 6 人就业。考夫曼基金会的研究数据显示,2009 年 3 月至 2010 年 3 月的一年中,39.4 万家创业公司总计创造了 230 万就业岗位。

(3) 创业可以提高国家创新能力。随着新科技革命的发展和商业竞争的加剧,科学技术转化为现实生产力的速度空前加快。事实表明,创新能力很大程度上蕴藏于创业精神中,没有创业精神,很难谈得上提高创新能力。创业活动实际上就是一种高度市场化的创新运行机制,是一个不断创新的过程。它以知识和创业精神为核心生产要素,可以推动技术创新,促使新发明、新产品乃至新行业的出现,能够调动无数的创业者以各种各样的方式分散地进行创新,使创新活动始终保持市场取向,通过市场的优胜劣汰机制,最终选择那些适应市场、有竞争力的创新。

(二) 个人价值实现

(1) 创业是对自我实现的追求。马斯洛的需求层次理论表明,大多数人的需要是由低级到高级、由简单到复杂、由自身到他人、由个人到社会,是一个逐渐上升的体系。他在 1970 年《动机与人格》(修订版)一书中,把人的需要按层次高低与优先次序分成七个等级:生理需要、安全需要、友爱和归属需要、尊重需要、自我实现需要、认知需要和美的需要。创业活动可以满足低层次需要,比如,在最初时创业的原动力是获得经济效益,通过创业改善自己的生活条件,在生活水平得到提高后,基本生活需要将逐渐被高层次需要所取代,创业者通过成功经营和参加社会活动能够吸引公众的注意,开始渴望得到社会认可,创业意愿也会逐渐高涨,最终实现自己的人生价值即自我实现。

(2) 创业是实现人生价值的途径。人类对价值的追求,不单纯体现在如何去认识客观世界和自身,更重要的是通过什么方式去实现自身的价值。马克思主义认为,人的价值不是与生俱来的,是"通过社会实践活动,为他人和社会创造出物质财富或精神财富,产生积极效应并得到认可的过程"获得的。换言之,人的价值就是通过为社会创造劳动产品,反映和体现在创造物的价值过程中。"正是人的创造天赋的绝对发挥",不仅创造了财富,也使人的个性得到发展,使人的生命得到享受。

创业是人们以创造财富为目标的经济活动,在这种经济活动中充满着对个人价值的无限追求。创业的个人价值包括三重含义:一是唤醒自身内在的各种创新和创造的潜在的本质力量,创设展示潜能的条件,这是通过创业获得个人价值的前提要求。二是参加创业实践,发挥自己的聪明才智和创业热情去整合、配置各种生产要素,创造经济、社会价值。这是通过创业逐步实现个人价值的实际过程。三是创业能力的发展和人格的自我完善,成为自己社会关系的主人从而也成为自然界的主人。这是人的价值的实质,也是创业的最高目标和最终目的。

第二节　创业经济及其特点

一、创业经济的概念

20 世纪 80 年代,彼得·德鲁克提出"创业型"经济,认为 70 年代的美欧经济体系已经发生深刻变化,从"管理型"经济转向"创业型"经济。

国外经济学界对创业型经济的定义,主要有以下几种:①创业型经济的本质,是一种拥有创新与创业文化和高水平创业活动的经济形态。这也是美国经济最重要的战略优势。②创业型经济是一种以"技术—经济"范式为主导的新社会经济形态。创业革命不仅推动了经济增长,还催生了创业型经济的出现。

国内经济学界对创业型经济的定义,主要有以下几种:①创业型经济是以知识为最重要的生产要素,以创业家推动企业创新,激发企业创业精神,通过创业机制将科学技术转化为现实生产力的一种经济形态。②创业型经济是在创新基础上全方位展开创业的经济形态,也是从微观到宏观有效促进创业的机制。③创业型经济体系的特质是能够对知识进行创新和应用,劳动力、土地、资本、创业家与创业精神是带动经济增长的主要因素,创业家的主要功能则在于推动企业创新,而创新与创业精神正是形成创业型经济体系的动力。

随着创业实践的发展,到20世纪80年代末,创业活动已不限于创业型中小企业。许多大型公司(如微软、英特尔、施乐等)面对创业型中小企业日益强劲的竞争活力,也越来越多地通过在公司内部创建相对独立的新兴企业,即通过企业内创业来提高自身的竞争活力。创业活动正由新创成长型中小企业创业,和已有企业特别是大公司内部创业共同推动,成为知识、技术、管理、资本与创业精神互融的经济形态。创业型中小企业的"创业型经济",也发展成为现代"创业经济"。

创业经济是一个经济系统,这个系统以创业者为主导,以创业精神为核心要素,将潜在商业机会转化为可持续的价值创造。这一定义强调了创业精神的重要性,即创业精神是推动创业经济发展的第一动力,同时,强调将潜在商业机会转化为现实商业价值的过程。创业经济必须进行创新,既包含传统意义上的技术创新,也包含产业组织、市场结构、商业模式等熊彼特意义上的经济创新,使创业经济系统的资源配置与利用,相较于传统经济系统更加高效。

二、创业经济的特点

创业经济是产生于现有经济体系的新型经济系统,是经济发展新的生长点,具有自身的运行规律和基本特点。

(一) 创业经济的核心要素是创业精神

任何经济体系都是由若干种生产要素组成。新古典经济学认为这些要素有土地、劳动、资本、企业家才能,但核心要素是有差异的。农业经济的核心生产要素是土地,工业经济的核心生产要素是资本。随着现代经济的发展,尤其是创业经济时代,企业家才能的作用日显突出。企业家才能具有要素边际报酬递增的生产力属性,企业家发挥自己的经营管理才能,通过整合劳动力、资本、土地等资源,构建一个投入—产出系统进行商业化运营,以获取更高的市场收益。

在创业经济中,企业家才能最突出的表现是创业精神。创业经济和一般意义的经济活动不同,创业者对不确定性环境做出判断的能力,尤其面对不确定性前景勇于抉择的远见和魄力,以及高度坚忍的意志品质,直接决定着创业活动的成败,比经营管理才能更为重要。这种审时度势、敢于创新、善于抉择、锲而不舍的创业精神,是创业者区别于一般企业家的根本标志,是推动创业经济发展的第一动力。

(二)创业经济是创新活动的商业化

创新与创业是一个社会经济发展的基础和核心,承担着把科学技术转化为生产力的桥梁和纽带作用,已经成为经济发展的重要推动力。

创新是创业活动的本质所在。一方面,创新可以使创业者拓宽商业视野、获取市场机遇、整合独特资源;另一方面,创新可以从新技术、新产品,到新市场、新模式、新业态,通过产品创新、产业创新和企业创新,创造新需求、新价值。可以说,创新在创业型社会中无处不在、无处不有,正是创新与创业在高层次的完美结合,奠定了创业经济的基础。

创业经济可以实现创新价值的商业化。现有关于创业的经济学研究,大多聚焦于创新对经济发展的作用,将创新过于抽象化,使得创新与实践脱轨,忽视了创业在创新成果转化为经济绩效过程中的重要载体地位。丰富多彩的创业实践表明,创业经济就是从创新开始,无论是开发新技术、新产品,还是创造新模式、新需求、新资源等,都深入到市场需求之中,将创新成果商业化、市场化,转化为经济价值,将潜在商业机会转化为现实的商业价值,从制度结构、政策和战略等方面支持并保证创新活动的商业化。

创业经济既有传统意义上的创新,也包含商业运行的创新,即将创新实体化。在现代市场经济条件下,即使是典型的技术研发,也越来越重视对新技术的产业化研发,将市场预期作为技术研发的主要目标,将创新融入创业,把创业作为创新与经济发展的具体渠道。

(三)创业经济是可持续发展经济

创业经济具有内涵式发展潜能。随着经济的快速发展,资源短缺、环境污染已成为经济社会发展的重要制约因素,依靠传统要素投入实现经济增长的粗放型经济发展方式已难以为继。创业经济以创新为发展动力,以知识、信息或创意为主导,通过信息化、高端化和融合化突破资源约束,突破外延式的发展范式,具有高技术、低能耗、低污染的内涵式发展潜能。

创业经济的资源配置更加高效。创业经济的运行机制实质是对稀缺资源进行优化配置的过程,遵循市场经济的优胜劣汰原则。创业企业作为市场的新进入者,要在激烈的市场竞争中谋生存、求发展,只有通过更加高效的资源配置,才能避免在激烈的市场竞争中被淘汰。这种高效的资源配置,意味着创业经济的低投入、低成本、低消耗和高产出,是经济效益和生态效益的统一。因此,创业经济是一种可持续的经济体系。

中小型创业企业是规范市场机制的重要力量。中小企业是创业企业的主要形式,其生于市场、长于市场、贴近市场、贴近用户,主要活跃在市场竞争最激烈的领域,与市场经济有天然的联系。与大企业相比,中小型创业企业在资金、技术、人才等方面处于明显的弱势,除了充分发掘企业潜力并根据经济环境变化及时调整自己,面对市场冲击,中小型创业企业必然要求市场发育、市场竞争的规范化,进一步保护自己的利益和平等的市场地位。因此,中小型创业企业既是推动市场活跃的重要力量,也是推动市场规范的重要力量。而规范有序的市场竞争,正是可持续发展经济的保障。

三、中国创业经济的发展阶段

我国现代创业经济主要开始于改革开放之后,至今经历了四次发展浪潮。

(一) 第一次创业经济浪潮(1978—1991)

这一阶段的特点是非公有制经济地位得到认可,开启了农村改革和私营经济发展的新时期。1978 年 12 月,党的十一届三中全会提出将我国的工作重心从阶级斗争转向经济建设,私营经济在政治上的地位开始得到认可,极大地激发了人们的创业热情。返城知青、农村剩余劳动力大量进入城市谋生创业,乡镇企业、个体企业迅猛发展,形成了第一次创业经济浪潮。1982—1988 年,我国个体私营经济每年新增加就业人数超过 400 万,工业企业数、工业企业固定资产净值持续上升。

在这一阶段,诞生了中国第一批以技术发展为核心的中小企业,以机械制造、电子等行业为主,主要集中在东部沿海地区。这批创业者大都没有多少资本或积蓄用于创业,即所谓"白手起家",但正是这些"能人"创业兴起了中国私营经济的发展浪潮。

(二) 第二次创业经济浪潮(1992—1996)

这一阶段的特点是非公有制经济的政治地位进一步提高,兴起了"下海经商"浪潮。1992 年初,邓小平南方谈话指出计划和市场都是经济手段,明确提出"三个有利于"标准,进一步打破思想禁锢,公共政策积极鼓励创办企业。1994 年,私营企业新登记注册的户数增长 81.5%,私营企业的就业人数增长 74.0%。一大批行政、事业单位的公务人员离职"下海",他们具有更高的文化程度、更多的社会资源、更强的社会适应能力,和以前的创业者相比创业素质有明显提升。1992 年,有 12 万公务员辞职下海,1 000 多万公务员停薪留职。

在这一次创业经济浪潮中,诞生了俞敏洪、郭广昌、王传福等后来各业界的领军人物,其创办的企业也逐渐发展成为代表中国经济竞争力的标志企业。

(三) 第三次创业经济浪潮(1997—2011)

这一阶段的特点是创业活动的活跃程度相对平稳,但创业模式发生颠覆性改变。从 1997 年起,中国的经济体制改革以国有企业改革为重心,效益差的企业逐渐被市场淘汰,大量工业企业关停并转,由此产生了大量下岗人员。1997 年亚洲金融危机的叠加影响,使我国的经济形势十分严峻。

这一时期,全球科技发展突飞猛进,尤其是互联网时代的到来,使得中国企业的创业方式发生了巨大改变。1997 年,张朝阳创办"搜狐"、马化腾创办"ICQ"、邢明创办"天涯社区"、马云创办"阿里巴巴"等,正式开始了中国的互联网元年,互联网创业成为创业经济的新模式、新潮流、新方向。

(四) 第四次创业经济浪潮(2012 年至今)

这一阶段以党的十八大召开为标志,新一届政府开始大幅度放开经济领域的管制,创业再度进入活跃期,创业经济发展成为经济增长和社会进步的新引擎。2014年9月,国务院总理李克强在夏季达沃斯论坛上提出"大众创业、万众创新",要在960万平方公里土地上掀起大众创业、"草根"创业的新浪潮,形成万众创新、人人创新的新势态。2015年3月,政府工作报告将"大众创业、万众创新"确定为国家战略。自2014年起,我国平均每天新注册登记的企业都在1万家以上,不断突破历史新高。

这一次浪潮激发了民族的创业精神和创新基因,诞生了一大批年轻创业者。他们在创造财富的过程中,也更好地实现精神追求和自身价值,形成了新时代的创业经济浪潮。

第三节　创业经济学的内容与意义

创业经济学是以马克思主义为指导,综合运用现代经济学理论、方法,系统研究创业经济内涵、特点和基本规律的科学,是一般经济理论在创业活动范围中的应用与延伸,是经济学体系的有机组成部分。作为经济学的分支,创业经济学是一门新兴的应用经济学科,目前处于起步阶段。

一、研究对象和内容

创业经济学的研究对象就是创业经济活动。创业经济学通过对创业过程和创业经济体系的研究,系统地回答经济学没有回答的创业经济问题,从而对创业经济学科的全貌有一个比较完整的描述。

本书以创业为基础,从微观经济学与宏观经济学视角,通过经济科学范式的转换,构建创业经济学的理论体系,主要有以下研究内容。

(1)创业经济基础理论。创业经济基础理论就是,根据经济学原理对创业、创业经济作出概念阐释,运用现代经济增长理论构建创业经济增长的概念模型,探究创业对经济增长的作用机制,从国民经济角度研究创业经济的运行规律,回答创业经济学的基本问题:为什么要创业,为什么要研究创业。

(2)创业主体经济理论。创业者作为创业行为和决策的主体,是创业经济体系的灵魂。创业主体理论就是在对创业者进行定义的基础上,基于理性预期理论、行为经济学理论等,从创业精神、创业动机、创业决策等维度论证创业者的特征,对创业主体的内涵和特质作出经济学阐述。

(3)创业载体经济理论。创业企业是经济活动的参与者,也是创业活动的有效载体。创业载体经济理论解释了创业孵化的基本原理、商业模式等,并根据企业成长理论分析创业企业的外生成长、内生成长,对创业载体的生成和发展作出经济学阐述。

(4)创业环境经济理论。创业经济环境包括市场环境、政策环境。创业环境经济理论从市场结构角度,论证完全竞争市场、垄断市场、垄断竞争市场、寡头市场的不同特征对创业的作用机制,并从宏观政策、产业政策和微观政策三方面,分析政策环境对创业活动的影响,对创业的外部环境作出经济学阐述。

（5）创业投融资理论。创业投融资是创业者通过资金融通支撑创业企业发展的经济活动。创业投融资理论从企业资本角度梳理创业投融资从萌芽到全球化的发展历程，通过对资本积累、现代投资、财务结构、资本周期、信息不对称、委托-代理、相机治理、实物期权等方面的理论分析，揭示投融资渠道和退出机制差异化选择的经济学意义。

（6）创业经济热点问题探讨。创业经济有两个热点问题：创新与创业经济的关系、互联网创业。本书主要围绕创新对创业者、商业机会、资源整合的作用机制，以及互联网创业的经济逻辑、创业模式进行探讨，从理论和实践相结合的角度，对我国创业经济的新发展作出经济学阐述。

二、研究方法

创业经济学在遵循马克思主义的方法论原则的基础上，借鉴现代经济学的假设、概念和分析框架研究创业经济问题，主要包括以下几种研究方法。

（一）实证分析和规范分析相结合的方法

实证分析法就是，在观察经济事实的基础上，运用科学的抽象法，通过分析推理，对经济现象的因果关系进行客观描述，对有关现象的未来变化作出预测。规范分析法即根据一定价值判断，提出行为标准作为决策依据，并制定出相应的行为政策。

创业经济研究，要根据各种经济变量的实际数值、创业案例，采用"成本-收益"分析、边际分析、创业企业博弈分析等方法，揭示现实创业活动规律。创业经济研究是为了更好发挥创业对经济发展的引擎作用，不可避免要涉及什么是"好"的标准，并以此标准决定怎样运用经济规律管理创业。因此，实证分析和规范分析相结合，既可以回答创业"是什么"的问题，也可以回答"应怎样"创业的问题。

（二）定性分析和定量分析相结合的方法

定性分析主要是运用历史和逻辑相统一的抽象方法，将研究的注意力集中在经济现象的本质上，归纳影响经济运行的主要因素，通过对主要因素的分析和综合，演绎经济发展的一般规律。定量分析是对经济事物进行量的考察，通过建立经济事物相关变量的数量指标，用抽象的数学关系来描述其系统联系。

创业过程中涉及众多的因素、变量及相互联系，内容非常复杂。理论界对创业经济问题进行系统研究的历史较短，相关研究对一些重要概念、原理的界定和分析还不十分明确，需要对创业和创业经济的基本概念、经济学属性等问题进行定性分析。同时，创业经济中价格、利润、创业投资等概念均有数量表示的规定性，需要采用定量分析方法进行研究。因此，定性分析与定量分析相结合，可以更全面地描述创业经济现象，揭示其内在规律。

（三）系统分析法

创业经济是一个以创业者为主导，以创业精神为核心要素，将潜在商业机会转化为可持续价值创造的经济系统。创业经济学需要运用系统分析法，既研究创业经济内部各要素及相互关系，又研究创业经济系统和整个经济体系，以及社会、文化等外部环境之间的关系,将创业经济置于社会经济大系统,甚至整个国际经济、政治大环境中加以分析。

这种系统分析不仅是经济学分析,还涉及管理学、社会学、心理学等多个学科,要在经济学基本理论框架下,借鉴其他学科的研究成果,参考、吸收相关研究方法,建立满足创业经济学研究需要、具有创业经济学特点的方法体系。

三、研究和学习意义

创业,是世界级的经济现象。在欧美发达国家,创业已成为经济发展的重要引擎。在我国,创业是新时代中国特色社会主义的重要经济特征。系统总结创业经济实践,进一步探索创业的经济规律,充分发挥创业对经济社会发展的推动作用,是经济学研究的新任务、新课题,具有重要的理论意义和现实意义。

(一) 理论意义

(1) 研究创业经济学,有利于进一步完善经济学的学科体系。长期以来,经济学就一直分为微观经济学和宏观经济学,两者的研究领域泾渭分明。微观经济学以单个经济单位(居民、厂商或某个产品市场)为考察对象,研究单个经济单位的经济行为及其间经济变量的变化规律和相互联系,这些经济变量包括:单个商品的产量、成本、利润、供给、需求、价格等。宏观经济学则主要研究宏观经济总量的变动规律和相互关系及其对经济发展的作用,这些宏观经济总量包括国民生产总值、总投资、总消费、就业率、通胀率、物价水平、汇率等。但是,现实生活中还存在一些行为变量,比如创业,既不能为宏观经济学所解释,也不能被微观经济学解释。实质上,创业活动本身就是寻求稀缺性的"企业家才能"和资源、资本,并进行有效配置的过程,是创业企业追求利润最大化、创业者追求自身效用最大化的过程。有了资源稀缺性和理性行为人这两个基本假定,创业经济学就找到了与经济学理论共同的逻辑起点。创业选择是经济人的理性行为,创业是有风险的,需要考虑成本和收益,这是微观经济学中成本论和生产论的重要内容。同时,创业经济学中的经济增长问题、就业和失业问题与宏观经济学联系紧密,比如货币主义学派、新古典宏观经济学派、新凯恩斯主义学派等都将失业、经济增长等宏观经济现象之间的关系作为核心研究课题。

(2) 研究创业经济学,有利于探寻经济增长的原动力。在现代市场经济条件下,创业对经济增长的贡献具有双重作用:创业对经济增长具有直接贡献,创业本身产生新的产出,创造新的就业;更重要的是,创业对经济增长一系列投入要素的整合,可以极大提高全要素生产率,在促进经济量的增长的同时,实现经济质的提升。从这个意义上看,创业实际已成为经济增长的原动力。因此,研究创业与经济增长的关系,探究创业对经济增长的作用机制,是对现代经济增长理论的必要补充。

(二) 现实意义

(1) 研究创业经济学,有利于推动我国经济高质量发展。首先,高质量发展是创新发展。目前,我国的经济增长模式,正处在从要素驱动型向创新驱动型的转变中,必须加快创新型国家建设。创业活动的本质就是创新。加强创业经济学研究,不仅有利于创业经济发展,也有利于加快创新型国家建设。其次,高质量发展也是共享发展。当前,我国社会主要矛盾已经转化为人民日益增长的美好生活需要和不平衡不充分的发展之间的矛盾。解决这一主要矛盾的重要基础就是比较充分的就业,使人民群众共享改革发展成果。创业是解决就业问题的有效途径,没有创业就没有企业,没有就业。因此,进一步研究创业、创业经济与就业机会的供给能力、结构之间的互动机制,有利于解决就业问题,实现共享发展。

(2)学习创业经济学,可以增强创业的科学理性,有利于取得创业成功。在我国,创业企业规模总体上偏小,盲目选择创业项目等现象比较普遍,影响了创业的成功和创业企业的成长。这些现象产生的原因和解决方案,需要到创业经济学中寻找答案。创业者要通过对创业经济学的学习,加深对创业活动和创业经济规律的认识,自觉控制创业行为的非理性,设法找出最有利于创业活动的市场结构、产业组织结构等,有效提高创业成功率、价值贡献率。

思考题

1. 什么是创业? 创业有哪些要素和类型?
2. 什么是创业经济? 简述中国创业经济的发展历程。
3. 简述创业经济学的研究对象、主要内容和研究意义。

第二章 创业经济增长

案例导入

创业引领经济增长的秘密

随着知识和信息经济的发展,全球创业浪潮方兴未艾,创业正成为一个国家经济增长和社会发展的强劲驱动力。创业公司往往站在技术和经济的前沿,是重大科技创新产业化和市场化的关键一环,对提升全社会生产效率、确保经济增长的高品质和可持续起到积极作用。这一点在宏观上往往表现为,创新创业活跃的经济体 GDP 增速更快、对抗经济下行的能力更强。以经合组织(OECD)国家为例,将 2016 年各经济体的全球创业指数(global entrepreneurship index)与其过去一年人均 GDP 增速做对比,可以发现创业指数分越高的经济体,人均 GDP 增加的速度越快,如美国,这从侧面反映出创业活动对经济增长的稳定作用。美国百森商学院和英国伦敦商学院于 1997 年共同发起的全球创业观察项目(GEM),曾将一国或一地区的全员创业活动指数(TEA)与 GDP 增长率进行时间序列回归分析,结果表明,创业活动较活跃的国家或地区,经济增长速度也较快。

创业活动是创业者或创业公司通过创造性的识别和把握商业机会、整合与管理各种资源,以创造价值的动态过程,在这一过程中,不断为经济发展注入着新的活力。我们将这一过程称为创业经济。创业经济不仅可以转变经济发展方式,建立创新型国家,还可以充分扩大社会就业,推动经济可持续发展。以美国为例,美国是最大的创业经济强国,美国政府将鼓励创新创业作为保持经济领先地位的核心战略。2011年美国联邦政府更是启动"创业美国计划",提出把创业精神树立为美国的核心价值观和竞争优势的源泉,通过政府、非营利组织和企业通力合作,加速初创企业成长,带动经济复苏和就业增长。硅谷模式是美国创业经济发展模式的典型,特点是以大学或科研机构为中心,科研与生产相结合,科研成果迅速转化为生产力或商品。硅谷的成功是多种因素的综合结果，这些因素不仅包括优质的创业要素投入，如风险资本、高层次人才、企业家才能，还包括良好的创业环境与政府组织以及正确的理念。这些因素通过相互关联产生较强的知识溢出效应、浓厚的创新氛围，吸引创业企业集聚于此，使得硅谷成为创业天然的孵化器，并迅速带动了硅谷乃至美国经济的高速增长。

诺贝尔经济学奖得主罗伯特·卢卡斯指出，经济增长是经济学中最激动人心的话题，一旦你开始思考它，就很难再思考其他事情了。创业引领经济增长已经得到企业界和学术界的认同，然而，相对于蓬勃发展的创业实践，目前国内的创业学术研究还处于起步和发展阶段，理论研究远远滞后于实践应用的需求。要研究创业经济学，首先必须要探讨创业如何影响经济增长，要发展创业经济指导创业实践，更需要探讨创业经济增长的理论机制。因此，在本章中，我们重点讨论经典的经济增长理论模型，探讨经济增长中的创业因素，并简要介绍目前创业与经济增长关系的概念模型，最后总结创业经济增长的作用机制和实践。

第一节 经济增长理论

从以亚当·斯密和大卫·李嘉图为代表的古典经济学派开始，经济学家就开始对经济增长的源泉进行研究。经济增长模型由最初的只包括资本与劳动，发展到涵盖了知识、人力资本、技术进步等内生变量的多种复杂模型。经济增长理论的发展根据技术进步是否内生化，经历了古典增长理论、新古典增长理论和新增长理论三个阶段，本书进一步把古典增长理论和新古典增长理论统称为传统经济增长理论。

一、传统经济增长理论

（一）古典增长理论

英国经济学家哈罗德在其1939年发表的《论动态理论》一文中提出了经济增长模型的初步构想。随后在1948年出版的《动态经济学导论》一书中，系统地提出了他的经济增长模型。几乎与此同时，美国经济学家多马在《资本扩张、增长率和就业》（1946）和《扩张和就业》（1947）中独立提出了多马模型，该模型得出了与哈罗德经济增长模型相似的主要结论。经济学界习惯于将这两个模型合称为哈罗德-多马模型。又由于二者中的哈罗德模型被认为具有较丰富的内容，故以该模型作为二者的代表进行介绍。

1. 基本假设

哈罗德模型是建立在凯恩斯国民收入均衡理论基础上的，主要研究了产出增长率、储蓄率和资本产出比三个变量之间的相互关系，认为资本积累是经济持续增长的决定因素。其基本假设有以下几点。

（1）全社会只生产一种产品，这种产品既可以用于个人消费，又可以作为投资需要的生产资料。

（2）规模报酬不变。

（3）储蓄 S 是国民收入 Y 的函数：$S=sY$，储蓄率 $s=S/Y$ 是外生变量，由消费者的消费选择行为决定。

（4）生产技术水平不变，不存在技术进步和资本存量的折旧。

（5）劳动力 L 以不变的外生速率 n 增长，即 $n=\dfrac{\Delta L}{L}$。

（6）生产中只使用两种生产要素，即劳动 L 和资本 K。

2. 基本公式

根据凯恩斯的国民收入均衡理论，只有当投资（I）与储蓄（S）相等时，经济活动才能达到均衡状态，则有：

$$I=S \tag{2-1}$$

由于假定资本存量不存在折旧，资本的增加量全部用于投资，则有资本存量的增量 $\Delta K=I$，从而有：

$$\Delta K=S \tag{2-2}$$

两边同时除以产出增量 ΔY，可得：

$$\frac{\Delta K}{\Delta Y}=\frac{S}{\Delta Y} \tag{2-3}$$

哈罗德认为，一个社会的资本和该社会的总产出或实际国民收入之间存在着一定的比率，该比率被称为资本-产出比，用字母 v 表示，则有：$v=\dfrac{K}{Y}$。

根据假设条件（2）可知，当投入增加时，产出与投入等比例增加，故有：$v=\dfrac{\Delta K}{\Delta Y}$。因为 $S=sY$，则进一步可得到：

$$v=\frac{sY}{\Delta Y} \tag{2-4}$$

令 $G=\dfrac{\Delta Y}{Y}$，表示经济增长率。整理后可得，哈罗德经济增长模型的基本公式为：

$$G=\frac{s}{v} \tag{2-5}$$

3. 经济长期均衡增长的条件

哈罗德经济增长模型用有保证的增长率、实际增长率和自然增长率三个概念分析了经济长期均衡增长的条件和波动的原因。

有保证的增长率（G_w）是考虑企业家的预期和企业家是否合乎意愿等心理因素

的理想的增长率。用 s_d 表示人们愿意进行的储蓄率，v_d 表示追求利润最大化的企业家所满意的资本-产出比，则有：$G_w = \dfrac{s_d}{v_d}$。

实际增长率(G_A)是实际达到的增长率，由实际储蓄率(s)和实际资本-产出比(v)的比率来决定，则有：$G_A = \dfrac{s}{v}$。

自然增长率(G_n)是长期中劳动力增长和技术进步范围所允许的最大增长率。用 n 表示劳动力增长率，α 表示技术进步率，则有：$G_n = n + \alpha$。

哈罗德认为，假定经济一开始就处于充分就业状态，要保持长期充分就业，实际增长率就必须等于自然增长率：$G_A = G_n$；如果要维持稳定的经济增长，还必须充分利用生产能力，那么实际增长率就必须等于有保证的增长率：$G_A = G_w$；如果二者兼而有之，即长期保持充分就业的稳定经济增长，就必须使实际增长率、自然增长率和有保证的增长率都相等，即：$G_A = G_w = G_n$。

哈罗德认为，这种理想的充分就业均衡增长的路径是偶然的情况下才会实现，三者相等的情况是极少的。哈罗德认为，可以通过国家干预的方式，在不同的情况下，采取适当的政策对经济进行调节，使三种增长率趋于一致。第一种情况，当实际增长率不等于有保证的增长率时，只要资本-产出比不变，两者趋于相等的条件取决于社会的储蓄率。若 $G_A > G_w$，表明社会出现过度的有效需求，而储蓄较少，政府应减少支出，以降低经济的实际增长率；若 $G_A < G_w$，则表明社会有较高的储蓄倾向，投资和消费不足，这时政府应该增加公共支出，并通过财政政策和货币政策刺激社会总需求，以提高实际增长率。第二种情况，当有保证的增长率不等于自然增长率时，若 $G_w > G_n$，说明经济增长受到劳动力供给不足或技术条件的限制，这时政府应该加大 R&D 投入，以刺激技术进步，或通过教育培训，提高工人的劳动技能与生产率，提高自然生产率；若 $G_w < G_n$，表明劳动力供给过剩，这时政府应该鼓励储蓄，增加货币供给量，以增加社会投资所需要的货币需求，从而提高有保证的增长率。第三种情况，当实际增长率不等于自然增长率时，政府可以通过货币政策进行调节。若 $G_A > G_n$，经济会发生过度的需求扩张，导致需求拉动的通货膨胀，这时一国政府应采取紧缩性货币政策，以控制过度的需求；若 $G_A < G_n$，表明出现了有效需求不足，这时政府应采取扩张性货币政策，增加货币供应量，刺激有效需求的增长。

4.哈罗德-多马模型的意义

(1)强调了资本积累在经济增长中的决定性作用。在哈罗德-多马模型中，假定资本-产出比不变，因而经济增长率主要取决于储蓄率，也就是说，资本积累率的大小直接决定着经济增长速度。

(2)说明政府干预和宏观调控的必要性和可行性。从模型中，人们可以得到启示，即通过调节储蓄，引入外来资本或提高资本-产出比，可以促进经济增长。

(3)哈罗德-多马模型，虽然是针对发达国家的经济增长问题而建立起来的，但它也适用于发展中国家或区域的经济增长问题研究。

（4）哈罗德-多马模型也存在一定的局限性：在这一模型中，过于强调资本积累的重要性而忽视了技术进步的作用；其假设条件是生产函数要求资本-劳动比是常数，但这一假设条件是不合理的，因为资本和劳动并非不可替代的。

（二）新古典增长理论

在 20 世纪 50 年代中后期，美国经济学家索罗的《经济增长的一个理论》和澳大利亚经济学家斯旺的《经济增长与资本积累》（两篇著作均发表于 1956 年）的发表为新古典经济理论的正式创立和完善奠定了坚实的理论基础。索罗和斯旺提出的经济增长模型不只是依据凯恩斯储蓄-投资理论，还包容了在凯恩斯之前的古典经济学的相关内容，故二者的经济增长模型被后续学者们称为"新古典增长理论模型"。该模型最早由索罗和斯旺提出，因此被后续学者们称之为"索罗-斯旺增长模型"，简称索罗模型。

1. 基本的索罗模型

新古典增长理论认为哈罗德-多马模型中的有保证的增长率和自然增长率经常会发生背离，从而导致经济经常处于停滞或高涨状态，难以满足充分就业条件下的均衡增长。索罗模型是在哈罗德-多马模型的基础上进行的改进和完善，所以两个模型的假定条件基本上一致。

（1）基本假设。假设经济只有一个部门，这个部门只生产一种商品，这种商品既用于消费也用于投资；资本和劳动力两大生产要素之间存在替代关系；所有储蓄都用于投资，社会储蓄函数为 $S = sY$，其中 s 为储蓄率；劳动力按一个不变的比率 n 增加，即 $\dfrac{\dot{L}}{L} = n \geqslant 0$，其中变量 L 上方的一点表示 L 对时间 t 的导数；资本和劳动的规模报酬不变。

（2）基本公式。索罗模型主要是围绕两个方程展开的，一个是生产函数，一个是资本积累函数。在不考虑技术进步因素的情况下，生产函数表示为 $Y = F(K, L)$，其中 Y 表示实际产出，K 表示资本，L 表示劳动。该函数满足新古典生产函数的一般性质，即投入要素的边际生产率递减和稻田条件。在规模报酬不变的情况下，产量的增加取决于资本投入量和劳动投入量的增加，意味着生产函数可以被写成：

$$Y = F(K, L) = L \cdot F\left(\frac{K}{L}, 1\right) = L \cdot f(k) \tag{2-6}$$

其中，$k \equiv \dfrac{K}{L}$ 为人均资本；$y \equiv \dfrac{Y}{L}$ 为人均产出，函数 $f(k)$ 被定义为等于 $F(k, 1)$，意味着生产函数可以变形为：

$$y = f(k) \tag{2-7}$$

索罗模型的第二个重要的方程是资本积累方程。根据基本假定，产出在消费和投资之间划分。在一个时点上物质资本存量的变化等于总投资减去生产过程中的资本损耗，在不变的资本折旧率 δ 下，可得资本积累的动态方程：

$$\dot{K} = I - \delta K = s \cdot F(K, L, t) - \delta K \tag{2-8}$$

其中，$\dot{K}$ 为资本存量对时间 t 的导数，表示资本的变化量。为研究人均产出的变化过程，我们以劳动力人均资本重新表述资本积累方程：

$$\dot{k} = s \cdot f(k) - (n + \delta) \cdot k \tag{2-9}$$

该资本积累方程表明它仅依赖于：资本-劳动比率 $k \equiv \dfrac{K}{L}$，而 $(n + \delta)$ 可以理解为新工人所拥有的资本和弥补折旧所需资本之和。由此可见，人均储蓄既要弥补新工人所需资本，又要弥补资本消耗所需资本。如果储蓄率 s 为 0，则 k 将下降，索罗模型如图 2-1 所示。

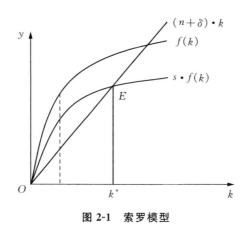

图 2-1　索罗模型

我们把稳态定义为一种状态，在该状态下模型中每一变量都以不变速率增长。当 $\dot{k} = 0$ 时，索罗模型达到稳态。对于经济学家来说，最有意义的就是这种经济体系的稳态状态。如图 2-1 所示，当经济在 E 点上运行时，对应的人均资本存量为 k^*，此时 $s \cdot f(k)$ 曲线正好与 $(n + \delta) \cdot k$ 线相交，这意味着两者相等。由方程（2-9）可知，在 E 点有 $\dot{k} = 0$，即人均资本量将不随时间的推移而变化。所以，E 所对应的状态即为该模型的稳态。由于在稳态中 k 是不变的，相应的人均产出 y 和人均消费 c 也就分别固定在值 $y^* = f(k^*)$ 和 $c^* = (1 - s) \cdot f(k^*)$ 上，人均数量 k，y 和 c 在稳态中都不断增长。这就意味着在稳态中变量 K，y 和 c 的水平以不变的外生的人口增长率 n 的速率增长。

进一步地，如果人均资本存量不等于稳态水平时，情况又如何呢？假定经济体初始人均资本存量 $k < \dot{k}$，在该点处，人均投资量超出了为保持人均资本不变所必需的数量，人均资本增加，k 随时间推移增加，这种情况一直持续到 $k = k^*$ 处为止，此时，$s \cdot f(k) = (n + \delta) \cdot k$，人均资本存量保持不变，$\dot{k} = 0$。如果经济体初始的人均资本存量 $k > k^*$，在该点上，人均投资量少于为保持资本-劳动比率不变所必须的数量，此时人均资本量减少，$\dot{k}$ 值为负，这种趋势一直持续到人均资本存量下降到 $k = k^*$ 处为止。

索罗模型认为,均衡增长可以通过调整资本数量和资本-产出比率来实现。调整这些变量有两大作用,一是使得投资与储蓄趋于一致,将储蓄全部转化为投资,二是改变资本与劳动的构成比,实现充分就业。这样的调整避免了哈罗德-多马模型中苛刻的均衡条件,从而使得经济沿着充分就业的均衡方向增长。

2. 扩展的索罗模型

在基本的索罗模型中,假定技术水平持续不变,从而得出长时间内所有的人均变量都是不变的。这个性质明显与现实不相符,而且在缺乏技术进步的情况下,报酬递减将使得仅通过资本积累维持增长成为不可能。20 世纪 50 年代和 60 年代的新古典经济学家们意识到了这一问题,把基本模型扩展到容许技术持续进步,从而摆脱了报酬递减的约束,使经济实现长期增长。

技术进步因素引入基本的索罗模型中,需要在生产函数中增加一个代表技术进步的变量。为了强调技术进步对经济增长的贡献,索罗在对基本模型修正过程中,将人均产出的增长中由技术进步引起的部分和由人均资本占有量的变化引起的部分区分开来。因此,在索罗的扩展模型中,技术进步以一个独立项而存在,记为 $A(t)$,并假定 $\dot{A}(t) = gA(t)$。生产函数形式为:

$$Y = F(K，AL) \tag{2-10}$$

其中,AL 为有效劳动,而以此种形式进入的技术进步被称为哈罗德中性技术进步。

根据假设模型中的规模报酬不变条件,意味着生产函数可以转换为:

$$\frac{1}{AL}F(K，AL) = F\left(\frac{K}{AL}，1\right) = f(k，1) \tag{2-11}$$

设 $f(k) = f(k，1)$,进一步地,可变形为:$y = f(k)$,其中,$k \equiv \dfrac{K}{AL}$ 为有效人均资本,$y \equiv \dfrac{Y}{AL}$ 为有效人均产出。

每单位有效劳动的平均资本存量 k,其动态增长路径满足如下形态:

$$\dot{k}(t) = sf(k) - (n + g + \delta)k(t) \tag{2-12}$$

上式表明,每单位有效劳动资本存量 k 的变动率是每单位有效劳动的实际投资 $sf(k)$ 和持平投资 $(n+g+\delta) \cdot k$ 的差。持平投资是使 k 得保持在均衡水平的投资量,包括弥补现有资本的折旧 δk。其中有效劳动 AL 的增长速率为 $n+g$、资本存量 K 也以 $n+g$ 的速率增长。若单位有效劳动的平均实际投资大于所需的持平投资,则资本存量上升;若单位有效劳动的平均实际投资小于所需的持平投资,则资本存量下降;如果二者相等,则资本存量保持不变,经济达到稳态。

索罗模型意味着,不管出发点如何,经济都会向稳态收敛,该模型中的有效劳动总量、总量资本和总产出都将以恒定速率 $n+g$ 增长,技术进步导致人均产出的持续增长。然而,因为技术进步率被假设为固定不变,即有效劳动是外生的,但劳动有效性恰恰是索罗模型认定的增长的驱动力,这也是索罗模型遭受批评的地方。

二、新增长理论

尽管技术进步对经济增长的作用如此重要,但是索罗模型中却没有讨论技术进步,技术进步被假定为一个外生变量而被忽略。20 世纪 80 年代中期,以保罗·罗默和罗伯特·卢卡斯为代表的一批新经济增长理论学者针对传统经济增长模型中规模报酬不变、要素边际报酬递减以及技术进步外生进行反思的基础上,相继发表了一系列研究经济增长理论的新成果,创立了经济增长理论的新学派——新增长理论。主要有四个具有代表性的基本增长模型,分别是知识溢出模型、人力资本积累模型、产品多样化模型、产品质量升级模型。根据其基本假定条件的差异,前两个模型视为完全竞争条件下的新增长理论,后两个视为垄断竞争条件下的新增长理论。

(一) 知识溢出模型

美国经济学家保罗·罗默是内生增长理论的主要创立者之一,他在 1986 年《递增收益和经济增长》一文中,把知识作为内生变量引入到模型中来分析经济增长问题。在罗默的知识溢出模型中,内生的技术进步是经济增长的唯一原因,而技术进步是社会、企业有意识地进行科学研究创造新知识的过程。外部性和"溢出效应"是知识生产和积累的重要特征,表现在研究部门过去创造的知识提高了今天研究的效率,新知识一旦创造出来,会通过溢出效应提高全社会的劳动生产效率。

罗默的知识溢出模型有以下假设条件:一是将知识看作一种生产要素由资本投入过程中产生,对私人厂商而言是一种边际报酬递减的但是对社会却是边际报酬递增;二是厂商对市场激励的反应是技术进步产生的一部分原因,在此过程中厂商生产知识是为了获得垄断权从而获取利益;三是技术进步作为投入生产过程中的生产要素是经济增长的引擎。在罗默模型中,分为两个部分分析:

第一是知识的生产过程。罗默通过使用资本投入会产生知识,将技术进步内生化,同时知识也转化为一种有形要素投入的产物,在生产过程中产生并促进着生产的扩大。假设从单个厂商角度出发,知识生产可以看作是现时企业持有的知识存量与投资的函数,记作 $\dot{k}=G(I,k)$,G 是一阶齐次凹函数,表示知识生产的收益递减。私人厂商知识持有量的增长率是私人厂商投资与私人厂商知识持有量的比率的函数,这一函数关系可以表示为:

$$\frac{\dot{k}}{k}=g\left(\frac{I}{k}\right) \tag{2-13}$$

其中,由于研究部门生产知识的收益递减,g 函数存在一个上界约束的增加函数,即 $g(0)=0$,$g'(x)>0$,$g''(x)<0$。

第二是知识投入生产的过程。罗默的总量生产函数与索罗模型很相似,假定代表性厂商的产出是该厂商的私人知识水平 k、其他有形投入 x(例如物质资本和劳动等)和总知识存量 K 的函数。在该模型中,假定有 N 个企业,总知识存量是各个厂商私人知识持有量的总和,即 $K=Nk$。进一步假定除知识外其他投入包括物质资本和劳动不变，$x = \bar{x}$，私人厂商的生产函数可以表示为：

$$y = f(k, K) = F(k, K, \bar{x}) \tag{2-14}$$

其中，F 是关于 k 和 x 的规模报酬不变函数，是关于 K 的收益递增函数，这是由知识的边际生产率递增所带来的。总知识存量对产出的贡献衡量了技术的外部性，任何一个企业的产出不仅是物质资本的函数，而且是知识投入的函数，产出水平不仅与企业自身的知识投入有关，而且与当时整个经济的总知识存量有关。因此，私人厂商在进行投资决策时，不考虑总知识存量的变化，而社会计划者在进行投资决策时将考虑总知识存量 K 变化对产出的影响。

在整个社会生产环境中，总社会知识存量 K 是变动的，因此整个经济呈现出规模报酬递增的，那么经济处于长期增长的状态是可能的。但是在整个经济中，私人收益明显是要小于社会受益的，如何使得私人厂商在研发过程中得到激励呢？因此，罗默模型从另外一个角度说明了在经济运行的过程中政府干预是有必要的，主要是从社会计划和人为计划问题出发证明在报酬递增的条件仍存在一个均衡解。

假定经济中有 N 个同样的消费者，每个消费者都拥有一定初始量的产出品，对每个消费者来说，存在一个权衡问题，即在选择现时消费与选择推迟消费以生产可以使将来生产出更多产品的知识之间的权衡。在上述条件下，人为计划问题与社会计划问题存在差别，具体地说，这两个最大化问题可以分别表示为：

社会计划问题：

$$ps_\infty : \max \int_0^\infty u[c(t)] \mathrm{e}^{-\delta t} \mathrm{d}t \tag{2-15}$$

$$\text{s.t.} \frac{\dot{k}}{k} = g\left(\frac{I}{k}\right) = g\left[\frac{f(k, nK) - c}{k}\right] \tag{2-16}$$

人为计划问题：

$$p_\infty(K) : \max \int_0^\infty u[c(t)] \mathrm{e}^{-\delta t} \mathrm{d}t \tag{2-17}$$

$$\text{s.t.} \frac{\dot{k}}{k} = g\left(\frac{I}{k}\right) = g\left[\frac{f(k, K) - c}{k}\right] \tag{2-18}$$

其中，δ 是效用的折现系数，c 是现时消费量，$f - c$ 就代表推迟消费而对知识生产追加的投入，g 是知识的增长率方程。解上面的效用最大化问题的过程中，罗默说明了这两个问题解的存在性和特征，证明了竞争均衡的存在，但是由于引进了收益递增，其最优解与社会最优是不一致的，竞争均衡是一种社会次优。这是因为任何竞争性厂商将 K 和价格看做既定，知识的私人边际产量为 $\frac{\partial}{\partial k} f(k, K)$，对于社会计划者来说，知识的社会边际产量为 $\frac{\partial}{\partial k} f(k, K) + s \cdot \frac{\partial}{\partial k} f(k, K)$。由于知识的私人边际产量小于知识的社会边际产量，结果知识生产者将选择一个低于社会最优水平的知识产量,这将导致分散经济的竞争性均衡增长率小于社会最优增长率。

在罗默的知识溢出模型中,知识具有溢出效应,任何厂商生产的知识都能提高全社会的生产率。因为知识溢出的存在造成厂商的私人收益率低于社会收益率,不存在政府干预时厂商用于生产知识的投资将偏少,从而使分散经济的竞争性均衡增长率低于社会最优增长率。因此,罗默认为政府可以向生产知识的厂商提供补贴,或在对知识生产提供补贴的同时对其他生产课税。这些政策能够对私人厂商生产知识产生激励作用,诱使一部分生产要素从消费品生产部门流向研究部门,提高经济增长率和社会福利水平。

(二)人力资本积累模型

罗伯特·卢卡斯在其代表研究之一《论经济发展机制》(1988)中指出,人力资本是促进经济增长的重要源泉,在研究经济增长的模型中,必须要考虑人力资本要素。卢卡斯以索罗模型和宇泽模型为基础,并结合舒尔茨和贝克尔的人力资本概念,把人力资本作为内生变量引入到经济增长模型中,建立了卢卡斯人力资本积累增长模型。

在卢卡斯模型中,人力资本被视为一般技能水平,它决定了工人的生产能力。对于 N 个拥有不同技能水平 $h(0 < h < \infty)$ 的工人,他们的生产力总水平为 $N = \int_0^\infty N(h)\mathrm{d}h$。假设技能水平为 h 的工人从事生产的时间为 u,剩余的时间 $1-u$ 从事人力资本积累。为简化分析,卢卡斯把所有工人同一化,即所有工人都具有技能水平 h,都将其时间的 u 部分进行生产,则生产中的总有效劳动投入为 $N^e = uhN$。工人的人力资本水平提高不但能增加其自身的工资收入,卢卡斯称之为人力资本的内在效应,而且工人的人力资本积累会提高社会平均的技能水平或人力资本水平 $h_E = \dfrac{\int_0^\infty hN(h)\mathrm{d}h}{\int_0^\infty N(h)\mathrm{d}h}$,卢卡斯称之为人力资本的外部效应。以柯布-道格拉斯生产函数为基础,得到的卢卡斯生产函数为:

$$Y(t) = AK(t)^\alpha \left[u(t)h(t)N(t)\right]^{1-\alpha} h_E(t)^\gamma \tag{2-19}$$

其中,技术水平 A 为常数,$K(t)$ 为总资本存量,$N(t)$ 为总劳动量,$h_E(t)$ 为人力资本的外部效应,γ 和 α 为正常数。

为使增长模型内生化,在总产出函数以外,卢卡斯又引入人力资本生产函数。假定人力资本的增量取决于现有的人力资本水平及投入教育部门的时间:

$$\dot{h}(t) = h(t)\delta\left[1 - u(t)\right] \tag{2-20}$$

其中,$\dot{h}(t)$ 为人力资本增量,用 δ 表示人力资本的产出弹性。由式(2-20)可知,当从事生产的时间为 1 时,这时候劳动者只工作不学习,结果是人力资本出现了"0"增长。与之相反,当劳动者从事生产的时间为 0 时,即劳动者只学习不工作,此时人力资本将以 δ 的速度增长。

为对模型进行优化分析,卢卡斯采用了弹性可变的消费者效用函数:$\mu(c) = \frac{c(t)^{1-\sigma}-1}{1-\sigma}$,其中 σ 为边际效用替代弹性。于是全社会的当期效用总水平为 $N\frac{c(t)^{1-\sigma}-1}{1-\sigma}$,跨时偏好为 $\int_0^\infty e^{-\rho t}\frac{c(t)^{1-\sigma}-1}{1-\sigma}N(t)dt$,其中 ρ 为贴现率。

利用最大值原理,求得均衡的经济增长率 g 为:

$$g = \frac{\dot{h}(t)}{h(t)} = \frac{(1-\alpha)[\delta-(\rho-n)]}{\delta(1-\alpha+\gamma)-\gamma} \tag{2-21}$$

其中,n 表示劳动增长率。

由式(2-21)可以看出,由于人力资本的存在,即使劳动增长率出现下滑,经济仍有可能实现均衡增长,揭示了经济持续增长的源泉在于人力资本积累。此外,卢卡斯继承和发扬了肯尼斯·阿罗的"干中学"思想,他认为在生产实践中的经验累积可以带来人力资本存量的增加,进而能够通过人力资本的外部效应促进经济增长。人力资本积累模型很好地解释了技术进步对经济增长的作用,对新经济增长理论的发展具有重要的理论和现实意义。

但是卢卡斯的观点也存在着一定的局限性,模型中所指的人力资本是在从事生产时间之外,通过学校教育的途径而获得的。他没有考虑如何将教育与工作经验这两种人力资本存量的积累方式有效结合起来。并且,卢卡斯也没有考虑初始人力资本存量的作用和影响,一般而言,初始人力资本存量对于人力资本存量的提高也会产生较大影响,而且这种影响短期内是无法避免的。另外,卢卡斯也未考虑其他人力资本形式,如健康人力资本、迁移人力资本等。

(三) 产品多样化模型

知识溢出模型和人力资本积累模型建立在完全竞争假设的条件下,没有提供令人满意的结果,从而激发经济学家在垄断竞争假设下,基于创新视角考虑经济增长问题。基于创新理论,根据技术进步表现形式的不同将这类新增长模型分为产品多样化模型和产品质量升级模型。我们首先简要介绍一下产品多样化模型。该模型是罗默在 1990 年对知识溢出模型的一个扩展,他认为技术进步来自专业化中间产品的种类不断增加,也就是说,创新产品有着新的功能,因而能增加消费的多样性或增进生产的专业化。

该模型将社会经济分为三个部门。第一个是研发部门,知识积累首先需要知识的创造,这一个部门的功能就是使用人力资本和既有的知识存量生产新知识或新中间产品的"设计蓝图",并把这种新设计出售给中间产品生产部门;第二个是中间产品生产部门,它的主要功能是利用研发部门再创造的知识进行产品的生产,这里生产的产品是指供给生产者的耐用生产品,这些耐用生产品最终投入第三个部门;第三个部门是最终产品生产部门,这一部门利用劳动力、人力资本和一组资本品生产最终产品,这些最终产品可以是消费品,也可以被储蓄为新增资本。新设计蓝图的出现使得中间产品部门的产品数目增加,从而导致经济主体的选择范围扩大,中间产品主要通过最终产品的生产过程而发挥作用,而技术进步表现为生产性和消费性产品种类数目的增加。

该模型假设,在生产过程中除了存在资本 K 与非熟练劳动力 L 两种投入要素以外,还存在着人力资本 H 和技术 A 两种投入要素,因此,在整个生产过程中有四种投入要素。罗默认为经济增长、规模报酬递增的主要动因之一是专业知识的积累与溢出。知识由两部分组成:一是人力资本 H,它具有竞争性;一是技术水平 A,它是非竞争的,可实现无限的增长。人力资本 H 在最终产品部门和研发部门配置,有 $H = H_Y + H_A$。

产品多样化模型中的最终产品部门与索罗模型中的最终产品部门也非常相似,它由大量完全竞争的厂商组成,他们都投入劳动和物质资本生产出同质的产品 Y。根据以上的简化假设,最终产出 Y 可表示为劳动 L、投入最终产品部门的人力资本 H_Y 和物质资本 x 的柯布-道格拉斯生产函数:

$$Y(H_Y, L, x_i) = H_Y^\alpha L^\beta \Big[\int_0^A x(i)^{1-\alpha-\beta} \mathrm{d}i \Big] \tag{2-22}$$

其中,x_i 代表第 i 种中间产品,α 和 β 分别为人力资本和物质资本的产出弹性。

一个有代表性的最终产品厂商在既定的中间品价格下,最终的目标函数为:

$$\max_x \int_0^\infty \big[H_Y^\alpha L^\beta x(i)^{1-\alpha-\beta} - p(i)x(i) \big] \mathrm{d}i \tag{2-23}$$

通过对上式求一阶条件,可以得到中间品 $x(i)$ 的反需求函数:

$$p(i) = (1-\alpha-\beta)H_Y^\alpha L^\beta x(i)^{-\alpha-\beta} \tag{2-24}$$

对于中间产品生产部门而言,通过购买上游部门(研发部门)开发出来的一个新中间产品设计方案,并投入资本来生产用做最终产品部门生产所需的中间产品。根据假设,每生产一单位最终产品需要投入 η 单位的中间产品,并且生产中间产品需要借入资本(r 为市场实际利率),故生产单位的中间产品总的可变成本为 $rx(i)$。利用式(2-24),可得每一个中间产品生产厂商的决策行为函数:

$$\pi = \max_x (1-\alpha-\beta)H_Y^\alpha L^\beta x(i)^{1-\alpha-\beta} - r\eta x(i) \tag{2-25}$$

研发部门只从事研发而不生产,且研发厂商之间是完全竞争的。假定每一个厂商可免费获取社会总知识存量,则新知识的生产函数可表示为:

$$\dot{A} = \delta H_A A \tag{2-26}$$

其中,δ 为生产率系数。由式(2-26)可知,知识的生产是 H_A 与 A 的线性函数,也就是说,投入研发部门的人力资本与现有知识存量的增加都能提高新知识的产出。当一种新知识研发出来,众多的潜在生产商会试图购买此项知识来制造新的耐用品。对于每个中间产品生产厂商,新知识的价格、资本品价格和利息率都是给定的。在此情景下,生产商会设定所生产的中间产品价格以实现利润最大化,而中间产品的价格又决定于最终产品生产商对其的需求。

最后,罗默引入消费者效用函数形式来完成模型的设定,形式如下:

$$U = \int_0^\infty \frac{C^{1-\sigma}}{1-\sigma} e^{-\rho t} dt \qquad (2\text{-}27)$$

其中,ρ 表示时间贴现率,σ 表示消费者风险厌恶系数,$\sigma \in (0, \infty)$。

求解模型得到的均衡状态下的增长率 g 和用于研发部门的人力资本 H_A 分别为:

$$g = \delta H_A = \frac{\delta H - \Lambda \rho}{\Lambda \sigma + 1} \qquad (2\text{-}28)$$

其中,$\Lambda = \alpha / [(1 - \alpha - \beta)(\alpha + \beta)]$。

从上式(2-28)可以看出,经济持续稳定增长的速度与人力资本的规模 H 和人力资本生产效率 δ 成正比变化,与贴现率 ρ 和消费者风险厌恶系数 σ 成反比。罗默的产品多样化模型强调的重点是研发部门人力资本对经济增长的作用,研发部门的生产效率越高以及分配到研发部门的人力资本越多,中间产品的进展就越快,而普通的体力劳动对于经济增长是不具有作用的,这就是罗默思想的根本。

(四)产品质量升级模型

在市场上,创新产品经常会取代已有的产品,前述模型都没有考虑到创新产品的这一特点。在这一小节里,我们将讨论另外一种有意思的创新模型,代表性的是阿吉翁和豪威特(1992,1998)所提出的产品质量升级(或垂直创新)模型(A-H 模型)。该模型认为增长是由一系列随机的质量改进带来的,生产新的产品必然会使得旧的产品和技术被遗弃,创新具有熊彼特"创造性毁灭"的特点。下面简单介绍一下 A-H 模型。

A-H 模型假设社会中存在三种可交易的产品:劳动力 L、最终产品 y 和中间产品 x。劳动力可用于两种用途:中间产品的生产和研发。中间产品由劳动力一对一地生产,在中间产品生产中使用的劳动力数量为 x,而研发中投入的劳动力数量为 n,则有:

$$L = x + n \qquad (2\text{-}29)$$

在不考虑资本积累的情况下,假设经济参与人具有线性的跨时期偏好:

$$u(y) = \int_0^\infty y_\tau e^{-r\tau} d\tau \qquad (2\text{-}30)$$

其中,r 为利率。假定按照线性函数的形式,生产中间产品的劳动力等于中间产品的投入。最终产品的生产投入只有中间产品,其方程为:

$$y = AF(x) \qquad (2\text{-}31)$$

其中,A 为中间产品投入的生产率,x 为中间产品。

研发部门主要从事中间产品的研发,创新的发生是一个泊松过程。假设创新是按照泊松进程随机产生的,泊松到达率为 λ,由于泊松进程具有可加性,因此,研发部门创

新的泊松到达率为 $n\lambda$,即在研发部门投入的劳动力越多,创新成功的概率就越大,λ 为固定参数。另外,假设新技术会完全取代旧技术,每一次创新都是旨在占据未来市场租金的创造活动,拥有新技术的中间产品制造者成为中间产品市场的垄断者,直到有更先进的技术出现,这种垄断地位才会消失,这就是熊彼特的"创造性破坏"的思想。

中间产品创新的结果是推动生产力,具体地,每一个创新的产生都会使得最终产品生产阶段的生产率 A 在下一个阶段获得提升,即 $A_{t+1}=\gamma A_t$,γ 为创新对生产力提升的规模,t 表示创新发生的次序。模型主要通过研发者、中间产品、当前垄断者以及劳动者的最优化来确定劳动力在中间产品的研发和制造这两个领域的配置,进而得出在均衡配置下的经济增长路径。

产品质量升级模型的主要结论可以概括为:

(1) 利率 r 降低可以通过提升垄断利润的现值来提升研发的边际利润。

(2) 提高 γ 可以通过提高下一阶段垄断利润的规模来提高研发的边际收入。

(3) 提高创新能力 λ 可以同时减少边际成本和边际收入,但是对前者影响更大。

第二节　创业经济增长模型

一、经济增长理论中的创业因素

研究创业经济学的一个最引人注目的领域就是分析创业与经济增长之间的联系。尽管熊彼特在 1934 年已经提出创业的经济学模型,但 20 世纪中期以前,对创业研究的突出贡献主要来自非主流经济学领域。西方主流微观经济理论秉持着静态均衡的假设,导致本质上是动态的创业现象被完全排除在西方主流经济理论之外,创业现象一度被看做是"困扰经济学模型的幽灵"[①]。直到 20 世纪 80 年代之后,随着新自由主义的兴起和硅谷企业的成功,西方学界开始将创业作为研究重点,试图对创业与经济增长的关系进行分析。在创业经济理论的发展过程中,熊彼特的创业创新理论和罗默的知识溢出理论成为该领域的理论基石。对熊彼特的创业创新理论进行扩展研究的代表学者有阿吉翁和豪威特等人,而以知识溢出理论为基础对创业进行研究的代表学者有奥璀兹和阿斯等人,尤其是后者成功地解释了罗默模型中知识溢出的形成及作用机理。

(一) 熊彼特主义的创新理论与创业

熊彼特早年在其巨著《经济发展理论》中指出,创新是技术进步和经济发展的主要驱动力量,而一个国家的创新和技术进步源于创业家和创业精神。20 世纪 90 年代以来,以阿吉翁和豪威特为代表的熊彼特主义增长理论学派,基于毁灭性创新理论从改进新开发产品的品种和产品质量两个维度关注技术进步,提出了产品品种增加

---

① Baumol W J. Formal entrepreneurship theory in economics：Existence and bounds[J]. Journal of business venturing，1993，8(3)：197—210.

的产品多样化增长模型、产品质量提升型增长模型等。可以看出,技术进步在经济内生性增长的道路上扮演不可或缺的角色,发挥了关键性的作用。

随后,阿吉翁和豪威特等再次利用熊彼特增长模型分析新创企业与创新之间的关系,发现在不同的行业中新企业的进入对现存企业创新的激励作用存在着异质性。在高科技的行业中,新企业的进入会促使现存企业加快创新,因为新企业的进入会威胁到现存企业的存亡,而在技术含量较低的行业中,新企业的进入则会抑制现存企业的创新热情,因为在该类行业中,新企业的进入会降低现存企业对创新带来的垄断租金的预期。

技术进步主要是通过创新这条路径,而企业家作为创新的主体,直接成为创新的倡导者和执行者。新增长理论中熊彼特主义的观点,为人们研究创业与经济增长问题提供了新的视角,使得人们更加注重创新创业精神的作用,同时也为研究企业家才能提供了思路。

企业家才能的载体是多元的,包括个人、企业和区域。从个体层面上看,具有企业家才能的个人,往往具有强烈的追求成功和卓越的欲望,他们通过创建企业实现个人的欲望,形成企业家阶层,企业家才能在个体层面上最多地体现在企业家身上。从企业层面上看,具有企业家才能的企业家为了追求利润,在竞争中获得有利的地位,往往会采取各种创新手段,努力争取企业的竞争优势,从而努力营造出具有企业家才能的公司文化,形成企业层面的企业家才能。从宏观层面上看,具有企业家才能的公司在区域上的大量聚集,形成相应的区域文化,从而促进区域整体生产率的提高和生产成本的降低,最终促进该区域的经济增长。

赫伯特和林克[1]将企业家才能限制在两个方面:一是企业家的创业精神包含"新的进入"。企业家创业精神是指任何创业的行为,包括自我雇佣、建立新企业等。从理论上来说,创业企业家所拥有的成就需要、内部控制和冒险精神等特质都可能影响其创业行为。熊彼特认为,创业是一种突破性创新活动,通过突破性创新可以打破现有的观念、产品和工艺。创业企业家正是突破性创新的最佳实践者,创业活动为取得成功多数采用新的技术方法和产品体系而摒弃旧的生产观念和管理方式,这种全新的创造方式基本都通过创业活动得以实现。二是企业家的创新精神能够创造性破坏,打破一种既有均衡,建立一种新的均衡,这种创造性破坏的过程其实是经济增长的过程,因此,可以说企业家创新精神是经济增长的源泉。

(二)罗默的知识溢出效应与创业

新增长理论将知识作为一种关键的生产要素,认为知识溢出效应是促进创新和经济增长的内在机制,尤其在罗默的知识溢出模型中,得出了知识溢出对经济增长有促进作用的结论。就在越来越多学者将研发与知识看做解释经济增长差异的因素时,"知识悖论"的出现使学者们对经济可自动从新知识投资中获益的结论提出质疑[2]。

---

① Hébert R F. Link A.N. In search of the meaning of entrepreneurship[J]. Small Business Economics,1:39—49.

② Andersson(2002)对此进行了一般性描述,将高研发投入与低经济绩效共存的现象定义为"知识悖论"。

回顾罗默的知识溢出模型,可以发现罗默直接假设知识溢出可以通过 R&D 投入自动实现,却没有阐释知识溢出的过程和传导机制。阿罗认为知识和经济相关的知识之间存在隔阂,他提出溢出不会自动发生。为了揭示"知识悖论"的成因,阿斯和奥璀兹[1]提出了"知识过滤"的概念,指出由于知识自身具有极高的不确定性、非对称性以及交易成本存在,在实际生产过程中,是否将新知识进行商业化在决策层和研发层产生很大的分歧,进而会引发知识浪费,因而需要一种渠道实现知识从现有企业或组织中的溢出和商业化。知识过滤是知识溢出环节中最重要的影响因素,知识过滤很大程度上抑制了知识溢出,使得知识本身利用率大大降低。知识过滤实际上就是新知识与阿罗所提出的经济知识或者商业化知识之间的隔阂,知识过滤程度越高,新知识与商业化知识之间的隔阂就越大。

导致知识过滤的因素有很多。首先,在知识的最初研发层面,基础知识的研究由于对知识理论要求很高,而高校和研究所等研发部门与企业之间缺少足够的沟通,导致有大量的前沿知识无法被企业 R&D 部门消化,进而更无法将这些知识进行商业化而产生技术进步;同样由于专利权等问题,一部分前沿知识无法被企业获得,进而短期内就无法进入经济领域。其次,在企业内部,具有雄厚研发实力的大企业往往由于庞大的行政设置,反而在一些新产品的研发和推广上存在一定滞后性。企业规模越大,层级性的低效率就会越明显。企业自身的发展目标限制,导致旗下的研发部门虽然有强大的研发实力,但是决策层可能会忽略掉大量的创新产品和技术。这些创新可能与当前企业的发展和经营方向无关,或者本身存在较高的风险性,在通过企业决策者层层筛选时被遗弃。最后,当前社会环境和政府政策限制,可能导致大量的知识无法被现存企业所获得,或者没有足够的企业和资金去转化新的知识,导致即使存在创新潜力,却无法将潜力转化为产品和技术。

2009 年阿斯和奥璀兹等学者在传统创业理论基础上,将创业理论和知识溢出理论相结合,提出基于创业的知识溢出理论[2]。该理论认为创业是削弱知识过滤的关键,是连接对新知识的投资和经济增长的重要枢纽。当外部投资者或者研发人员自身通过权衡利弊,一旦发现此类未完全商业化知识的获利潜力后,研发者可以通过衡量利弊决定是否离开企业继续对新知识开发利用,将这部分知识有效地转化成新技术并投入市场之中,这也就是创业的一部分。换言之,知识过滤导致的未商业化知识为创业提供了有效的机会,创业是知识过滤的导体,创业活动可以有效提高知识溢出效率,极大减少知识过滤程度。该理论系统论述了知识溢出、创业与经济增长的内在作用机理,为新增长模型构建了微观基础。

根据该理论,创业机会不仅仅是由对新知识的开发所产生的,同样也是开发现存

① Acs Z J, Audretsch D B, Braunerhjelm. The missing link: The knowledge filter and entrepreneurship in economic growth[J]. CEPR working paper no. 4358. London, UK: Center for Economic and Policy Research, 2004.

② Acs Z J, Braunerhielm P, Audretsch D. The knowledge spillover theory of entrepreneurship[J]. Small Business Economics, 2009, 32(1):15—30.

的但又未商业化的知识所产生的,就如创业理论中所说明的一样,利用这部分未完全商业化的知识投入相关的产业之中,要么开创了新的产业,要么会提高相关产业的生产率,进一步促进经济的增长。因此,创业作为一种能够加大渗透知识过滤的重要机制,最终会带来经济的增长。该理论解释了创业为什么能够像知识要素一样能够具有比较优势,成为经济增长尤为重要的源泉,且变得更加流行;也解释了为什么创业在促进经济增长方面发挥着重要作用。

更重要的是,创业的知识溢出理论挑战了内生增长模型的两个基本假设,这两个基本假设隐含地支撑着内生增长模型得出的一系列结论。第一个假设,知识被自动地等同于经济知识;第二个假设,知识的存在被等同于知识的自动溢出,从而产生内生的增长。而基于创业的知识溢出理论认为知识过滤的存在使得新知识与新经济知识(商业化的知识)之间存在着差距,导致了知识溢出的低水平,这恰是产生知识悖论的原因。奥璀兹指出知识投资不能自动地转化为经济增长和竞争力,具有知识溢出的创业是解决知识悖论的有效途径。

鉴于此,阿斯等学者[①]建立了一个基于创业的内生增长模型,阐释了经济增长是如何依赖于知识的积累和扩散,并假设知识是通过现存企业的研发活动和创业活动两个方面得到扩散的,同时将创业者与知识的利用联系起来,得到一个命题,即一个经济体的经济增长会随着经济体运作效率的提高而增加,经济体的运作效率特别指的是科研活动和创业活动的效率。阿斯等学者[②]基于创业的知识溢出理论进一步发展了该内生增长模型,主要说明了创业作为服务于知识溢出和商业化的渠道,是产生这种机制的源泉。阿斯等学者根据该理论提出个体决策所处的经济背景是影响其成为创业者的重要因素的观点,而创业资本恰恰反映了不同区域的创业环境,将通过影响区域内企业家(创业者)的出现来决定着区域产生创业活动的能力,这里的创业活动指的是基于知识资本的高技术、高增长的创业活动。

二、创业与经济增长关系的概念模型

目前将创业因素直接引入经典经济增长模型中的理论尚不多见,但近年来三个模型成功地解释了创业与经济增长的关系,分别由温奈克斯等学者[③],舒瑞克等学者[④]以及 GEM 项目提出。

(一)温奈克斯模型

温奈克斯等人在 1999 年最早针对创业影响经济增长的机理进行了探讨,提出了

①　Acs Z J, Szerb L. The global entrepreneurship and development index(GEDI)[C]. Summer Conference, 2010:16—18.

②　Acs Z J, Sanders M W J L. Knowledge spillover entrepreneurship in an endogenous growth model[J]. Small Business Economics, 2013, 41(4):775—795.

③　Wennekers S, Thurik R. Linking entrepreneurship and economic growth[J]. Small Business Economics, 1999, 13(1):27—56.

④　Roy Thurik, Sander Wennekers, Lorraine M. Uhlaner. Entrepreneurship and economic performance: a macro perspective[J]. International Journal of Entrepreneurship Education, 2002, 1(1):25—65.

创业与经济增长的初步研究框架。他们认为创业受到诸如个人、文化、制度等因素的影响,而创业又是一个多维度的概念,需要从不同的层面进行分析,同时,创新和竞争在创业与经济增长之间发挥着重要作用。

在初步研究框架基础上,他们进行了丰富和完善。认为谈论创业与经济增长的关系应该从个人层面、企业层面和宏观层面三个层面进行探讨。具体而言,创业活动产生于个人层次,创业由个人态度或动机、技能和精神禀赋所引发。但是个体企业家的创业动机和行为很大程度上受制于社会文化制度、商业环境和经济宏观形势。在公司层次,个体企业家将创业能力和抱负落实为新创企业。在国家层次,所有创业活动形成了"竞争实验、新思想和首创精神"的结晶体。竞争的结果是企业优胜劣汰,市场呈现多样性和灵活性;同时,创业活动通过提高劳动生产率,使得优胜企业不断发展壮大,并最终促进国家经济的发展。

创业与经济增长之间由中间变量连接,而且创业还受一些关键要素的影响。创业者通过创业,将个体的知识与技能以及其他创业特质转化到创业行动中,从而实现企业的创办并进入新的市场,在此基础上,创业者以及新创企业还必须不断地创新。创业活动的不断增加在宏观层面将催生出各种企业,产生企业多样化并且也使得企业之间的竞争不断加剧,一些企业在竞争中得以不断壮大发展而另一些则被淘汰出局,从而实现了市场的选择过程。同时,创业过程还存在反馈机制,即一些被淘汰的创业者在创业失败的过程中提高了自己的创业技能,并进行再次创业,实现新的创业循环。

从创业与经济增长的关系看,一方面,通过创业在宏观层面上多样化、竞争和选择的过程将直接增强宏观层面的经济竞争力,推进经济增长;另一方面,创业的成功将为创业企业创造绩效,企业的绩效满足创业者的自我实现和财富增长,同时也推动了区域和国家的经济增长。依据上述逻辑链条,创业活动与经济增长连接的框架模型,如图 2-2 所示。

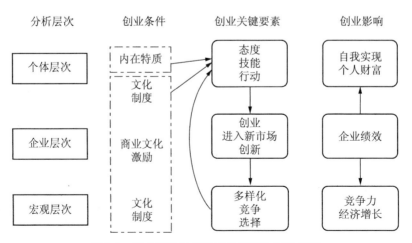

图 2-2　创业活动与经济增长连接的框架模型

资料来源:Wennekers S, Thurik R. Linking entrepreneurship and economic growth[J]. Small Business Economics, 1999, 13(1):27—56.

（二）舒瑞克模型

在温奈克斯模型的研究基础上，舒瑞克等学者在 2002 年进一步对创业与经济增长的关系进行了探讨，建立了舒瑞克模型。他们的分析起始于个人层面的初生创业，初生创业者是指打算或者积极地尝试开创新事业的个人（如工薪阶层、失业者、学生和家庭主妇）。当这些初生创业者正式进行创业并创建企业之后，就意味着新企业进入了市场。此时，这些新生企业将通过创新（如引入新产品、发现新的生产方式等）对企业的绩效产生影响。除此之外，新创企业还将通过一系列的适应性调整引发经济重构，如企业的退出、合并、再造以及债权人的创新等。这些发生在企业层面的变化将逐渐地产生累积效应，从而影响到产业结构的变化。一些产业将会从宏观层面退出，另一些则发生合并，这些都将引起部门、区域和国家经济层面的产业结构重构。这种产业重构同新创企业的出现一样会引发多样化和新的竞争，进而引起企业的退出，同时促进存活企业绩效的增长。企业经济的增长则会带动宏观层面的经济发展和个人层面的物质回报。同样，产业结构调整和国家层面的经济发展会进一步对社会的初生创业带来影响，促进更多的初生创业者从事创业活动。据此，他们构建了创业与经济绩效模型，如图 2-3 所示。

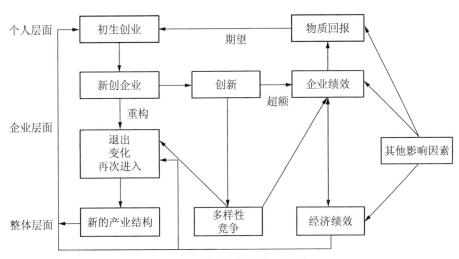

图 2-3 创业与经济绩效模型

资料来源：Thurik R，Wennekers S，Uhlaner L M. Entrepreneurship and economic performance：A macro perspective[J]. International Journal of Entrepreneurship Education，2002，1(1)：25—65.

从温奈克斯以及舒瑞克所构建的创业与经济增长的模型及其创业对经济增长的影响分析来看，创业至少应该从多维度、多层次角度进行分析，个体层次的创业并不会对经济增长产生直接影响。创业对经济增长的影响依赖于新创企业带来的企业层面、产业层面甚至宏观层面的变化。从企业层面来看，新创企业的进入意味着创新的出现和扩散，而创新不仅会直接促进企业绩效的提升进而推动宏观经济的增长，创新还将带来更宏观层次上产业的调整、重构，也会使得企业之间、产业内部和产业之间的竞争加剧,而竞争也会促进企业绩效和国家经济的改善。从已有研究来看,学者们将创新、竞争、多样化、选择等作为连接创业与经济增长之间的重要因素。尽管他们的研究并未揭示创业与经济增长之间的机理,但这些研究却为我们提供了较好的借鉴和较大的启示,我们将在这些研究模型的基础上深化拓展,构建创业与经济增长的机理模型。

创业对经济增长的影响并不产生直接效应,其影响机理在于:创业促进了经济增长要素(资本、非技术劳力、人力资本和技术)的投入与整合,带来了企业层面和产业层面上创新的不断出现、竞争的加剧、企业在市场中的进入与退出、产业结构的调整和重构,从而促进和推动经济的增长。创业与经济增长之间还存在修正循环的关系,经济增长和产业结构的调整将会提供新的机会,从而促使新的创业者进行创业,实现新一轮的创业与经济增长之间的循环,而且,经济增长也同样可以从个人层面、企业层面和宏观层面得到体现。

(三) GEM 项目模型

尽管创业作为国家经济增长与社会发展的重要驱动因素已经日趋得到实践界和学术界人士的认同,但是,受到研究数据可得性的限制,理论上在对于创业推动经济增长的微观机制、如何提升国家和地区层面的新企业创建行为、为什么是某些人而不是其他人发现并利用了创业机会、哪些要素促发或阻碍了创业活动以及这种促发或阻碍效应的发生机制等深层次学术问题上还缺乏系统性的研究。鉴于此,在美国百森商学院和英国伦敦商学院的共同发起和呼吁下,全球创业观察(Global Entrepreneurship Monitor,GEM)项目于 1999 年正式启动,该项目是一个跨国家和跨地区的大型研究项目,旨在研究全球创业活动态势。

GEM 项目在国际创业研究和教育领域享有着极高的盛誉,该项目的研究报告是全球创业研究理论文献的重要组成部分。目前,GEM 项目的年度报告已成为世界各国人士了解创业态势、创业环境、创业政策等问题的重要信息来源,依托 GEM 调查数据在 SSCI 期刊发表的学术论文达到了百余篇,产生了显著的国际影响和社会经济价值。GEM 研究项目分析了大公司为中小型公司创造市场机会的成功经验,以及创业推动宏观经济发展和完善的主要机制,提出了一个包括两套推动国家经济增长机制的理论模型,称为全球创业观察(GEM)概念模型,如图 2-4 所示。我们认为,这个模型可以较好地解释创业与经济增长之间的关系。

在这个模型中,促进经济增长的条件分为一般环境条件和创业环境条件,前者是现有大中小企业发展的基础和环境,后者是创业活动的基础和环境。一般环境条件包括外贸开放程度、政治稳定性、资本市场的有效性、研发水平与技术运用程度、基础设施发达程度、管理水平、劳动力市场的灵活性、社会制度完善程度与合理性等。创业环境条件由九个方面组成。它们分别是金融支持、政府政策、政府项目、教育和培训、研究开发转移、商业环境和专业基础设施、国内市场开放程度、实体基础设施的可得性、文化及社会规范。

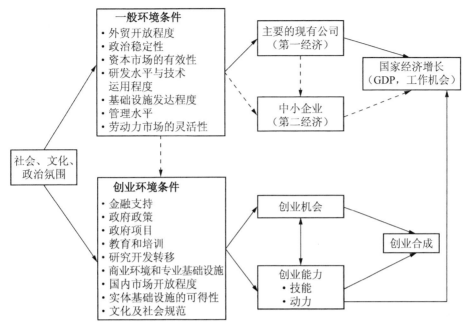

图 2-4 全球创业观察(GEM)概念模型

如图 2-4 所示的上半部分描述的是第一套机制,反映了作为一个国家的国际贸易代表的大企业和成熟企业的地位和作用。模型这部分的潜在假设是,如果一般环境适当改善,大公司逐步融入国际贸易市场,可以促进自我扩张和成熟,大企业的国际竞争力就会得到加强。那么,通过技术扩展和分立,大公司在经济上的成就,将为国家经济创造更大的产品和服务需求。这种需求增加就会为更多的中小企业提供市场机会。当国际贸易环境非常稳定,市场和生产技术变化很小时,成熟企业对经济增长的推动作用就特别明显。

如图 2-4 所示的下半部分揭示的是第二套推动经济增长的机制。该机制强调的是创立和发展新企业的创业活动的地位和作用。根据模型的这部分内容,创业活动是在一系列环境条件的背景下进行的,创业环境是与新创企业的产生和扩张直接相关的社会或文化环境,它影响着创业机会的出现与创业者的能力,如动机和技能。这一机制被细分为两部分:①创业机会的出现;②追逐机会的创业者的能力(如动机和技能)。创业机会和创业能力在创业的努力中进行合成,产生创业活动或产生新企业。不断产生的创业活动或新企业给经济增长带来了持续的活力。当市场环境处于动荡变革状态时,企业若想成功,就要具备更高程度的创新性、创造性和更快的对市场变化的反应速度,此时,创业活动对经济增长的推动作用就更为显著。

GEM 模型的最大价值就在于,该模型着眼于这两套经济增长促进机制的互补关系。一方面,成熟企业通过技术扩散提供很多机会分立出新企业、增加对产品和服务的需求,大型企业常常为新企业创造利益机会;另一方面,作为大型企业产品与服务的供应商,中小企业可以充分利用专业化分工所带来的比较优势,提供价格低廉的产品与服务,从而增强大型企业的竞争能力。例如,以作为有竞争力和可信赖的供应商的方式,中小企业为世界各国的大型公司提供了竞争的优势。这两大机制不断发展会扩大这个国家的经济总量,创造就业机会,提升科技与创新水平,增加社会财富,从而推动这个国家的经济增长。

总而言之,创业的发生与发展是一个极为复杂的过程中。从创业的结果来看,一个国家的社会、文化和政治氛围影响着这个国家的总体环境条件,包括一般环境条件与创业环境条件,两者相互影响、相互作用。一般环境条件影响着一个国家大型企业与中小企业的表现,创业环境条件则影响着这个国家的创业机会、创业动机与创业能力。此外,创业机会与创业动机、创业能力也相互影响、相互作用。当广泛的创业机会与国民强烈的创业动机、出色的创业能力相遇,出现旺盛的创业活动则是理所应当的结果。因此,创业环境、创业机会、创业者开拓市场机会的创业动机与能力是成功创业所必需的要素。

第三节 创业经济增长的作用机制

理解和把握创业经济,考察创业经济增长的影响因素和作用机制是最佳的切入点。本节将重点对创业经济增长的影响因素和作用机制加以讨论,从而更全面和清晰地认识创业经济的特性及创业在经济增长中的地位和作用。

一、影响因素

经济增长在实际核算中常以一国生产的商品和劳务增加值来表示,即以国内生产总值(GDP)或国民生产总值(GNP)来计算,经济增长是多种影响因素相互作用的过程。传统主流经济增长理论将引发经济增长的要素概括为资本、劳动力、自然资源禀赋和技术进步。但是,一切与创业活动相关联的条件和环境都可能会影响创业经济的增长。这里,我们将影响创业经济增长的因素分为两类,一类是直接进入生产活动的,即投入的生产要素,包括劳动力、资本、技术进步和企业家才能等;另一类是创业环境。

(一)生产要素

在经济学基础理论和经济增长理论中,影响经济增长的基本要素投入主要包括以下几种。

1. 劳动力

劳动力是生产过程中最重要的投入要素,劳动力对创业经济增长的作用是不言而喻的。劳动力是数量和质量的统一,实际包括劳动力的数量与劳动力的知识、技能和身体素质。任何经济活动都需要劳动者的积极参与才能进行,因此,任何类型的创业,首先必须要具有一定数量的劳动力。劳动力数量对创业经济增长的作用,表现在劳动投入的增加,可以提高创业经济的产出水平,所生产的产品越多,经济增长就越快。相对于数量而言,劳动力质量对创业经济增长的影响更为重要。较高的劳动力质量意味着较高的劳动生产率,假设劳动力投入数量不变,一个高素质的劳动力相当于多个低素质的劳动力,劳动力数量的不足可以通过提高劳动力的质量来弥补,经济就会在节约资本和更多利用高质量劳动力的情况下获得增长。

2. 资本

长期以来,资本(物质资本)与劳动一起被视为一国生产的基本要素。在经济学中,资本通常是指实物资本,如以机器、设备、厂房和存货等为主的物质资本。资本对于经济增长而言至关重要,在大多数的经济高速发展的国家,10%～20%的产出都用于净资本的形成。对于我国各区域而言,劳动力是比较充裕的投入要素,一般不会成为经济增长的约束条件。而物质资本总是一种相对稀缺的生产要素,尤其是对于新进入的创业企业而言,物质资本存量的多或寡,往往成为促进或阻碍创业经济增长的基本要素。创业物质资本存量的提高可以引导创业向创新型创业转型,提高总体的创业创新能力,可以为整体的经济环境增添活力并带动经济增长。

自从舒尔茨和贝克尔创立人力资本理论以来,人们不再将资本局限在物质资本范围内,而是将资本进一步划分为物质资本和人力资本,人力资本在宏观和微观层面日益凸显出其重要性。从人力资本本身来看,人力资本是由不同类型、不同层次的资本分量组成的复杂资本系统,这些不同类型、不同层次的人力资本对产出、劳动生产率和经济效率会产生不同的影响。人力资本存量是通过人力资本投资而形成的,因此,所有能够提高劳动者素质、能力、知识、技能和健康的支出,都属于人力资本投资的范畴。一般而言,人力资本投资来源于教育投资、卫生保健投资、培训投资、迁移投资等。教育程度越高的创业者越有能力和倾向创建和管理高增长率的企业。

3. 技术进步

在创业经济中,除了以上要素之外,知识或者技术作为一项新的生产要素也进入到某些行业的生产过程,并且成为经济增长的重要解释因素[①]。然而,作为推动创业经济增长的重要因素,技术进步和资本、劳动力的表现形式又有很大不同,主要通过以下几个方面来促进创业经济增长:第一方面是知识的积累,即知识的增加所产生的发明与创造对增长起促进作用。国外学者的研究表明,从知识存量增加到实现技术进步并获得经济增长,通常要经历五个阶段:第一阶段是科学发现,第二阶段是发明,第三阶段是革新,第四阶段是改良,第五阶段是随着改良的出现而扩散革新的技术。第二方面是资源的重新配置,即技术水平决定了各种要素投入结构的差异,技术进步能够使得其他要素得到节约。第三方面是规模经济,即企业或地区的规模不断扩大而引起的经济效益。第四方面是管理水平提高,主要指由企业管理和地方政府的有效管理而带来的经济效益。

4. 企业家才能

企业家才能又被不少学者称为企业家精神、企业家职能等,往往指企业家在经营管理企业的特殊环境中会形成体现其职业特点的独特的思想意识、思维方式和心理

---

① Lucas R E. On the mechanics of economic development[J]. Journal of Monetary Economics, 1998, 22: 3—39; Romer P M. Endogenous technological change[J]. Journal of Political Economy, 1990, 98:71—101.

状态。自萨伊以来,经济学家普遍将企业家才能视做是一种重要的生产要素,也是经济持续增长的最重要驱动力。可以说,任何调整当前行为以实现未来目标的人都是在发挥企业家才能。企业家才能被认为在推动一国就业增长、技术创新、产品和服务创新以及生产率提高等方面发挥重要作用。

随着对创新职能的提出,企业家被赋予了更多创业者的色彩。在创业经济中,熊彼特认为,创业精神是企业家或企业的内在禀赋,是一种善于发现、创新和整合的能力,以及能够把这种能力付诸企业运营的行动集合。劳动力、土地、资本、企业家的才能与创业精神是驱动企业成长的几个主要因素,其中劳动力、土地、资本属于传统的生产要素,企业家的主要功能则在于推动企业创新,而创新与创业正是推动经济增长和社会发展的原动力。

(二) 创业环境

创业是一个系统的、复杂的、富于创造性的系列活动,就企业与环境的相互作用而言,企业所处的外界环境的复杂性使得创业企业处于不可控制的、不断变动的环境之中,企业的最终创立也可以认为是企业与环境间交互作用的结果。总之,创业企业要健康成长离不开良好的创业环境。

关于创业环境的内涵,不同学者从不同角度给予了评价。嘉特纳[①]从个体、组织、过程和环境四个维度描述了企业创业框架,认为创业环境由资源的可获得性、周边的大学及科研机构、政府的干预及人们创业态度等因素组成。亨利(Henri)[②]把创业活动外部影响因素分为感性环境要素和理性环境要素。全球创业观察(GEM)将把创业环境要素归为九个方面,即金融支持、政府政策、政府项目支持、教育与培训、研究开发转移、商业和专业基础设施、进入壁垒、有形基础设施、文化与社会规范。德博拉(Deborah)[③]从社会文化氛围、公共基础设施和政府支持三个方面研究了区域创业环境要素体系。

综合以上观点,本书认为创业环境指在创业者创立企业的整个过程中,产生影响的一系列外部因素及其所组成的有机整体,主要包括微观创业环境和宏观创业环境。从微观层次来看,创业环境是由供应商、顾客、替代品、潜在进入者和竞争对手五个方面组成,对于创业者而言需要对微观环境进行有效评估,以决定是否建立新企业,将创业机会转化为现实的产品或服务。换言之,创业者的活动和行为会嵌入到创业者所处的环境中,这种嵌入性的环境在一定程度上构成了创业活动的人格化环境。尽管创业环境不会主动影响创业行为,但创业者和创业活动会积极寻求与环境的融合而使得环境嵌入到创业过程,因而环境中的资源要素会流入创业企业,对创业企业的

---

① Gartner W B, A conceptual framework fordescribing the phenomenon of new venture creation[J]. The Academy of Management Review, 1985, 10.8 (1):3—22.

② Henri G, Entrepreneurial intentions and the entrepreneurial environment[J]. Helsink: Helsinki University of Technology, 2004.

③ Deborah M, Community Environment for Entrepreneurship[EB/OL].[2002-12-25]. http://www.nga.org/Files/ppt/ATLANTAFORUM_MACKECOMMUNITY.PPT.

成长产生影响。从宏观层次来看,创业环境包括政策法规环境、金融环境、科技环境、社会文化环境四个方面。首先,良好的政策法规环境会提供更多的创业机会,减少创业成本,并为创业者提供更好的服务,增加创业者的动力和信息;其次,良好的金融环境是创业成功和新创企业可持续发展的重要保障,持续的资金投入是创业机会转变成产品或服务的首要前提;再次,良好的科技环境能够为创业者以较低的成本获得创业所需要的技术,有利于科技成果的转化;最后,社会文化环境传递着社会对创业的支持态度、容忍程度及相关的支持,良好的社会环境会营造良好的创业氛围,影响人们对创业的观念,减少创业成本。

二、创业影响经济增长的作用机制

(一) 优化资源配置

人们在信息不精确的条件下形成的预感或判断,难免导致供求不均衡以及资源配置不当的"失误"。创业者个人的创业意向和创业行为并不能纳入创业与经济增长的研究框架,但创业者可以警觉地发现那些"失误",进行资源的整合和优化配置。其影响机理在于:创业促进了经济增长要素(资本、非技术劳力、人力资本和技术)的投入与整合,带来了企业层面和产业层面创新的出现、市场竞争的加剧、企业在市场中的进入与退出、产业结构的调整和重构,从而促进和推动经济的增长。创业与经济增长之间还存在修正循环的关系,经济增长和产业结构的调整将会提供新的机会,促进新的创业者进行创业,实现新一轮的创业与经济增长的循环。

许多发达国家的经验表明[1],创业通过优化资源配置,正成为经济增长的重要引擎。在联合国经济合作与发展组织(OECD)成员国的经济中,人们更加注重自我创业,企业正朝着小型化发展,这将推动经济增长加速和减少失业。美国经济取得成功的秘密是其拥有一种创新与创业的文化,创业精神与创业活动是美国经济最重要的战略优势。全球创业观察(GEM)的研究表明,GDP 增长差距的大约 30% 可以归因于创业活动水平的差异[2][3]。可以说,发展创业经济是打赢 21 世纪全球经济战争的关键。

(二) 实现科技进步

21 世纪是创业时代,各国的竞争聚焦在创业与创新水平上。创新是创业活动的本质所在,创业是高新技术最终转化为现实生产力的桥梁,是日益重要的经济发展的引擎和推动力。而经济发展又会在更高层次上促进科技进步。

1. 创业通过创造知识溢出影响经济增长

新增长理论认为知识溢出是促进经济增长的重要机制,深入研究知识扩散的过程是重要的。新增长理论的政策启示是,由于知识角色分量的加重和因此而导致的

①　Audretsch D B, Thurik A R, Verheul I. Entrepreneurship: Determinants and Policy in a European-US Comparison[M]. Boston/Dordrecht: Kluwer Academic Publishers, 2002.

②　Babson. Global Entrepreneurship Monitor[M]. London: London Business School, 1999.

③　郑风田,傅晋华.创业经济的兴起与我国创业政策面临的挑战[J].经济理论与经济管理,2007(6):25—29.

规模报酬递增,知识要素应当被广泛的支持。尤其是 20 世纪 80 年代以来,知识经济的快速发展使人们认识到知识是经济发展的最主要推动力。然而,知识自身具有极高的不确定性、非对称性以及交易成本等原因,决策阶级可能不会追求或者商业化那些被经济个体或者团体和研究人员认为具有潜力价值的新知识和想法。也就是说,在没有创业因素的影响下,单纯增加科研经费等对知识产出的投入,并不能带来经济的持续增长和就业的持续增加,产生了所谓的"欧洲悖论"。人们对这一悖论作了很多研究,在悖论中私有企业、公共研究机构和大学都存在着对新知识的高水平投资。如从研发费用占国内生产总值的比重来看,瑞典等国家在科研投资方面均处于领先地位。同样,瑞典等欧洲许多国家的人力资本和教育水平在全世界范围内也是最高的。然而,在整个 20 世纪 90 年代直到 21 世纪,这些国家的经济增长率仍旧停滞不前,就业创造也发展缓慢。

因此,人们逐渐认识到,仅有新经济知识投资并不能确保经济增长和就业创造。关键在于对知识投资使知识通过外溢和商业化得到传播并转变为经济知识,也就是创业方面的制度机制才是经济增长和就业增加必不可少的。创业者通过脱离现存的决策阶级将新的商业化知识带到市场中,有效地帮助知识溢出,从而完成创新对经济增长的贡献。

2. 创业能够提高企业竞争效率

雅各布斯和波特认为竞争比垄断更有助于知识的外部化,不仅企业数目的增加会刺激竞争,而且企业间的激烈竞争同样有利于新公司在某一特殊领域的进入。创业一代不仅创建了一些杰出公司,还创建并领导了全新的行业,这些新行业一定程度改变或改善了经济状态。第二次世界大战以来,美国 95% 的根本性的创新是由小型的创业公司完成的。这是因为,从小的专业化企业得到的必要补充的创新比大的垂直整合的企业更适合。

3. 创业增加了企业的多样化

多数理论都支持多样化水平会影响一个国家或地区的增长潜力,多样化水平程度越高,经济增长潜力越大。创业不仅会产生大量企业,而且会增加一定地区企业的种类。根据雅各布斯的理论,正是不同企业和经济人之间相互补充的知识交换才产生了在新经济知识上的重要回报。他建立了一个强调地理环境在促进知识外溢的重要作用的模型,这里知识的外溢将导致创新活动和经济增长。在这种环境下,创业资本通过注入多样化和作为知识溢出的导管,为经济增长做出贡献。

(三) 创业具有空间集聚效应

有充分的实践证明,产业集群的发展与创业活动有着密切的联系。一个地区具有较强的创业文化和环境,包括创业氛围、创业资源、创新氛围和机遇,能吸引创业者集聚,那么这个区域就比较容易形成产业集群。进一步地,产业集群在地理上的临近和空间上的集聚,可以有效降低产业集群主体(创业者、供应商、客户和员工等)之间的交易成本,促进创业者之间的联系和交流,使得创业者更容易提高自身素质,从而创业成功。可以说,产业集群因其地理集聚性形成的资源共享特征成为有效的创业者孵化器。

例如,美国硅谷每周生成 11 家新公司,在短短几十年的时间,硅谷迅速成为世界一流的信息产业集群。我国中关村每年新注册企业数量超过 3 000 家。武汉光谷平均每天就有 5.6 家新企业诞生。总之,创业活动中创业企业在空间上的集中带来集聚的外部效应,加快了知识溢出和技术扩散,提高了资源的利用效率,推动了经济增长水平和增长质量的提高。

三、创业经济增长的实践

(一) 以色列:创业的国度

以色列是一个仅有 830 万人口、2.5 万平方公里的亚洲小国,相当于我国最小省份海南省面积的 70%。然而,以色列却是世界第二大科技强国,人均创建企业、人均风险投资、人均专利数均是全球第一,是世人公认的"创业国度",其国人"创业信念"根深蒂固,"创业文化"浓郁厚实,"创业典型"举不胜举。在 2014 年 5 月之前,以色列一直是除美国之外在纳斯达克拥有上市公司最多的国家,共有 63 家上市企业;在以色列的特拉维夫,每 1 平方公里有 19 家创业①;以色列在诸多领域世界领先,是全球高科技企业最密集的地方,每 1 800 人就拥有一家高科技公司。为什么这一切发生在以色列? 为什么这片狭小的土地孕育了如此多的创业公司? 结论大体分为以下四个方面:

1. 劳动力

作为一个典型的移民国家,移民是以色列创新浪潮的推动者。以色列不只是对移民的来源国或者经济状态不加限制,它还是世界上唯一的一个不论从政府角度还是情感角度,都愿意增加移民的国家。当意识到就业前景不乐观、难以找到与专业相关的工作时,移民会更愿意创业。

2. 人力资本与企业家才能

以色列教育水平之发达超乎想象。以色列拥有希伯来大学、以色列理工学院等全球 150 所顶级大学中的 4 所,亚太地区 100 所顶级大学中的 7 所,更有魏兹曼研究所等研究机构加盟助阵。事实上,联合国经济合作与发展组织(OECD)统计的数据显示,以色列 45% 的公民都接受了大学教育,这个比例在世界范围内都属于最高水平。在以色列的教学中,注重将知识升华为智慧,允许提出质疑,鼓励新想法,提倡课堂讨论,鼓励学生打开"脑洞"、突发奇想、异想天开、不拘一格,这种教学风格更有助于培养创新环境、提高企业家才能、鼓励创业。

3. 技术水平

随时可能会出现的战争以及人力资源的匮乏,使以色列成为全世界唯一对男女都实行普遍义务兵役制的国家,也形成了世界上独具特色的军队。以色列军队将大

---

① 狮砸.什么样的基础教育,成就了以色列人的"创业力"?〔EB/OL〕.(2016-6-21) http://www.ji-emodui.com/N/50207.html.

量研发资金投入尖端科技部门,使大量的科技和人才资源溢出到民用经济领域,是成千上万以色列科技创业公司的孵化器。同时,军队作为以色列软件创新系统的信息收集、处理和传播中心,以及各种社会关系的联接点,对社交网络起到了发起、强化作用,促进了人与人之间的沟通。

4. 创业环境

在以色列,政府总是致力于与学术界、孵化器、产业投资者、资本市场及其他力量共同营造创新创业环境,建立高效创业互动机制。政府的支持能够弥补初创企业资源少、机会少的劣势;政府实施的 R&D 政策,促进了以色列高科技产业的发展,提供的 R&D 补贴能降低项目的私人成本,促使正在进行的项目加速完成。

(二)中国浙江:创业的沃土

浙江是资源小省,人口仅占全国三十分之一,经济总量位列全国第四。在这样一个历史积淀丰厚、经济活力充沛的省份里,创新创业是永恒的主题。按国际通行的创业观察指数①(CPEA)衡量,除上海、北京外,浙江创业活动居各省市区第一。阿里系、浙商系、学院系、海归系成为浙江创新创业的主体团队,100 个特色小镇为创业者提供了良好的平台和创新的生态系统。这里传承了敢为人先、勇立潮头的创业创新精神,孕育了阿里巴巴等享誉世界的知名公司,打造了引领产业发展的特色小镇,集聚了国内外心怀梦想的创客,落地了众多改革试点,形成了如今火热的创业创新氛围。可以说,创业活动正逐渐成为拉动浙江经济增长的新亮点。

总结浙江省创业成功的经验,可以将原因归纳为几个方面:

(1)市场决定性作用的发挥。浙江在创新方面始终坚持市场化机制,充分发挥市场对科技创新资源配置的决定性作用,打造产学研创新利益共同体,推动创新链、产业链、资金链精准对接,让创新要素跟着市场走、跟着企业走,最终形成创新合力。

(2)创业创新平台的建设。筑好黄金台,引得凤凰来。浙江积极打造双创空间,加快科技城建设。目前,浙江有未来科技城、青山湖科技城、嘉兴科技城、宁波新材料科技城、舟山新区科技城等 5 家科技城。

(3)高端人才的重视。浙江把吸引海外高层次人才作为制胜未来的战略选择,把促进高层次创业创新作为核心内容。除了浙商,浙江以海纳百川的胸襟用人才,创新创业大军分为以浙大为代表的高校系,从阿里巴巴出来创业的阿里系,以"千人计划"人才为代表的海归系,以及以创二代、新生代为代表的新浙商系。一支以创新为主要特征的企业家队伍正在形成。如宁波余姚,到 2015 年底就有国家"千人计划"人才 50 个。

(4)创业政策的支持。浙江政府层面通过制度创新、政策创新和工作创新去推动市场和企业层面的科技创新、管理创新和商业模式创新,大刀阔斧地推行以"四张清单一张网"为重点的政府自身改革,进一步降低市场准入门槛和创业门槛,有效激发了更多人投身创新创业。

---

① 指某地区每万人拥有新创私营企业的数量。

不论是作为一个国家的以色列还是一个地区的中国浙江省,创业活动都非常活跃,极大地带动了经济增长。通过对比分析两个区域,发现两者的共同之处在于:一是要素投入方面,均投入了高素质的创业人才、人力资本和先进的技术水平;二是创业环境方面,不论是金融政策、政府政策还是创业平台都为创业活动起到了积极的扶持作用。总之,创业有利于促进创业资本、非技术劳动、人力资本和技术的合理投入和有效整合,最终推动经济长期增长。

思考题

1. 简述现代经济增长理论模型中经济增长的源泉,以及增长理论中创业因素的作用。

2. 简述创业与经济增长的三个概念模型的主要内容。

3. 简述创业经济增长的影响要素和作用机制,试总结生活中创业实践的成功经验。

材料分析

怎样提高创业活动质量

根据《全球创业观察 2016/2017 中国报告》数据,中国创业活动的质量在提高,但与发达经济体和 G20 经济体平均水平相比,仍存在较大差距。比如,2016 年中国商务环境创业环境条件得分为 2.58,而加拿大为 3.39,德国为 3.35,美国为 3.30。

以上述材料为基础,试回答以下问题。

(1)试简要分析创业环境对创业经济增长的影响。

(2)总结发达国家以创业引领经济增长的成功经验,结合本章学习的知识,谈谈如何利用创业来助力中国未来经济高质量的发展。

第三章 创 业 者

在亚马逊,每一天都是创业的"第一天"

2018年3月6日,《福布斯》全球亿万富豪排行榜发布,亚马逊的创始人杰夫·贝索斯以1120亿美元荣登首富之位。2018年3月20日,亚马逊已成为仅次于苹果的全球市值第二大的公司。亚马逊公司是美国最大的网络电子商务公司,是最早开始经营电子商务的公司之一,一开始只经营网络书籍销售业务,现已将其销售范围扩展到各个领域。1986年,贝索斯毕业于美国普林斯顿大学,毕业后进入纽约一家新成立的高科技公司。两年后,贝索斯跳槽到一家纽约银行家信托公司,管理价值2500亿美元的电脑系统,25岁时便成了这家银行信托公司有史以来最年轻的副总裁。1994年,贝索斯在一次上网冲浪时,发现互联网用户的年增长率达2300%,经过调研与分析,贝索斯踏上了创业之路,利用30万美元的启动资金,在西雅图租来的车库里,创建了全美第一家网络零售公司——亚马逊公司(Amazon.com),贝索斯用全世界最大的河流命名,是希望它成为图书公司中名副其实的"亚马逊"。贝索斯一直提醒他的团队:在亚马逊,每一天都是第一天。

贝索斯所拥有的个体特质与创业精神是亚马逊成功的关键,无论在亚马逊创业初期还是在企业发展过程中,其创业精神均在全球交易市场上留下了光辉的印记。他的创业精神体现了以下几个主要特征:第一,创新特征。贝索斯是真实的创新者,在创业初期,创造并推动了一种全新的商业模式。创业成功后,仍然保持持续的创新精神:2007年,亚马逊推出电子阅读器Kindle;2016年,亚马逊宣布推出革命性线下实体商店Amazon Go;2017年,贝索斯在致股东信中提出"Day 1",要求亚马逊的员工时刻保持创业第一天的初心。第二,承担风险及不确定性的特征。辞职决定创业时,他十分清楚需从零开始,但仍然选择从华尔街金融行业离开,投身于互联网创业,贝索斯指出："大多数决定都应该在掌握 70% 左右信息时做出，如果等到掌握 90% 的信息再行动的话，就已经很慢了。当你面对不确定性时，需要快速做出决策。"第三，机会发现特征。1994 年贝索斯研究互联网时发现了互联网带来的商业机会，决定在这个快速增长的互联网领域创业。而考虑选择何种产品作为切入点时，贝索斯从市场规模、竞争格局等维度出发，最终选定了书籍作为最终出售产品。书籍特别适合于网上展示，而且美国作为出版大国，图书有 130 万种之多，图书发行行业市场空间较大，网络的潜力与特色显示，当实体的大型书店提供 20 万本书时，网络书店能够提供比 20 万本书更多的选择。

创业是一项艰苦复杂的系统工程，创业者作为创业经济的主体，其具备的个体特质与创业精神是创业的动力与源泉，是创业经济体系的核心灵魂所在。从理论上来看，经济学家对于创业者的研究随着分工的深化而逐步深入。在创业者与创业精神方面，德国学派、芝加哥学派以及奥地利学派强调创业者的创新特征、风险承担特征以及机会发现特征，并赋予创业精神全新的特质与内涵。在创业动机方面，基于创业者的结构思维差异性、推动型与拉动型差异性、静态与动态差异性，创业动机可分为不同类型。创业者存在创业动机，并在发现创业机会后，考虑是否采取创业行动。本章将分析创业者的创业精神、创业动机以及创业机会。

第一节　创业者的概念与类型

一、创业者的概念

创业者（entrepreneur）一词源自法文"entreprendre"，即"承担"。对创业者的研究可追溯至 18 世纪的法国，经济学家坎蒂隆将创业者与风险承担相联系，认为创业者是在不确定性的条件下通过套利和承担风险，维持经济体系中市场均衡的个体。坎蒂隆强调在经济系统中存在三种类型的参与主体：土地所有者、创业者以及雇员，创业者因其在交易和流通中的角色而成为经济系统中的主角，是创业者的存在使得供给与需求达到均衡。

随后，经济学家从不同视角诠释了创业者的本质与内涵。萨伊指出创业者是将经济资源从生产力和产出较低的领域转移至较高的领域的个体，强调创业者作为资源分配者的职能，成功的创业者需要卓越的品格和丰富的经验相结合，这使得市场上创业者数量稀少，创业者的剩余收入或工资较高。

以冯·杜能、熊彼特和鲍莫尔为代表的德国学派强调创业者的创新特征，将创业者视作创新主体以及创新过程中的组织者与发起者，创业者通过"创造性破坏"来打破市场的均衡获取超额利润。熊彼特[①]指出创业者是具有创新能力，实现新组合的

---

① 约瑟夫·熊彼特.经济发展理论——对于利润、资本、信贷、利息和经济周期的考察[M].北京:商务印书馆,2016.

人,所谓新组合包括 5 种情况:采用一种新的产品;采用一种新的生产方法;开辟一个新的市场;控制一种新的供应来源;实现一种新的工业组织。

以马歇尔、奈特和舒尔茨为代表的芝加哥学派强调创业者的风险承担特征,将创业者视作风险和不确定性承担者。奈特从创业的不确定性和创业精神出发,指出创业者的本质是以一定资本处理风险和不确定性的个体。

以门格、冯·米塞斯以及柯兹纳为代表的奥地利学派强调创业者发现市场机会的特征,将创业者视作感知创业机会的个体,创业者作为推动市场过程的主体,利用异质性信息导致的价格差异来使得经济由非均衡走向均衡。柯兹纳从创业者的心理特征,特别是认知特征来定义创业者,指出能够感知创业机会的人才能够成为创业者。

综合以上观点,本书认为,创业者是识别市场潜在商业机会以后,通过合理配置资源建立新企业、承担风险并创造新价值的个体。创业者是识别并把握创业机会的创新者,是承担风险及不确定性的决策者,创业者能够将机会转化为可操作的创业行动,并承担创业行为所带来的风险。创业者通过创新能力、创业精神、思维方式以及技能的结合创造价值,通过经济资源的组织和协调产生效益,通过资源配置的优化促进经济增长。

二、创业者的类型

现有研究对创业活动有多种分类标准。按照不同的划分标准,创业者可以划分为以下不同类型。

(一) 生存型创业者与机会型创业者

按创业动机进行划分,创业者可分为生存型创业者和机会型创业者。

1. 生存型创业者和机会型创业者的概念

生存型创业者是指就业和就业未满足基本生活需求,不得不选择创业的个体。生存型创业者的创业行为是被动的,此类创业者大多没有长期目标和强烈的创业主观意愿,往往会模仿他人,一般只在现有市场上寻求机会。机会型创业者是指发现创业机会并主动自愿的进行创业活动的个体。机会型创业者的创业行为是主动的,此类创业者是那些已经感知到商业机会的个体,这些商业机会是创业者们所愿意开发的,而这种类型的创业者往往还存在其他的选择,仅由于个体偏好而选择了创业。由于其具有强烈的创业意愿,往往能够开拓新市场、创造新需求。

2. 两种创业者的构成

机会型创业者的目的是追求更多自主性、自我实现等非物质回报,而生存型创业者大多为了创造财富。现存的创业者大多为机会型创业者,全球创业观察报告数据显示 2017 年北美地区、欧洲地区、亚太地区、拉丁美洲和加勒比地区以及非洲地区的机会型创业者占早期创业活动的比重分别为 82.6%、75.4%、74.4%、71.7% 和70.9%,而中国的机会型创业者比例由 2009 年的 50.87% 提高至 2017 年的 66%

（表 3-1）。2002—2017 年这 15 年中,中国低学历创业者比例逐步下降,高学历创业者比例有所提高,收入高的人群创业增多。中国创业者中初中及以下学历的创业者比例从 2003 年的 14.2％下降到 2017 年的 6.3％。

表 3-1　2017 年代表性国家的机会型创业者与生存型创业者占比及排名

国　家	早期创业活动指数（TEA）①		生存型创业者		机会型创业者		男性机会型创业者比重	女性机会型创业者比重	男性生存型创业者比重	女性生存型创业者比重
	占比	排名	占比	排名	占比	排名				
澳大利亚	12.2％	23	16.8％	36	82.2％	9	84.6％	15.4％	78.1％	19.2％
巴　西	20.3％	10	39.9％	3	59.4％	51	65.8％	33.7％	53.4％	45.8％
中　国	9.9％	29	32.4％	9	66.0％	46	63.3％	34.7％	69.2％	29.7％
印　度	9.3％	31	38.6％	4	39.1％	54	49.7％	34.9％	25.1％	43.4％
日　本	4.7％	50	15.6％	41	79.6％	15	79.0％	15.7％	80.8％	15.2％
韩　国	13.0％	21	22.0％	23	76.1％	28	74.8％	24.6％	78.3％	17.8％
法　国	3.9％	53	20.6％	28	77.6％	21	85.8％	14.2％	59.5％	34.8％
德　国	5.3％	48	11.1％	48	79.0％	18	80.3％	11.7％	76.8％	9.9％
英　国	8.4％	40	13.6％	45	82.2％	9	81.0％	16.8％	84.7％	6.6％
美　国	13.6％	18	10.6％	49	86.2％	4	85.0％	12.0％	88.0％	8.4％
加拿大	18.8％	12	17.1％	35	79.1％	17	78.8％	18.7％	79.6％	14.7％
厄瓜多尔	29.6％	1	42.3％	2	57.3％	52	61.8％	37.9％	53.1％	46.5％

数据来源:《全球创业观察（GEM）报告》（2017—2018）。

3. 生存型创业者与机会型创业者的差异

机会型创业者与生存性创业者的主要差异体现在以下几个方面,如创业动机、对经济增长的贡献、创业行业分布、创业者特质等,如表 3-2 所示。

表 3-2　机会型创业者与生存型创业者的主要差异

比较内容	机会型创业者	生存型创业者
创业动机	机会型创业者多追求非物质回报,如更多的自主性,更广泛的技能开发和自我实现,以及专业性与创新性	生存型创业者多追求财富
对经济增长的贡献	机会型创业者对经济增长的贡献高于生存型创业者;高收入国家机会型创业者比例高于中等收入和低收入国家	生存型创业者通常出现在经济欠发达的地区,对经济增长的促进作用甚少

① TEA（Total early-stage entrepreneurial activity）:早期创业活动指数是指 18—64 岁的年龄群体中,参与企业创建或运营企业少于 3.5 年的个体数量在成年人口中所占的比例,包含新手创业者和新企业所有者。

比较内容	机会型创业者	生存型创业者
创业行业分布	机会型创业多分布于批发、汽车销售与服务、商业服务行业、信息行业	生存型创业者多分布于农、林、畜牧、渔业、零售业、住宿和餐饮业
创业者特质	机会型创业者拥有更高的风险承担能力、创新能力，更强的自我效能感、自我实现需求、内在控制能力	女性创业者从事生存型创业的比例高于男性
创业壁垒	机会型创业者拥有更多工作机会、较低的进入成本及较高的边际效用	生存型创业者拥有的初始财富低于机会型创业者，易受创业成本的限制

（1）从对经济增长的贡献来看，机会型创业者对经济增长的促进作用高于生存型创业者，而高收入国家的机会型创业者比例高于中等收入及低收入国家相应的比例。从全球范围来看，绝大多数创业者都是被机会驱动的，要素驱动经济体和效率驱动经济体①中，69％的创业者认为他们将机会作为创业动机的出发点，在高收入的经济体中，机会型创业者比例更是高达78％。

创业者对经济增长的贡献体现在创业企业对经济增长的贡献上，许多企业的创业活动直接的诞生对国家的经济发展有着重要的影响。根据GEM2003年的研究报告，40个参与的国家和地区总人口数为40亿，大约占全世界63亿人口的63％，其中，美国有超过2 000万的人参与新创企业的创业活动，创建的新企业数超过1 000万家。印度1.07亿人建立了8 500万家企业，中国则有1.42亿人创建了1 900万家新企业。2017年有2/3的创业者创业基于机会，机会型创业相对于生存型创业可以带来更多的就业机会、市场机会、创新机会和增长机会。

（2）从创业者选择行业来看，机会型创业者的创业行业多分布于批发、汽车销售与服务业、商业服务行业，生存型创业多分布于农、林、畜牧、渔业、零售业、住宿和餐饮行业。而对于生存型创业者而言，为避免失业常从事一些技能要求低、仅维持生存的活动。2015年，在要素驱动经济体和效率驱动经济体中几乎接近或超过一半的创业者会选择批发零售行业，在创新驱动经济体中，接近一半的创业者会选择信息通信、金融、专业服务、健康以及其他服务业。而创业行业的典型分布在各国有所不同，如印度的农业、突尼斯的采矿业、埃及的制造业、菲律宾的批发零售业、瑞典和比利时的信息与通信技术业以及挪威的专业服务业。中国商业服务业的创业比例相对较低，为12.46％，而英国、美国、法国的商业服务业创业所占比例较高，分别达34.7％、33.6％、31.4％。

（3）从创业者特质方面来看，机会型创业者的创业技能和态度易受到创业者年龄的影响，他们更愿意承担风险，且对自身的能力与创业成功更为自信，有更强的自我内在控制以及较高自我效能感。女性相比于男性，创业的可能性较低，而女性创业中生存型创业的比率更高。在低收入水平国家，有三分之一的女性创业者更可能因

---

①　世界经济论坛的《全球竞争力报告》根据人均GDP以及初级产品占出口份额的情况，将经济体分为三个层次：要素驱动型经济体、效率驱动型经济体以及创新驱动型经济体。GEM在研究中采用了此种划分标准。

需求而创业。从创业的平均年龄阶段来看,全球 25—34 岁年龄段和 35—44 岁年龄段的人群中创业者比例最高,这两个阶段的人群,正处于职业发展的早期和中期阶段,调查结果显示出年轻群体更为活跃,尤其是那些已经积累了对创业有益的经验、网络和其他资源的群体。创业者受教育程度与创业动机显著相关,2017 年未受过正式教育或教育程度为小学的创业者中,仅 25% 的创业动机是机会型创业,而这一比例在本科及以上学历创业者中为 81.8%。

全球创业观察(GEM)2016/2017 指出,中国创业活动最活跃的年龄段是 18—34 岁的青年阶段,占总体创业者比例的 44.39%。中国较高收入人群(收入较高的 33% 人口)中有 13.84% 为创业者,而中等收入和低收入人群这一比例分别为 6.47% 和 6.9%。中国有 70.29% 的受访者认为创业是一个好的职业选择。中国女性创业活跃程度约为男性的 70%。中国参与早期创业的人员中,具有大专及以上文化程度的比例为 47%,与加拿大(82%)、法国(81%)、美国(79%)相比,低于发达经济体。对创业失败不存在恐惧的个体有较高的机会型创业倾向,生存型创业者往往比机会型创业者期望更低的风险,且对于创业失败的恐惧要比机会型创业者高。

中国人力资源和社会保障部发布的《中国青年创业现状报告(2016)》显示:2016 年中国青年首次创业年龄平均为 24.67 岁。青年创业者的总体特征表现为:一是男性多,男性创业者比重明显高于女性;二是年龄小,青年首次创业年龄平均为 24.67 岁,20 至 26 岁创业活跃度最高;三是学历高,大专以上学历占 75% 以上,在校大学生、高校毕业生、在职人员以及留学归国人员等高学历群体是青年创业的主力;四是经验少,无工作经验人员比重较高,创业时间较短,初次创业占多数(58.9%)。

(4)从创业壁垒来看,机会型创业者同生存型创业者相比,拥有更为广泛的工作机会,且这种较低的进入成本会产生较高的边际效应,生存型创业者由于其拥有的初始财富低于机会型创业者,因而容易受到创业成本的影响。

(二)创新型创业者与复制型创业者

按创业的创新特征划分,创业者可以分为创新型创业者和复制型创业者。

1. 创新型创业者

创新型创业者是能够产生"新组合"的个体,所谓"新组合"包括采用一种新的产品,采用一种新的生产方法,开辟一个新的市场,控制一种新的供应来源,实现一种工业的新的组织。创新型创业者不仅包括发明创造者,还包括各种形式的创新者,很多创业者都在进行着各式各样富有创造性的行为。如麦当劳创始人雷·克罗克并没有发明连锁快餐,但他的创新理念使得麦当劳成为世界上最大的快餐企业。

2. 复制型创业者

复制型创业者是采用已有的商业模式和管理方式,生产或销售已有的产品或服务的个体。复制型创业由于前期生产经营经验的累积而使得新组建公司成功的可能性很高,但其创新贡献较低,也缺乏创业精神的内涵。市场上大多数创业者是复制型创业者,他们可能经营一个普通的小商店或者车间,动因或许是他们无法获得其他工作机会,然而复制型创业者在消除贫困方面扮演着重要角色。

从对经济增长的贡献来看,创新型创业者出售的是新产品或新技术,而复制型创业者所从事的经济活动对工业革命以及随之而来的经济增长都贡献甚少。市场上存在众多相似的复制型企业,而真正的创新型创业者能够创造新的产品和劳务,并改变原本的市场状况。全球创业观察评估了创业者提供的产品或服务对部分或所有消费者的新颖度以及提供同类产品或服务的竞争者数量。研究结果表明平均创新水平随着经济发展水平的提高而提高。2017 年在要素驱动经济体中,21％的创业者认为自己提供的产品具有创新性;效率驱动经济体中,该比例为 23.1％;创新驱动经济体中该比例为 31.2％。其中,拉丁美洲和加勒比地区创新密集度最低,为 22.9％;北美地区最高,为 39.6％。而从中国创业者的产品创新性认知程度来看,2009 年,20.19％的中国创业者认为自己提供的产品或服务具有创新性,2017 年这一比例上升至 25.5％。

（三）独立型创业者、主导型创业者与跟随型创业者

按创业过程中所处的角色和所发挥的作用划分,创业者可分为独立型创业者、主导型创业者以及跟随型创业者。

1. 独立型创业者

独立型创业者是指独自创业的创业者,即个体独自出资并管理的创业者。其创业行动受诸多因素影响,如发现很好的创业机会、自我实现、失去或找不到工作、对目前的工作缺乏兴趣、对循规蹈矩的工作模式和个人前途感到无望、受他人创业成功的影响等,从而激发创业者独自进行创业活动。

独立型创业者面临更多的机遇与挑战。一方面,创业者可以充分发挥其创新能力,实现新的组合,可以充分发挥主观能动性,实现独立与自我控制。另一方面,独立创业者也面临更多的不确定性与风险,创业者可能会因为缺乏管理经验、缺乏资金、技术资源、社会资源、客户资源等,面临更大的压力。

2. 主导型创业者与跟随型创业者

主导型创业者与跟随型创业者是相对的。在一个创业团队中,带领大家创业的团队领导者,即为主导创业者,其他成员就是跟随创业者,也被称为参与创业者。成功的创业团队应具备优势互补的特征,其主导型创业者与跟随型创业者合作分工,发挥各自比较优势,实现资源配置的最优化。主导型创业者拥有好的创意或发现商业机会后,通过较高的机会发现能力、风险承受能力以及创新能力的发挥,领导跟随型创业者参与创业活动。跟随型创业者可以通过技术开发、市场开拓、运营管理、财务管理等技能的发挥参与至创业活动中,以实现创业活动的目标。

第二节　创业者的创业精神

一、创业精神的概念

创业精神是创业的动力与源泉,是创业者的精神支柱。创业精神的概念起源于对创业者的研究,其内涵不断地演化与升华。约瑟夫·熊彼特将创业精神视做一种"创新型破坏"的力量,创业者采用"新组合"使得旧的产业或产品遭到淘汰,原有的经营方式被新的、更好的方式摧毁。霍德华·史蒂文森(Howard Stevenson)将创业精神定义为"追寻现有资源范围之外的机遇","现有资源范围外"是指突破资源限制。所谓"追寻"是指专注的态度,"机遇"是指在以下几个方面有所作为:第一,推出创新产品;第二,设计全新商业模式;第三,改进已有产品,使其更优质、更低廉;第四,发掘新客户群。

　　基于此,本书认为,创业精神是以创新精神为核心,以风险承担精神为支撑的一种综合性的精神品质和意志,也是创业者寻求机会、实现机会,并通过创新和开办新企业实现个人目标,满足社会需求的一种精神需求。创业精神不仅具有个人特质,即属于创业者私人信息的内在心理特征与品质;而且具有创业者群体的社会角色,即具备区域、文化和制度等多方面特征。创业精神既是一种无形的资源,也是一种决策和行动能力,是一个国家产业竞争优势的重要来源。

二、创业精神的特征

　　创业精神在创业中扮演中极为重要的角色,同时对经济发展有显著影响。作为经济发展中最重要的无形资源,创业精神具有独特性,主要表现为以下五个特征:

(一)创新特征

　　无论从创业者个人层面,还是从创业精神的表现来看,创业精神均表现为一种不断创新和变革的精神。创业者的创新精神是最根本最核心的精神。创新是生产要素中最本质的要素之一,包括引入新产品、引入新的生产方法、开辟新市场、夺取原料或半成品供应的新来源以及创造新的工业组织。创业是一种创造性活动,因此,需要有推陈出新的意识,开拓创新的精神。管理学大师彼得·德鲁克将创业精神明确界定为社会创新精神,并将这种精神系统地提高到社会进步杠杆的地位,认为创新精神是进行经营创新活动的精神动力和源泉,是创业者区别于一般经营者和职业经理的根本特征。他认为:"创业就是要标新立异,打破已有秩序,按照新的要求重新组织。"[①]

　　创业者的创新精神是企业竞争优势的重要来源。创业意味着创新,创新意味着突破。这一突破可能是产品创新,如苹果手机;可能是技术创新,如英特尔的芯片;也可能是商业模式的创新,如亚马逊的网络图书销售。以乔布斯为例,乔布斯的创新精神是苹果公司产品一直保持创新的重要原因,为了保持苹果在市场中的核心竞争优势,乔布斯孜孜不倦,保持创新精神,不断追求卓越,开创了 PC、数字电影、数字音乐、移动商业体系、流行科技产品五大工业,缔造了一个前所未有的 IT 帝国。

　　20 世纪末的美国,由计算机技术和互联网技术引发的技术革命催生了一批具有创新精神的创业者与创业企业,如微软、思科、eBay、亚马逊、Google 等。这些企业的创始人,在创业之初,借助于新的商业理念与模式获得了巨大的成功,并一直保持创新精神。而正在走向国际舞台的诸多本土企业也同样是创业者创新精神的产物。1984 年,11 个怀着产业报国梦想的科技人员靠着 20 万元的启动资金,创建了联想公

---

　　①　彼得·德鲁克.创业精神与创新[M].北京:中国工人出版社,1989.

司,20 年后,联想并购 IBM 公司的全部个人计算机业务,2019 年第三季度,联想的 PC 全球市场份额达 24.4%,居全球首位。1987 年,华为的创始人任正非集资 21 000 元人民币创立华为,当初只有 14 名员工,截至 2016 年底,华为有 17 万多名员工,其中有 8 万多是研发人员。华为的产品和解决方案已应用于全球 170 多个国家,服务全球运营商 50 强中的 45 家及全球 1/3 的人口。任正非认为必须坚持创新,否则迟早会被颠覆。以创新精神为核心的创业精神和创业活动,将不断产生新的产业领袖,促进经济的高质量发展。

(二) 风险承担特征

创业者应具备敢于承担风险的精神。市场经济中的不确定性和企业间的激烈竞争,使得创业者面临多种风险,没有敢于承担风险的精神,创业则无从开始。由于创业的不确定性与未知性,创业天然带有风险的属性。创业者缺乏经验,对市场的判断和对商机的把握等均有很大的不确定性,风险由此产生。创业者决定去创业,投入创业资源,选择和把握市场机会,就开始了风险的承担。创业者面临大量不同类型的风险,主要包括机会风险、技术风险、市场风险、资金风险、管理风险和环境风险等,它们是创业过程中不可避免的一部分。微软公司的创始人比尔·盖茨曾说:"微软离破产永远只有 18 个月。"

虽然创业过程存在非常高的风险,但人们仍然愿意选择创业,创业者与一般非创业者相比,具有更强的风险承担精神。创业者愿意承担风险去创业,整合资源以降低风险、采取有效手段处理和规避风险贯穿着创业的全过程。创业者都需要承担一定的风险,只有具有风险意识,才能够在创业初期就合理规避风险,并掌握创业经济体系中的核心要素管理;只有具有风险意识,才能够使得新产品、新技术和新服务走向市场。成功的创业者不是赌徒,他们在不确定的条件下会理性地分析各种可能发生的情况,并对其进行评估,制订合适的方案并做出决策。

(三) 机会发现特征

创业是寻求机会并进行价值创造的过程。创业精神表现为创业者不断地追踪、关注环境的变化趋势,在尽可能充分获取信息的基础上发现潜在商业机会,并把握新机会的意识。因此,发现并把握机会就成为创业者的首要任务。创业精神是愿意发现机会并追求机会的精神。奥地利学派强调创业者发现市场机会的特征,强调创业者在发生外部环境冲击以后发现和开发机会的能力,强调企业能力与未得到满足的市场需求的结合对于改善市场效率的意义,并重点关注创业的实现过程。创业机会的识别是创业过程的起点,无论新创企业从事何种事业,识别和把握机会都有着举足轻重的作用。创业者必须具有敏锐的判断力,以及时、准确地识别和把握创业机会。

机会发现精神的内涵不仅包括发现和追求机会的意识,也包含发现和把握机会的能力。当创业机会出现时,创业者拥有发现这种稍纵即逝的机会的洞察能力,这种能力主要取决于与市场贴近的程度、过去积累的经验和对学习机制的自我强化效应。创业者的机会发现能力是一种难以模仿的异质性资源,是某些企业具有竞争优势的根源。创业者的机会发现能力有别于知识专家,知识专家不能够完全认识到知识的价值以及如何使自己的知识转化为利润,否则专家就会成为创业者[①]。

(四) 自我实现特征

熊彼特认为自我实现精神是创业精神的本质,主要包括以下特征[②]:

(1) 建立私人王国。创业者经常"存在一种梦想和意志,要找到一个私人王国"。对于没有其他机会获得社会名望的人来说,它的引诱力是特别强烈的。成功的创业者会明确自己的目标和梦想,如乔布斯希望他的企业能够提供所有人都能使用的计算机,不论在校的学生还是商业人士,这种计算不仅是一条机器,还是人们学习与沟通的媒介与工具。2004 年 2 月,还在哈佛大学主修计算机和心理学的学生扎克伯格建立了一个网站作为哈佛大学学生交流的平台 Facebook 的网站,目标是将人们联系在一起。1994 年,田朔宁和丁健等带着将因特网引入中国的梦想,在美国创立了亚信。创业者们的目标与梦想或许会在实践中与创立初衷有所不同,但创业者的愿景、使命感以及目标是创业成功的重要动力。

(2) 对胜利的热情。创业者"存在有征服的意志、战斗的冲动,证明自己比别人优越的冲动,他求得成果不仅是为了成功的果实,而是为了成功本身"。利润和金钱是次要的考虑,而是"作为成功的指标和胜利的象征才受到重视"。Facebook 创始人扎克伯格指出,现在的创业者确实比过去多了许多,如果想要胜出,创业者应专注于自己真正感兴趣的问题,成功的创业者并不是为了创办企业而创业,而是为了要解决一个有意义的问题,要保持创业之初的激情,用创业的激情,进而改变世界。

(3) 创造的喜悦。创业者"存在着创造的欢乐,把事情做成的快乐,或者施展个人能和智谋的欢乐。这类似于一个无所不在的动机",创业者是典型的反享乐主义者。蔡崇信是阿里巴巴集团的创始人之一,拥有耶鲁大学经济学学学士和耶鲁法学院法学博士学位,在加入阿里巴巴集团之初,人们对于蔡崇信放弃七十万美元高薪的德国投资公司工作,加入阿里巴巴,每月只拿五百元人民币的薪水的举动感到不解,但蔡崇信给出了自己的答案:"当你从零做起,你达到几百万你会很有成就感"。比尔·盖茨曾说:"创业是世界上最好的工作,给什么我也不换"。

(4) 坚强的意志。创业者"在自己熟悉的循环流转中是顺着潮流游泳,如果他想要改变这种循环流转的渠道,他就是逆流游泳,从前的助力将会变为如今的阻力。成功的创业者都经历过失败和挫折,但成功的创业者能够理性的面对挫折,并在困境中寻觅机会,不断成长。大多数成功的创业者认为从早期的失败中学到的知识比从早期成功中获得的更多。

马云在创立阿里巴巴之前,曾创办"中国网页"、外经官方网站、网上中国商品交易市场、网上中国技术出口交易会、中国招商、网上广交会和中国外经贸等一系列国家级网站,但最终以失败告终,直至 1999 年 3 月,马云和他的团队开始新一轮的创业,创建了阿里巴巴。美团网的创始人王兴在创办美团网之前曾有两次失败的创业

---

① 刘志彪,王建国.工业化与创新驱动:工匠精神与企业家精神的指向[J].新疆师范大学学报(哲学社会科学版),2018(5):34—40.

② 约瑟夫.熊彼特著,何畏、易家详等译,《经济发展理论》商务印书馆.

经历:校内网和饭否网,一连两次的创业失败,并未让王兴放弃,反而使得他得到了锻炼,后来他发现了美国的团购网站 Groupon,于是决定借鉴 Groupon 的商业模式创建美团。2018 年 9 月 20 日,美团在港交所上市,屡败屡战的创业老战士的创业经历印证了他所言的"纵情向前",从不放弃,不断突破。

(五)认知特征

创业者在决策过程中使用的是基于直观推断的逻辑,是在不完全和不确定信息的条件下进行战略决策。使用直观推断方法可以简化决策过程,使得创业者的思考出现显著跳跃,由此产生各种创新成果。而经理式的认知更多以实际的逻辑为基础,是线性的。在复杂的商业环境中,创业决策面对的是模糊的和不确定的环境,市场的发展很少以确定的、逻辑的方式演化,如果使用实际的逻辑进行决策,往往使得决策者变得无所适从。

创业者必须权衡对失败的预期成本和对成功的预期收益。如果有简单的规则进行计算,那么政治家或规划者就可以做出创新决策。但这样的决策更像是医学诊断,而不是纯粹的计算。信息是不完整的,决策必须基于症状而不是事实。换句话说,成功的决策取决于良好的判断力。不同的人观察到不同的症状,甚至不同的解释针对相同的症状,所以共识是不可能的。在这种情况下,那些对自己的判断有信心并对成功持乐观态度的私人企业家,会向前迈进,将自己的资金(或家人、朋友和股东的资金)投入到一个项目中。如果他们的判断是正确的,他们就会获利,如果不是,他们就会输。

第三节　创业者的创业动机

一、创业动机的类型

创业动机是创业者由于个体内在或外在的需要而在创业时所表现出来的目标或愿景,在创业过程中驱动着创业者行为,激励创业者发现机会、寻求资源并进行创业活动。创业动机不但是创业行为发生的起点与推动力,而且是创业困难时继续维持创业行为的心理保障,在创业过程中起着重要的作用。基于不同的划分标准,创业动机有如下类型:

(一)基于结构模型的创业动机

创业者持续创业的动力主要来自一系列创业目标,包括外部激励、内部激励、独立与自我控制、家庭保障这四个维度。外部激励,指以金钱、物质及金融资产等形式满足个体物质需要。内部激励,指个体的内部需要,包括内部控制需要和成就需要,往往通过公众的认可、自我实现、接受挑战等来满足。独立与自我控制,主要是通过创业活动成为创业者来实现,包括个人自由、个人保障、自我决策等。家庭保障,主要是指创业者通过创业为自己和家庭提供保障。创业动机的四结构模型如表 3-3 所示。

表 3-3　创业动机的四结构模型

外部激励	内部激励	独立与自我控制	家庭保障
个人财富需求	公众的认可	个人自由	成员未来
增加个人收入	接受挑战	个人保障	传递家业
增加利润与销售额	个人成长	自我雇佣	退休保障
提高生活质量	社会认可	成为自己的老板	接近家庭
	自我证明	自主决策	

资料来源:Robichaud，Y，Egbert，M and Roger，A.Toward the development of a measuring instrument for entrepreneurial motivation[J]. Journal of Developmental Entrepreneurship，2001，6(2):189—201.

创业者的创业动机并非单一的,而是多维的。创业动机具有复杂性,这种复杂性不仅体现为既包括外在报酬动机又包括内在报酬动机,而且不同的创业个体外在报酬动机与内在报酬动机的比重存在差异,同一个体在人生的不同阶段或者不同的创立企业的周期,其内在报酬动机和外在报酬动机都会存在差异。

(二) 推动型创业动机和拉动型创业动机

基于创业动机的推动和拉动理论,创业动机可分为推动型创业动机与拉动型创业动机。推动型创业动机是指创业者被外在消极因素推动而进行创业,形成被动的创业行为。如对当前工作不满意、寻找工作困难、工资低、非弹性工作制等消极因素,激活了潜在创业者的才能,激发个体成为生存型创业者。拉动型创业动机主要是指创业者被理想、寻求独立以及自我实现等因素驱动或拉动而进行创业,形成主动的创业行为。拉动型创业动机激发人们主动发现并识别机会,激励个体成为机会型创业者。在这两类动机中主要是拉动型动机激励个体成为创业者。Gilad 和 Levine (1986)在其研究的基础上总结了拉动型动机与推动型动机对创业活动影响的公式:

$$E_t = E(PL_t, PS_t, O_t) \tag{3-1}$$

公式(3-1)中,E_t 表示在 t 时期创业活动的程度,受到在 t 时期测得的"拉动"力量强度(PL_t)、"推动"力量强度(PS_t)和除这两个因素以外的其他因素的力量强度(O_t)三者共同作用。

从中国青年创业者的创业动机来看,2016 年,拉动型创业占多数,其中成就事业的创业者占 51.5%、增加收入者占 48.5%,发现机会者占 31.7%,而由于就业困难的推动型创业的占比较低,占 17.0%。另外值得注意的是,高校毕业生、未就业大中专毕业生等群体因为就业困难而创业的比重较高,显示出当前大学生就业难的现实。

(三) 简单型创业动机和复杂型创业动机

基于马斯洛的需求层次理论,创业动机可划分为简单型创业动机与复杂性创业动机。不同时期创业者的创业动机也会存在差异,创业动机的激发与维持是创业者个人与环境交互作用的动态结果。创业动机并非一成不变的,随着企业的逐步发展与壮大,其创业动机会发生改变。

1. 简单型创业动机

简单型创业动机包含两个维度:经济型和社会型,创业者的创业动机是循序渐进的,即从经济型创业动机逐步向社会型创业动机发展。马斯洛的需求层次提出人的需要有 5 级,即生理需要、安全需要、归属需要、自尊需要以及自我实现的需要。依据马斯洛的需求层次理论可以将创业动机归纳为受到两种需要的激励,即经济需要与社会需要。经济需要主要是基于生理与安全方面的需要,创业的原始与基本动机源于经济利益的驱动。社会需要主要指尊重和自我的实现,包括地位、认可、尊重、独立、成就、潜能和价值等,此类需要是在基本需要得到满足后延伸出来的。

简单型创业动机如图 3-1 所示,其中,A 代表创业者纯粹为实现经济性动机而进行的创业,沿着横坐标,创业者的经济性动机从基本生存型向改善型发展。当创业者通过创业从社会获得的经济收益低于或者只达到创业者所在区域人均收入时,创业者仍然坚持创业,则属于基本生存型动机;反之,则属于改善型动机。B 表示经过一定时期,创业者的创业动机中增加了对社会性价值目标的追求。C 表示创业者对经济性价值目标和社会性价值目标的追求同样重要。D 表示经过一定时期创业者的创业动机偏向于追求社会性价值目标。E 表示创业者纯粹为实现社会性价值目标而创业,沿着纵坐标创业社会动机将从个体社会性动机向复杂社会性动机发展。简单型创业动机模型描述了由于所处的需求层次不同,创业者受到不同程度的激励而产生了由低到高、从基本生存到自我实现、从经济性到社会性的创业动机,进而影响创业者的创业行动。

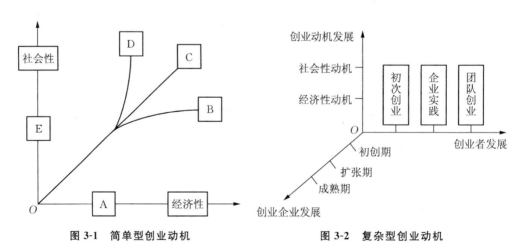

图 3-1　简单型创业动机　　　　　图 3-2　复杂型创业动机

资料来源:窦大海.罗瑾琏.创业动机的结构分析与理论模型构建[J].管理世界,2011(03):182—183.

2. 复杂型创业动机

简单型创业动机模型是从创业动机本身去分析创业动机的形式以及内在逻辑关系,但实际上影响创业的因素是非常复杂的。如果综合考虑创业者发展、创业企业的发展,则得出复杂型创业动机。复杂型创业动机如图 3-2 所示,复杂型创业动机有 3 个维度即创业动机发展维度、创业者发展维度以及创业企业发展维度。创业者发展维度说明创业者的发展需要经历初次创业、企业实践以及依赖团队创业的过程。

创业者初次创业和创业企业成长初期,创业动机较为简单,以经济性动机为主。通常,处于该阶段的创业者追求的主要目标是尽快取得盈亏平衡以及获得利润,对社会性价值目标的追求并不强烈,社会性动机表现不显著。随着创业企业的成长及盈利,创业企业渡过了高风险的初创期,在基本经济需求得到满足的同时,创业者的创业动机更加复杂,社会性需要逐步成为驱动创业者继续创业的力量,在此阶段,受到权力、成就、地位等社会性动机与经济性动机的共同驱使。当创业企业发展到一定规模以后,运营和管理日趋成熟,企业的决策方式发生了变化,企业决策由企业早期的创业者个体决策为主逐步转化为依赖集体决策,创业者团队成为主要形式,此时,主导型创业者与跟随型创业者对企业的发展的影响均很重要。复杂型创业动机综合考虑了创业者发展、创业企业发展对创业动机的影响,分析复杂型创业动机有利于理解创业动机的动态变迁。

二、创业动机对创业行为的影响

创新特征、机会发现特征、风险承受特征以及认知特征是创业者特质的重要体现,而创业动机是驱使潜在创业者成为实际创业者重要因素,激励个体采取创业行为。创业机会存在于高度不确定性中,创业者必须运用他们的判断力来判断是否进行创业机会的开发。感知不确定创业机会的能力以及对不确定的承受意愿是影响创业行为的关键因素,而个人的信息储备以及创业动机是创业机会不确定性承受意愿的重要体现。

创业动机对创业行为的影响模型如图 3-3 所示。该模型将创业行为划分为两个阶段,即感知阶段和评估阶段,从创业者的机会发现与不确定性的特质出发,考察创业者知识储备与创业动机对创业行为的影响。感知阶段旨在分析第三人机会,即对某些个体而言的可能性机会,而评估阶段则关注第一人机会,即对创业行动者而言的可能性机会。

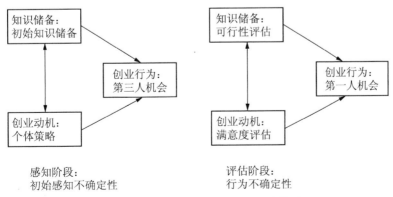

图 3-3 创业动机对创业行为的影响模型

资料来源:Mcmullen J S, Shepherd D A. Entrepreneurial action and the role of uncertainty in the theory of the entrepreneur[J]. Academy of Management Review, 2006, 31(1):132—152.

1. 第一阶段：感知阶段

当拥有营销或技术方面的初始知识储备的时候，一些个体便更可能在外界环境中感知到机会；如果同时被创业动机推动，那么会在信息的整合处理上投入更多的精力。但是另一部分个体，会对这些可能性的机会视而不见。第一个阶段的最终结果是某些个体认识到机会的存在，并需要判断该机会是不是能够成为对本人而言有价值的机会，即是否需要进入评估阶段。

2. 第二阶段：评估阶段

所谓的对本人有价值的机会，包括基于机会识别者利用已有知识储备来对成功开发机会可行性的评估以及基于创业动机对收益满意度的评估，即来自他人的第三人机会是否能够转换成第一人机会。如果在此时打消顾虑，则自然会相信创业机会已经形成，并且形成的这个机会便是适合自己的创业机会，此时个体便成为创业者，采取创业行动。

第四节 创业者的创业机会

一、创业机会的概念

创业机会是指在新的生产方式、新的产出或新的生产方式与产出之间的关系形成过程中，引进新的产品、服务、原材料和组织方式，得到比生产成本更高价值的情形。创业机会并不简单等同于新产品、新服务、新原材料和新的组织方式。换言之，创业机会是通过将资源创造性地结合起来，迎合市场需求并传递价值的可能性。

机会的最初状态是"未精确定义的市场需求或未得到利用及充分利用的资源和能力"。后者可能包括基本的技术、未找准市场的发明创造或新产品服务的创意。潜在的消费者可能很清楚自己的需求、兴趣或问题，也可能并不明确自身需求。和有发展潜力的新能力或技术一样，未得到充分利用的资源也要为潜在消费者创造和传递价值的可能性，尽管这种新价值的形式尚未确定。例如，金属和玻璃的合成技术在没有明确用途之前就已经发展起来了；新药品化合物在未知其有效的应用条件时已经被创造出来。

创业机会的来源主要在于以下几种情境的变化。其一，技术变革。它可以使人们去做以前难以完成的事情，或者更有效的事情，新技术的出现也改变了企业之间的竞争模式，使得创办新企业的机会大大提高。其二，政治和制度变革，它意味着革除过去的禁区和障碍，或者将价值从经济因素的一部分转移至另一部分，或者创造更大的新价值。例如，环境保护和治理政策的出台，会将那些污染严重、对环境破坏严重企业的资源转移至保护人类环境的创业机会上来。其三，社会和人口变革。通过改变人们的偏好和创造以前并不存在的需求来创造机会，经常表现为市场需求的变化，如消费结构的变化、消费者结构的变化、对物质产品的非物质需求的变化等。

二、创业机会的类型

按照机会的来源和发展程度对机会加以分类。市场需求可能是可识别的或未能识别的;资源和能力可能是确定的或未确定的。确定的资源和能力包括一般的知识、人力资源、金融资源等。创业机会的类型矩阵如图3-4所示。在该矩阵中,市场需求表示存在的问题,资源和能力表示解决问题的方法。

资源和能力 \ 市场需求	未识别	已识别
不确定	"梦想" Ⅰ	问题解决 Ⅱ
确定	技术转移 Ⅲ	企业形成 Ⅳ

图3-4 创业机会的类型矩阵

矩阵左上方部分是机会类型Ⅰ。市场需求未得到识别且资源和能力不确定,即问题和解决方法均未知,表现的是艺术家、梦想家、设计师以及发明家的创造性,他们感兴趣将知识的发展推向一个新方向和使得技术突破现有限制。此时的机会为创造性机会,创业者要比他人更具有先见之明,才能创造出具有价值的市场机会,在市场需求和资源能力不确定的状况下,创业者创业的难度较大,但这种创业机会通常可以创造出新的关系,从而带来巨大的利润。

矩阵右上方部分是机会类型Ⅱ。市场需求已识别但资源和能力不确定,即问题已知,解决方法未知,描述了有条理的搜集信息并解决问题的情况,此时,创业机会的开发的目标往往是设计一个具体的产品或服务以适应市场需求。此时的机会为发现型机会,是指当目的或手段任意一方的状况未知,等待创业者去发掘机会,例如,一项新的技术被开发出来,但尚未有具体的商业化产品出现,因此,需要通过不断尝试不断挖掘出市场机会。

矩阵左下方部分是机会类型Ⅲ。市场需求未得到识别但资源和能力确定,即问题未知但可获得解决方法。包括我们常说的"技术转移"的挑战,如寻找应用领域和闲置的生产能力。此时,创业机会的开发更多强调的是寻求应用领域而非产品和服务的开发。

矩阵右下方部分是机会类型Ⅳ。市场需求已识别且资源和能力已确定,即问题及其解决方法都已知。此时,创业机会的开发就是将市场需求与现有的资源和能力相匹配,形成可以创造新价值的新企业。此类机会为识别型创业机会,当供求之间出现矛盾与冲突时,不能有效的满足需求,或者无法实现这一要求时,辨别出新的机会。

从理论上说,该矩阵描述了一个发展的过程:从问题和解决方法都未知到已知问题或解决方法其中之一已知,再到两种均已知的情况。在问题及解决方法有一个未知或两个都未知的情况下形成的企业,其成功的概率比两种都已知的情况下形成的企业要小。

清华大学中国创业研究中心 2003 年对中国成功的创业者进行了问卷调查,其中,70%的创业者对创业成功机会的事后判断为Ⅳ类型,这说明成功的创业者更多地选择市场需求已识别且资源和能力已确定的创业机会类型。

三、创业机会出现的原因

(一)福利经济学解释

福利经济学市场失灵理论较好地解释创业机会出现的原因。Dean 和 Mcmullen 认为,在有创新精神的创业者和企业看来,阻止市场快速实现均衡的市场预测模式,即市场失灵,其中蕴含着创业机会。根据均衡理论,完善的市场可达到帕累托最优。在帕累托最优状态下,系统条件是稳定的,交易没有潜在收益,就不存在创业机会。而市场的失灵和失败就不能实现帕累托最优,那么就存在创业机会以实现潜在的帕累托改进。导致市场失灵的主要原因包括信息不对称、垄断、公共物品、外部性以及政府干预不适当,这些因素引起的交易障碍形成了创业机会,是推动市场向帕累托最优状态发展的激励因素。基于福利经济学理论,创业机会主要来源于以下四个方面:

第一,发现并利用信息。完全竞争模型假定信息是完全的,完全信息意味着买卖双方可以获得有关市场、资源和生产方法现在和未来的一切信息。在信息完全的情况下,创业者可预测未来,如果可以适时调整计划,经济就不会发生失衡,市场上任何一个时点永远保持均衡状态,因此就不会出现创业机会。然而现实中,信息是不完全的,信息的不完全和不对称创造了创业机会。不同的人对创业机会的敏锐程度不同。拥有的时间和空间知识不同,发现和利用机会的能力不同。具备新信息、新知识的个体能够更加敏锐地发现和利用机会。

第二,打破垄断。市场效率是以完全自由竞争为前提的,然而某一行业在产量达到相对较高水平后,就会出现规模收益递增和成本递减问题,此时就会形成垄断。当一个行业被一个企业或几个企业垄断时,垄断者可能通过限制产量、提高价格,使得价格高于其边际成本,获得额外利润,从而丧失市场效率。垄断带来市场供给不足,则会存在未被满足的需求,形成供不应求的失衡状态。因垄断产生的帕累托无效状态中蕴含创业机会。在自然垄断状态下,现有生产技术不足以保证小规模企业的生存,要实现创业机会就必须应用使小规模企业能够更有效率的进行生产的新技术。在政策性垄断的状态下,当政府管制发生重大变革时,会产生相应创业机会。

第三,公共物品的私有化程度提高。公共物品具有非排他性和非竞争性。非排他性是指一些人享用公共物品带来的利益不能排除其他一些人同时从公共物品中获得利益;非竞争性是指消费者的增加不引起生产成本的增加,或者说,提供公共物品的边际成本为零。而公共物品的非排他性会造成"免费搭车"现象,即免费享有公共物品的利益,并会带来公共物品的过度使用和对公共物品提供者的激励不足。当公共物品私有化程度提高时,会带来新的创业机会。

第四,创造外部性的市场。完全竞争市场要求成本和效益内在化,产品生产中要负担全部成本,同时全部收益归生产者所有。外部效应说明的是一个厂商从事某项经济活动而对其他人带来利益或损失的现象。如上游水库可以使得下游地区从中受益,这是正外部效益,造纸厂对河流造成污染,是负的外部效应。因此,外部效应就是指市场活动没有得到补偿的额外成本和额外收益。当出现正的外部性时,生产者的成本大于收益,利益外溢,得不到应有的效益补偿,市场竞争就不可能形成理想的效率配置;当出现负的外部效应时,生产成本小于收益,受损者得不到损失补偿,市场竞争也不可能形成理想的效率配置。而在存在外部性的情况下,创业机会来源于整合资源产生的新的产权制度,或者发现新的降低与此相关的交易成本的方法。

(二) 基于非均衡理论的解释

现实经济中,非均衡状态是常态。非均衡理论的实质在于,由于价格体系不能完全反映机会的存在状况,不同个体对资源的价值判断可能存在差异,可能背离资源的潜在价值,这种价格和价值的背离就是有利可图的创业机会,有先见之明的创业者可捕捉到这种创业机会。换言之,非均衡理论为创业机会出现的可能性提供了另一种解释,如果人们对资源的价值判断不同,创业机会就可能出现,人与人之间存在信息和价值判断的差异,这就是机会出现的必要条件。非均衡理论对创业机会的解释主要基于以下几点:

第一,现有价格不能完全反映与资源相关的信息。均衡理论认为,在所有的社会成员的信息配合下,价格体系提供了一种将所有信息组合起来的手段,组合的方式与各自拥有的资源配合。然而,现实情况是,价格不能完善地反映进行资源配置所需要的所有信息,例如,价格不能反映新技术如何改变未来的需求或未来产生的生产成本。现有价格也不能反映出创业企业的成败信息,只有当创业者参与了成功利用新技术的组织活动和市场交易后,价格才能反映此信息。

第二,未来信息无法完全还原至现有价格信息上。均衡理论假定所有的信息和市场参与者关于未来的期望可以还原反映到资源现有价格竞价上,使得基于现有价格的长期合同成立。但是,未来信息要还原成为现有的价格信息,未来的市场必须包括所有商品和服务。然而,未来的市场不能包括创造性活动的市场,这是因为这些活动先天受到信息问题的困扰。人们没有办法将运气不好和工作不努力相互区分开。结果,创造性活动的未来市场必然会陷入道德风险和逆向选择问题中。进一步,市场参与者不能在现阶段无法获得的信息的基础上做出决策。

第三,价格不能实时反映资源的生产力,不能自动实现变更。均衡理论假定价格总是精确的反映资源的生产力,而忽略价格体系暂时的混乱情况。在均衡体系中,没有人能获得这一信息,因为价格可以自动变化反映出供求关系的变动。事实上,价格不能自动实现转变,而是少数觉察到价格偏离资源生产力的创业者率先进行资源的买卖,从而带来了整个经济的变化与调整。

四、创业机会窗口

创业机会窗口是指环境有利于创业者开发特定机会的一段时间,用以描述特定创业行为的动态变化的本质。创业者若想抓住创业机会,就必须分析创业的规律,并抓住机会。很多产业需要长时间的发展才可形成一定的创业机会,对于一个具体的创业机会,其存在时间可能是短暂的。Timmons 在其著作中描述了一般化市场上的

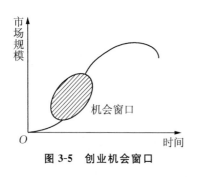

图 3-5　创业机会窗口

"创业机会窗口",如图 3-5 所示。一个市场不同时间阶段,其成长的速度是不同的。在市场快速发展的阶段,创业机会随之增多;发展到一定阶段,形成一定结构后,机会窗口打开;市场发展成熟后,机会窗口开始关闭。选择"机会窗口"存在时间长一些的市场机会,创业企业获得成功的概率更高。一个关于机会窗口关闭的例子是当一位创业者已经进入该行业并建立起坚固的禁止准入的贸易壁垒时,当他拥有更多可取信息的时候,花费收集额外信息上的时间会增加机会窗口关闭的可能性。

Timmons 创业机会窗口曲线描述了计算机、软件、手机、生物技术等新兴行业的典型迅速成长模式,例如,手机行业中,美国多数大城市是在 1983—1984 年之间第一次开展业务,到 1989 年,美国已拥有 200 多万用户,并且该行业继续保持快速增长。在其他成长不是很快的行业,曲线的坡度不会那么陡峭,创业机会出现的概率相对较小。在考虑创业机会窗口时,窗户敞开时间的长短极其重要。

而以中国国产移动电话的发展为例。20 世纪 90 年代中后期,当国外手机生产巨头诺基亚、摩托罗拉、爱立信等跨国公司进入中国市场后,高额的利润率和中国巨大的市场潜力使得移动手机的机会窗口展现在中国的创业者面前,当 TCL、海信等一批企业先后进入市场后,经过几年市场的迅速扩张和激烈竞争,非智能手机的机会窗口逐渐关闭。

随着人们对资源的价值判断从不同发展到相同,创业机会所依赖的信息和判断的不对称逐渐消失,整个机会窗口的发展过程是创业机会的生命周期。不同的创业机会,其生命周期长短也不尽相同。这个周期取决于诸多因素。首先,限制其他创业者模仿的机制来延长创业机会的生命周期,如专利保护等;其次,缓解信息扩散的速度或他人在认识信息发明存在的时滞,如采取一定技术标准。

创业机会窗口是会改变的。技术的发展和需求的变化会导致新兴产业的发展,新兴产业在快速发展阶段会出现创业机会。新兴产业在发展过程中,常常会在一些地区出现产业集聚。产业的发展通常存在产业的生命周期。当产业走向成熟阶段,这个产业中的创业机会就会减少;当产业进入衰退期时,该产业会出现大量企业退出,如 150 年前,钢铁是新兴的产业,匹茨堡发展成"钢都";100 年前,汽车是新兴产业,底特律发展成"汽车城"。后来,由于相关产业进入衰退期,这些城市丧失了相应的竞争力,只能进行产业调整和转型,创业者重新寻求和创造新的机会。

思考题

1. 简述创业者的定义与类型。
2. 简述创业精神的特征。
3. 简述什么是创业动机,创业动机的类型。
4. 简述创业机会的类型。

材料分析

扎克伯格的创业心路:使命、用心和向前看

2015 年扎克伯格在清华大学用三个故事分享了自己创业的心路历程。扎克伯格表示,他之所以创立 Facebook,是因为当时的互联网上基本什么都有,唯独缺乏关注人类联系的服务。而他创立 Facebook,正是出于要把人们联系在一起的这一使命。扎克伯格的第二个故事是"用心",他表示有了使命,只需要用心往前走就行了。Facebook 在成长的路上也曾遭受很多质疑,然而到今天已经有 15 亿人在用 Facebook,扎克伯格称:"我们能继续是因为我们用心。"第三个故事是"向前看"。扎克伯格表示很喜欢马云的一句话:"和 15 年前比,我们很大;但和 15 年后比,我们还是个婴儿。"他说,当你了解越多,你会觉得要做的事情就更多。

以上述材料为基础,试分析成功的创业者应具备哪些创业精神? 不同创业者的创业动机有何差异?

第四章 创业决策

案例导入

沉舟侧畔千帆过，病树前头万木春

2016年，乐视还是一家600多亿元市值的上市公司，所有成员都热情地打造乐视生态。创始人贾跃亭致力于打造基于视频产业、内容产业和智能终端的"平台＋内容＋终端＋应用"完整生态系统，为梦想"窒息"。但2016年年底的资金链问题，成为导火索，随后乐视便开启了崩塌之路。2017年年初，融创中国为乐视投资量150亿元，尝试挽救乐视，但效果并不显著，乐视的关键词里似乎只剩下"讨债"与"离职"。2017年7月，贾跃亭辞去乐视网所有职务，只身赴美造车。随后因逾期多家券商欠款而被列入"老赖黑名单"，并凭着老赖身份登上纽约时报。贾跃亭的个人财富从2016年的420亿元缩水至2017年的20亿元。

创业有风险，乐视的失败与其过度扩张密切相关，乐视的过于激进导致资金链断裂。创业过程将面临着诸多风险，对乐视而言，过度扩张后的创业风险主要包括以下几个方面：第一，创业技术风险方面，硬件技术与核心技术的缺乏是关键。在硬件技术方面，电视与其他两个终端没有任何关联。因此，乐视在电视平台上积累的有限技术势能，无法应用到手机和汽车上；乐视缺乏核心技术的积累，无论是手机还是汽车，都需要很多核心技术，没有核心技术的"乐视"，势必会遭遇发展的瓶颈。第二，创业财务风险方面，实现乐视生态必须有源源不断的资金投入。然而乐视并没有花不完的资金，其经营的过度扩张带来了资金链的断裂。贾跃亭的梦想是无限的，而乐视的资金是有限的。第三，创业市场风险方面，乐视业务涵盖互联网视频、电视和手机职能重点、电子商务、互联网智能电动汽车等，但乐视的任何一项业务想要做到行业领先都是非常难得，例如乐视网面临的是腾讯视频、优酷、爱奇艺等视频网站；而电子商务领域又面临阿里巴巴、京东、苏宁易购等企业的竞争；电视、手机业务的竞争更是十分激烈。

沉舟侧畔千帆过,病树前头万木春。创业环境的不确定性、创业机会的复杂性、创业者和创业团队的能力有限性,是创业风险的根本来源。然而,即使创业存在风险,新的创业者仍会不断地加入,为实现自身的创业梦想,坚持不懈,在不确定的条件下做出自己的创业决策。

经济学对决策问题的探究主要针对不确定条件下的决策。决策是人们从多种备择方案或事件中做出选择,从经济学意义上讲,这种选择应当是最优的,效用是经济学中的重要概念,在经济学中用来表示消费物品中得到的主观享受与满足,偏好是个体对于不同方案与实践状态进行价值和效用上的辨优,偏好是建立在可以观察到的选择之上的。决策、效用及偏好是密切相关的,它们构成了一切经济行为的起点。本书将创业决策定义为创业者在不确定性条件下做出的创业选择,并随之采取创业行动。创业者进行创业决策时,面临诸多的不确定性与风险,那么,创业风险有哪些?潜在创业者如何在不确定性条件下做出选择?本章将从创业风险的本质出发,以经济学理论为基础,分析不确定性条件下的创业决策。

第一节 创 业 风 险

一、创业风险的特征

风险是损失或收益发生的不确定性,是一定条件下、一定时期内某一事件的预期结果与实际结果间变动的程度,变动程度越大,风险越大;反之,则越小。在市场经济中,创业是存在风险的,风险对创业企业的影响大于成熟企业。英国贸工部对1998—2013 年企业寿命的统计显示,7%的新建企业在开业后 6 个月关闭;40%的新建企业在开业后 6 个月后到 3 年这段时间关闭;企业成立三年后,关闭率逐渐下降,但能够超过 6 年的只有 35%。

创业风险是指给创业财产和潜在获利机会带来损失的可能性。创业者在创业过程中的风险是普遍存在的,风险事件的发生会带来不同程度的损失。而创业风险的特征包括以下几点:

(一) 不确定性

创业风险的不确定性是指创业风险的发生是不确定的,即风险的程度有多大、风险何时何地有可能转化为现实均是不确定的。这是由于人们对客观世界的认识受到各种条件的限制,不可能准确预测风险的发生。创业过程是创业者将自己的创意或创新技术转变为现实的产品或服务的过程。在这一过程中,创业者面临各种各样的不确定性因素,例如原来预测的市场需求发生了变化,新的技术难以实现,竞争对手采取了有效的对策,需要的资金难以到位等都可能造成创业的失败。

（二）客观性

创业风险的存在不以人的意志为转移。风险是客观存在的自然现象和社会现象所引起的,无论是自然灾害还是战争、经济危机、破产等都是客观存在的,是无法回避和消除的。通常所说的规避风险有双重含义:一是指改变或消除所从事的活动,既然活动对象改变了,风险就自然不同;二是指将风险所造成的经济损失通过各种经济的、技术的手段转移。

（三）相对性

创业风险是相对的,变化的,不同对象有不同的风险,随着时间和空间的改变,风险也会发生变化。创业风险的相对性是针对不同的主体而言的,即在相同的风险情况下,不同的创业者对风险的承受能力是不同的,主要与收益的大小、投入的大小和风险的主体地位以及拥有的资源量有关。

（四）可测量性

尽管风险具有不确定性,但是任何事物的发生都不是偶然的,而是有规律可循的,因此,随着科技进步和人们素质的提高,风险的规律性是可以被认识和掌握的。创业者可以通过定性或定量的方法对风险进行评估和测量,为风险的管理提供可靠的依据。

（五）损益双重性

自然灾害和意外事故等带来的风险只会产生损失,而创业活动中的风险则是和潜在的收益共存的。在创业活动中,对创业者而言,风险和利益是同时存在的,即创业风险是创业收益的代价,创业收益是创业风险的报酬。

二、创业风险的来源

创业环境的不确定性、创业机会的复杂性、创业者和创业团队的能力有限性,是创业风险的根本来源。由于创业的过程往往是将某一构想或技术转化为具体的产品和服务的过程,在此过程中,存在几个相互联系的缺口,创业风险主要来源于以下缺口:

（一）融资缺口

融资缺口在于学术支持和商业支持之间,是研究基金和投资基金之间存在的断层。其中,研究基金通常来自个人、政府机构或公司研究机构,既支持概念的创建,还支持概念可行性的最初证实;投资基金则将概念转化为有市场的产品原型,这种产品原型有满足某些市场需求的性能,对生产成本有足够的了解并且能够识别其是否有足够的市场。创业者可以证明其构想的可行性,但往往没有足够的资金实现商品化,从而给创业带来一定的风险。通常,只有极少数基金愿意鼓励创业者跨越融资缺口。关于创业的融资问题,会在后续章节展开论述。

（二）研究缺口

研究缺口主要存在于仅凭个人兴趣所做的研究判断和基于市场潜力和商业判断之间。当创业者最初证明一个特定的科学突破或技术突破可能成为商业产品基础时,可能仅仅停留于自身论证层面。然而,这种程度的论证并不一定意味着未来的可行性,当将预想的产品转化为商业化产品时,在能够从市场竞争者生产下来的过程中,需要大量复杂且耗资巨大的研究工作,有些甚至需要数年时间,在此过程中,研究的缺口便形成了创业风险。

(三)信息和信任缺口

信息和信任缺口存在于技术专家与管理者之间。在创业中,存在技术专家和管理者两种不同类型的人,他们对创业有不同的预期、信息来源和理解。技术专家指导哪些内容在技术层面是是可行的,哪些内容是根本无法实现的。而管理者通常会比较了解将新产品引入市场的程序,但当涉及具体项目的技术部分时,不得不相信技术专家,如果技术专家和管理者不能充分信任对方,则会带来更大的创业风险。

(四)资源缺口

筹集不到创业所需的资源,创业者的创业便无从谈起。在大多数情况下,创业者不一定也不可能拥有所需的全部资源,这就形成了资源缺口。如果创业者没有能力弥补相应的资源缺口,会导致创业无法起步,或者创业中受限于资源的结果。

(五)管理缺口

管理缺口是指创业者并不一定具有从事自身创业项目所需要的素质与才能。主要表现为两种情况:一是创业者利用某一新技术进行创业,他可能是技术方面的专业人才,但不一定具备专业的管理才能,从而形成管理缺口;二是创业者往往有着各种新颖创意,可能是新的创业机会,但是在战略规划方面不具备出色的才能,或不擅长管理具体事务,从而形成管理缺口。

三、创业风险的类型

按创业风险的内容划分,创业风险可分为技术风险、市场风险、财务风险、管理风险,具体如下:

(一)技术风险

技术风险是指企业所应用或拟采用技术或技术的集合的不确定性以及技术与经济互动过程的不确定性所引起的收益与损失的不确定性。技术风险主要包括:一是技术成功的不确定性,新技术、新产品的设想往往很有吸引力,但是能否按照设想的预期目标开发出来具有不确定性,因技术失败而终止创业的例子并不少见。二是技术前景的不确定性。新技术、新产品在诞生之初都是不完善的,在现有技术知识条件下创业者是否很快使新技术完善起来也没有完全把握,因此,新技术的发展前景是不确定的,创业企业往往面临较大的风险;三是产品生产的不确定性。即新产品成功研发后,如果不能成功地生产出来,仍不能算成功。工艺能力、材料供应、零部件配套及设备供应能力等都会影响新产品的生产。一旦这些条件达不到新产品的要求,创业者的生产计划会受到阻碍;四是技术效果的不确定性,新产品即使能够成功地开发、生产,在事先也难以确定其效果,如产品能否达到消费者的要求,创新产品是否有副作用,生产和消费过程是否会造成环境污染等难以确定;五是技术寿命的不确定性。

日前高新技术发展迅速,技术替代周期短,因此高新技术产品极易被更新的技术替代,但替代的时间很难确定,当更新的技术提前出现时,原有技术将遭受提前被淘汰的损失。

(二) 市场风险

市场风险是指市场情况下的不确定性导致创业者或创业企业损失的可能性,主要表现以下几点:一是市场接受能力的不确定性;如果企业推出的是全新产品,顾客在产品推出时不易及时了解其性能而往往持观望态度,并且容易作出错误判断,因此创业者很难估算出市场能否接受该产品以及能够接受的数量;二是市场接受时间的不确定性,新产品的推出时间以及市场诱致的时间存在一定的时滞性,这将导致开发新产品的资金难以收回。贝尔实验室20世纪50年代推出了图像电话,但20年后该技术才被市场接受。革命性的新产品往往不太容易被市场接受,而附加性技术的产品往往由于市场已经熟悉了其主要性能而容易被市场接受。三是产品扩散速度的不确定性;新产品的扩散速度很难预测,1959年IBM公司预测施乐914复印机10年内仅能够销售5 000台,从而拒绝了与研制该产品的哈罗德公司的技术合作,然而事实是,复印技术被迅速采用,10年后哈罗德公司已销售了20万台施乐914复印机。四是竞争能力的不确定性。新产品常常面临激烈的市场竞争,生产新产品的企业往往是初创企业,缺乏资金和强大的销售系统,在竞争中往往受到一些大公司开发的类似产品竞争。新产品能否占领市场、能够占领多大的市场份额,事先难以确定。

(三) 财务风险

财务风险是指由于负债筹资而产生的用现金偿还到期债务的不确定性。引起的投资收益下降或破产的风险。创业者可以证明其构想的可行性,但往往没有足够的资金将其商品化,从而给创业者带来一定的风险。在新创企业中,有80%的企业生命周期不超过3年,其中最主要原因是财务风险。财务风险包括筹资风险、投资风险、现金流量风险、资金流动性风险。

筹资风险随着筹资方式的不同而不同。在企业资金全部为自有资金的情况下,创业者无财务风险,但也无法获得财务杠杆所带来的效益。创业投资风险是指投资项目不能达到预期收益,影响企业盈利水平和资金回收的风险。创业者的投资需要注意是否能够取得理想的效益,达到一定的收益率水平。创业现金流量风险是指由于权责发生制原则,确定的收益并不能带来确定的现金流,现金流不确定造成的风险称之为现金流量风险。创业者应通过现金流量分析,了解企业的盈利能力、偿债能力和支付能力,从而识别财务风险及其大小。资金流动性风险是指创业者在寻求创业项目以及开发市场时,都要有坚强的资金支撑。而这段时间,恰好是对创业者理财能力的极大考验。

(四) 管理风险

管理风险是指在创业过程中因管理不善而导致创业失败所带来的风险。创业者并不一定是出色的企业家,不一定具备出色的管理才能。管理的风险主要包括以下几点:一是管理制度风险。创业企业往往没有完善的管理制度,在创业初期可以由创业者的辛苦工作来弥补,但是当创业企业发展到一定程度以后,松散的管理制度容易导致风险事件发生;二是人力资源管理风险。人力资源管理的风险主要包括创业团队的风险、人员选择的风险、重要员工流失的风险等;三是营销管理风险。创业企业生产销售的产品一般是新产品,新产品的市场定位、营销策略的质量、营销人员的管理等确定如果出现失误,就会造成整个产品的滞销,给企业带来损失。

第二节 创业风险与创业决策

创业存在诸多不确定性与风险,那么,创业者如何在不确定性条件下作出创业决策?基于风险决策的标准经济学模型源自期望效用理论。该模型一直以来被普遍接受并应用于对经济行为的描述性模型和理性选择的规范性模型。期望效用理论是人们在不确定性条件下进行决策时,理性预期、风险回避和效用最大化理性行为的模型化描述。期望效用函数是 20 世纪 50 年代,冯·诺依曼(Von Neumann)和摩根斯坦(Morgenstern)在公理化假设的基础上,用逻辑和数据工具建立起来的分析框架,旨在对不确定性条件下"理性经济人"的选择进行模型化研究。早在 200 多年前,古典经济学的鼻祖亚当·斯密就已提出"经济人"的原始含义,他的经典论述是:"每个人都在力图用他的资本使其生产产品达到最大价值",随着经济学的发展,古典经济学中"经济人"假设逐渐演变为一套以最大化为原则的经济学理论体系,完全理性的"经济人"假设几乎成为标准经济学分析基础。

以下将在不确定与风险态度差异的基础上,将"理性经济人"假设下的期望效用理论应用至创业决策的分析中。期望效用理论认为,创业者在面对不确定状态下的创业决策是基于期末收入水平以及其概率而作出的。期望效用理论下创业者决策框架如图 4-1 所示。

图 4-1 期望效用理论假设下创业决策框架

一、不确定性与风险

创业者在不确定条件下的选择首先需要将创业风险量化,以便在创业与不创业这两种选择之间进行比较。不确定性是指无法知道未来出现的各种可能结果及其出现的可能性大小;风险是指未来出现坏的结果的可能性。在概率论中,期望值与方差的概念对于测度与比较风险的大小是极其重要的。

期望值是不确定条件下某一行为或事件的所有可能结果的加权平均,权数是每一个结果发生的概率。期望值反映了事件结果的总体趋势或集中趋势,也就是平均结果或结果的平均值。假设某创业者创业成功则获得收入为 10 万元/年,而创业失败则获得收入 0 元,如创业成功的概率 Pe 为 0.1,则创业失败的概率就是 $1-Pe$,即 0.9,那么,该创业者创业收入的期望值 $=Pe \times 10+(1-Pe) \times 0=1$ 万元。

在统计学中,人们通常使用方差和标准差来测度风险程度。方差是离差平方的加权平均值。假设某人有两种可供选择的决策,即创业与就业,选择就业的工作是做企业人事助理,一般情况下月收入为 5 000 元,但当企业经营状况不佳时,只能获得 2 500 元的收入。选择创业时,可能面临月收入为 9 950 元或者 0 元。创业和就业所获收入及其概率如表 4-1 所示,当选择创业时,创业成功的概率为 0.5;当选择就业时,企业经营状况正常的概率为 0.99,企业经营状况不佳的概率为 0.01。

表 4-1　创业或就业所获收入及其概率

创业/就业	结果 1		结果 2	
	收入/元	概率	收入/元	概率
创业	9 950	0.5	0	0.5
就业	5 000	0.99	2 500	0.01

根据上表测算可知,创业与就业收入的期望值相同:

创业的期望值:$0.5 \times 9\,950+0.5 \times 0=4\,975$(元)

就业的期望值:$0.99 \times 5\,000+0.01 \times 2\,500=4\,975$(元)

然而,选择创业与就业的收入可能出现的波动程度是不同的。理论分析时可以用实际值与期望值之间的差即离差来测度这种可能性波动的程度。

离差 $=|X_n-E(X)|$

创业和就业所获收入的离差如表 4-2 所示。

表 4-2　创业和就业所获收入的离差

创业/就业	结果 1		结果 2	
	收入/元	离差	收入/元	离差
创业	9 950	4 975	0	4 975
就业	5 000	25	2 500	2 475

对每一行为或事件的各种结果的离差进行加权平均可求出平均离差,其权数为每一结果发生的概率。

创业的平均离差:$0.5 \times 4\,975+0=2\,487.5$(元)

就业的平均离差:$0.99 \times 25+0.01 \times 2\,475=49.5$(元)

如果用平均离差来测度风险程度,则平均离差越大,风险越大;平均离差越小,风险越小。显然,选择创业的收入风险远高于办公室工作收入的风险。

在统计学中,人们更为通常使用方差和标准差来测度风险程度。创业和就业所获收入的离差平方如表 4-3 所示。

表 4-3　创业和就业所获收入的离差平方

创业/就业	结果 1			结果 2		
	收入/元	离差	离差平方	收入/元	离差	离差平方
创业	9 950	4 975	24 750 625	0	4 975	24 750 625
就业	5 000	25	625	2 500	2 475	6 125 625

创业所获收入的方差与标准差：方差 $=0.5\times24\ 750\ 625+0.5\times24\ 750\ 625=$ 24 750 625

标准差 $=4\ 975$

就业所获收入的方差与标准差：方差 $=0.99\times625+0.01\times6\ 125\ 625=61\ 875$

标准差 $=248.7$

若用方差或标准差来测度风险程度，那么方差或标准差越大，风险则越大，创业所获得收入的风险要高于就业所获收入的风险。

方差计算的一般公式可表示为：

$$\sigma^2=P_{X_1}\cdot[X_1-E(X)]^2+P_{X_2}\cdot[X_2-E(X)]^2+\cdots+P_{X_n}\cdot[X_n-E(X)]^2$$

$$(4\text{-}1)$$

公式 4-1 中，σ 表示标准差，σ^2 表示方差，$P_{X_n}(i=1,2,\cdots,n)$ 表示结果 X_i 发生的概率，$E(X)$ 表示期望值。

二、不确定性与创业决策

个体在创业和就业之间究竟会如何选择？以上分析可知，就业与创业所获收入的期望值相同，但是创业的方差较大，风险较高，就业的方差较小，风险较小。

如果他不愿意冒险，则可能会选择就业。从前文分析可知，获得更高的外在报酬是创业的重要动机之一，部分创业者是想在创业中获取比就业更高的报酬，为了更进一步深化分析，假定创业所可能获得的收入分别再提高 500 元，而就业可能获得的收入不变。调整后的收入及离差、方差如表 4-4 所示。

表 4-4　调整后的收入及离差、方差

创业/就业	结果 1			结果 2			方差
	收入/元	离差	离差平方	收入/元	离差	离差平方	
创业	10 450	4 975	24 750 625	500	4 975	24 750 625	24 750 625
就业	5 000	25	625	2 500	2 475	61 875	1 237.5

此时，创业的期望收入由 5 000 元增加至 5 475 元，而选择就业的期望收入保持不变，仍为 4 975 元。创业所获得收入的方差为 24 750 625 元；就业所获得收入的方差为 1 237.5 元。当创业所可能获得的两种收入分别加上 500 元以后，创业期望收入、离差和方差均发生了变化。创业所获得的期望收入高于就业所获得的期望收入，

但创业所获收入的方差也大于就业所获得的方差,即风险更高。在某种程度上人们有了冒险选择创业的理由,即经济收益的提高。前文中可知,创业精神中承担风险是其重要的特质之一,特别是机会型创业者,一个更爱冒险的人会更倾向于选择创业,而不愿冒险或者相对保守的个体可能更倾向于选择稳定的就业。

三、风险态度与创业决策

(一) 期望效用函数

人们在处理风险决策时遵循的"期望效用模型"的基本内涵是,在风险情形下最终结果的效用水平是通过创业决策者对各种可能结果的加权后获得的,创业决策者谋求的是加权后所形成的期望效用最大化。

为了区别无风险条件下确定性收入所提供的效用与风险条件下期望收入所提供的效用,用 $E(U)$ 来表示期望收入所提供的效用,称之为期望效用。期望效用是某一选择行为的各种可能结果所提供的效用的加权平均,其权数为各种可能发生的概率,即预期效用是某一行为的各种可能结果的期望值所提供的效用。期望效用的一般表达式:

$$E[U] = P_{X_1} \cdot U(X_1) + P_{X_2} \cdot U(X_2) + \cdots P_{X_n} \cdot U(X_n) \tag{4-2}$$

公式(4-2)中,$U(Xi)$对应每一种收入所提供的效用,P 是获得每种收入的概率。这一函数式称之为期望效用函数,有时也称之为冯·诺依曼-摩根斯坦效用函数。对于分析不确定条件下的选择问题,期望效用函数十分有效。

(二) 风险态度与效用函数

不同的个体对风险的态度存在差异,人们对风险的态度是指其承担风险的意愿。根据人们对风险承担意愿的差别,可分为风险规避型、风险偏好型和风险中性型,这三种不同的风险态度对应的效用函数及效用曲线如下:

1. 风险规避与效用函数

假定人们在无风险条件下所获得的确定性收入与其在有风险条件下所能获得的期望收入相等,如果此时人们对于确定性收入的偏好强于对有风险条件下期望收入的偏好,则属于风险规避者,风险规避者的效用函数如下,效用曲线如图 4-2 所示。

$$U[PX_1, (1-P)X_2] > PU(X_1) + (1-P)U(X_2) \tag{4-3}$$

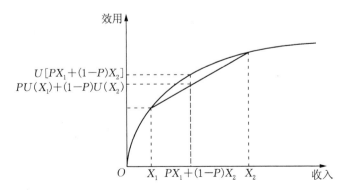

图 4-2　风险规避者的效用曲线

公式 4-3 中,确定性收入的效用为 $U[PX_1,(1-P)X_2]$ 而不确定性收入的期望效用为 $PU(X_1)+(1-P)U(X_2)$。

2. 风险偏好与效用函数

如果人们对于有风险条件下期望收入的偏好强于对确定性收入的偏好,则属于风险偏好者,其效用函数如下,效用曲线如图 4-3 所示。

$$U[PX_1,(1-P)X_2]<PU(X_1)+(1-P)U(X_2) \tag{4-4}$$

3. 风险中性与效用函数

如果人们对于有风险条件下期望收入的偏好等于对确定性收入的偏好,则属于风险中性者,其效用函数如下,效用曲线如图 4-4 所示。

$$U[PX_1,(1-P)X_2]=PU(X_1)+(1-P)U(X_2) \tag{4-5}$$

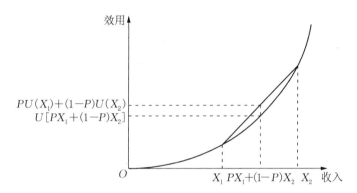

图 4-3　风险偏好者的效用曲线

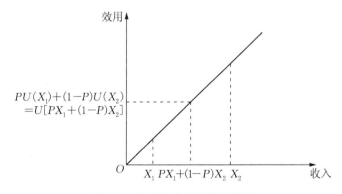

图 4-4　风险中性者的效用曲线

(三) 不同风险态度下的创业决策

以下将基于期望效用理论分析不同风险态度下创业者的创业决策选择。

1. 风险规避者的创业决策

假设某人目前收入为 5 000 元,由于发现某个商业机会,考虑进行创业,创业可能会使得他的收入达到 7 500 元,但也可能使得他的收入下降至 2 500 元,且发生每一种可能结果的概率为 50%。此种情况下,他的收入将是随机的,他有 50% 的概率

拥有 7 500 元,也有 50% 的概率以拥有 2 500 元告终,此时,他的期望收入为 5 000
元,这 5 000 元是存在风险条件下的期望收入,即 $0.5 \times 2\,500 + 0.5 \times 7\,500 = 5\,000$,尽
管它在数值上等于无风险条件下 5 000 元的确定性收入,但是两者带来的效用却是
不同的,创业所带来收入的期望效用是 $0.5U(2\,500\ 元) + 0.5U(7\,500\ 元)$,此时,创业
收入的期望效用是两个数值 $U(2\,500)$ 和 $U(7\,500)$ 的平均值。

风险规避型创业者的效用曲线如图 4-5 所示,横坐标表示收入 X,纵坐标表示其
效用 U,效用曲线 $U = f(x)$ 表示个体在无风险条件下对每一种确定收入水平所获得
效用。图中,A 点表示当收入为 2 500 的时候,效用为 10,标记为 $U(2\,500)$;B 点表
示收入为 5 000 时,效用为 16,标记为 $U(5\,000)$;C 点表示收入为 7 500 元时,效用
为 20,标记为 $U(7\,500)$。

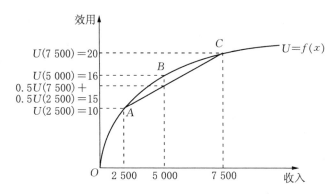

图 4-5　风险规避型创业者的效用曲线

创业收入的期望效用:$E(U) = 0.5 \times U(2\,500) + 0.5 \times (7\,500) = 15$

创业收入期望值的效用:$U(5\,000) = U(0.5 \times 7\,500 + 0.5 \times 2\,500) = 16$

此时,创业所带来收入的期望效用小于期望收入的效用,即

$$U(5\,000) > E(U)$$

在这种情况下,我们称这个人为风险规避者,风险规避者的效用函数是凹的,它
的斜率随着收入的增加而变得越来越平坦,效用函数的曲率度量的是消费者对风险
的态度。对于风险规避者而言,确定性收入的效用高于创业收入的期望效用,即原本
就业时,无风险的收入为 5 000 元,其效用为 16。而在有风险的情况,即创业时,获得
的期望收入也为 5 000 元,但是期望效用却只有 15,这低于目前就业所获得确定性收
入所带来的效用,此时,风险规避者就不会冒险去创业。

2. 风险偏好者的创业决策

风险偏好者的效用曲线与风险规避者的效用曲线的形状是截然不同的,风险偏
好者的效用函数是凸的,它的斜率随着收入的增加而变得越来越陡峭。由于在风险
条件下的期望收入与确定性收入相等的条件下,风险偏好者偏爱有风险条件下的期
望收入,因而,风险喜好型创业者的效用曲线如图 4-6。

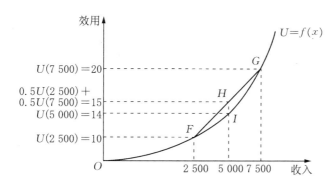

图 4-6 风险偏好型创业者的效用曲线

图 4-6 中,F 点表示当收入为 2 500 元时,标记为 $U(2\,500)$;I 点表示收入为 5 000 元时,效用为 14,标记为 $U(5\,000)$;G 点表示收入为 7 500 元时,效用为 20,标记为 $U(7\,500)$。

风险偏好者具有冒险精神,不甘于安于现状,愿意不断挑战,渴望更高的收入。对风险偏好者来说,面临创业与安于现状两种选择,要么安于现状,月收入为 5 000元,效用为 14;要么创业,创业成功会有 7 500 元的收入,效用为 20,也可能有 2 500元的收入,效用为 10,创业成功与失败的概率均为 0.5。

创业收入的期望效用:$E(U)=0.5\times20+0.5\times10=15$

创业收入期望值的效用:$U(5\,000)=14$

$$U(5\,000) < E(U)$$

此时,创业收入的期望效用 $E(U)$ 大于期望收入的效用 $U(5\,000)$,创业收入的期望效用位于 FG 的中点 H 处,创业收入期望值 5 000 虽然等于现在的收入,但创业的期望效用高于现有工作的效用。风险偏好者会选择放弃现在的工作进行创业。

3. 风险中性型创业者的创业决策

风险中性型创业者对应的是线性效用函数,收入的期望效用恰好等于收入期望值的效用,此时,风险中性型创业者的效用曲线如图 4-7 所示。

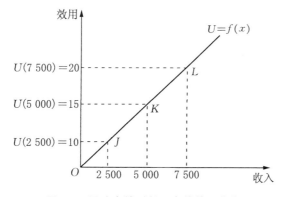

图 4-7 风险中性型创业者的效用曲线

图 4-7 中,J 点表示当收入为 2 500 元时,效用为(0),标记为 $U(2\,500)$;K 点表

示收入为 5 000 元时,效用为 15,标记为 $U(5\,000)$; L 点表示收入为 7 500 元时,效用为 20,标记为 $U(7\,500)$。此时,有绝对把握获得 5 000 元收入的效用为 15。

创业收入的期望效用:$E(U)=0.5\times20+0.5\times10=15$

创业收入期望值的效用:$U(5\,000)=15$

$$U(5\,000)=E(U)$$

创业收入的期望效用 $E(U)$ 等于确定性收入的效用 $U(5\,000)$,风险中性者不关心创业收入的风险,而只会关心创业收入的期望值。

综合以上分析,一般的来看,在期望效用模型下,创业者面临是否要进行创业的决策时,如果其创业的期望效用大于其他选择的效用,则会选择创业。公式表示为

$$E[U(\pi)]>U(\bar{\pi}) \tag{4-6}$$

其中 π 是新企业可能产生的随机利润(收入),$\bar{\pi}$ 是创业条件下被放弃的机会产生的确定性收入(如就业)。创业者大多具有冒险精神,具有风险偏好型的特征,因此,在创业动机的驱动下,发现商业机会时,会选择创业。要理解风险厌恶对创业的不同影响,考虑对效用函数在利润均值 μ_π 处的泰勒展开式。该近似式为

$$U(\pi)\approx U(\mu_\pi)+U'(\mu_\pi)(\pi-\mu)+\frac{1}{2}U''(\mu_\pi)(\pi-\mu)^2 \tag{4-7}$$

将公式(4-6)带入至公式(4-7)中得到:

$$E[U(\mu_\pi)]+U'(\mu_\pi)(\pi-\mu)+\frac{1}{2}U''(\mu_\pi)(\pi-\mu)^2$$
$$>U(\mu_\pi)+U'(\mu_\pi)(\bar{\pi}-\mu)+\frac{1}{2}U''(\mu_\pi)(\bar{\pi}-\mu)^2 \tag{4-8}$$

上式等价于

$$U(\mu_\pi)+\frac{1}{2}U''(\mu_\pi)\sigma_\pi^2>U(\mu_\pi)+U'(\mu_\pi)(\bar{\pi}-\mu)+\frac{1}{2}U''(\mu_\pi)(\bar{\pi}-\mu)^2 \tag{4-9}$$

其中,σ_π^2 是 π 的方差,公式两边同时减去 $U(\mu_\pi)$,再除以 $U'(\mu_\pi)$ 得到

$$\mu_\pi-\frac{1}{2}R_A\sigma_\pi^2>\bar{\pi}-\frac{1}{2}R_A(\bar{\pi}-\mu)^2 \tag{4-10}$$

公式 4-10 中,R_A 是绝对风险厌恶系数,通常被认为大于 0。因此,从新企业所得的利润的方差越大,人们越不可能创办新企业。相反,利润均值越高,人们越可能创办企业。

第三节 创业行为与创业决策

期望效用理论已成为分析不确定性决策问题的分析范式,然而,心理学实验结果

表明,人们在不确定性条件下进行决策时,并不简单遵循期望效用理论,而是经常性的打破由优势性公理、传递性公理、恒定性公理等构成的公理体系,系统地违背理性经济人的假设。意识到期望效用理论的局限性,经济学家试图放松个体决策时与偏好有关的公理化假设。卡尼曼和特沃斯基(1979)在马科维茨和阿莱等人的基础上提出了"前景理论"作为对期望效用理论的替代,行为经济学应运而生。行为经济学是作为实用的经济学,它将行为分析理论与经济运行规律、心理学与经济科学有机结合起来,以发现现今经济学模型中的错误或遗漏,进而修正主流经济学关于人的理性、自利、完全信息、效用最大化及偏好一致基本假设的不足。

创业行为在此处的内涵并非创业行动,而是基于行为经济学的分析框架。本小节将基于行为经济学中的前景理论分析创业者的创业决策。

一、创业决策过程

卡尼曼和特沃斯基认为,如果说期望效用理论定义了人们的理性行为,那么前景理论则描述了人类的真实行为。期望效用理论可以对某些简单的决策问题做出清晰的描述,但现实世界中更多的决策问题确实是复杂的,在创业决策过程中,创业者会受到创业环境变化、知识水平、创业信息的不对称、创业者能力和素质等因素的制约,是不能实现期望效用理论中的最优决策的。前景理论下的创业者创业决策框架如图 4-8 所示。

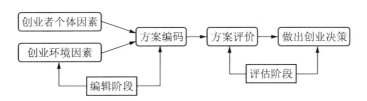

图 4-8 前景理论下的创业者创业决策框架

前景理论是在一定程度上对个体偏好的实验性结果提出合理的解释。在卡尼曼和特沃斯基看来,个体进行决策时,实际是对"期望"进行选择,而所谓期望就是各种风险预期结果。与期望效用理论的公理化形式不同,前景理论是描述式的。卡尼曼和特沃斯基在一系列心理实验结果的基础上提出他们的主要观点,当人们面临与条件相当的损失时倾向于冒险,而面临与条件相当的盈利时则倾向于接受确定性收益;盈利带来的快乐与定量损失所带来的痛苦并不相等,后者大于前者。如此,他们给出了解释人们在不确定性条件下的决策行为模型。

卡尼曼和特沃斯基将个人的选择和决策过程用两种函数来描述:一种是价值函数 V;一种是决策权重函数 $\pi(p)$。其中,价值函数取代了传统期望效用理论中的效用函数,决策函数则将期望效用函数的概率 P 转换成决策权重 $\pi(p)$。以下将基于个体决策框架、价值函数的要素分析创业决策。

前景理论对个体的决策框架进行了修正,认为个体的决策过程主要经历两个阶段：第一个阶段为编辑阶段，即事件的发生以及人们对事件结果和相关信息的收集整理，这个阶段往往会依据个人决策偏好而对各种备择方案进行编码；第二阶段为评估阶段，在此阶段相对于参考点，个体对收益和风险的预期决定了最终决策方案的制定。卡尼曼和特沃斯基定义一个"期望"为不确定事件，表示为 $(x, p; y, q)$，该事件最多只有两个非零的结果。在该事件中，个体得到期望值 x 的概率为 p，得到期望值 y 的概率为 q，另外有 $1-p-q$ 的概率得不到任何东西，因此 $p+q \leqslant 1$。

（一）编辑阶段

编辑阶段的作用是按照一定的标准，用规定的方法对各个选项进行描述，以简化随后的评估和选择。编辑的对象为与期望相关的收益与概率，并对它们进行变化处理，会使得决策者更容易做出决策。编辑阶段包括以下内容：

1. 编码

人们在决策过程中，通常关注的是收益和损失，而不是最终收入。所谓收益和损失是相对于某一参考点而言的，在这种情况下，收益和损失就是实际得到或付出的金额。编码就是根据参考点，将期望行为组合编译成决策者自身的获利或损失。参考点的位置以及收益和损失的编码，会受到期望的表达方式和决策者预期的影响。例如，假设有一个抛硬币的赌局，若出现正面将赢得 5 元，若出现反面将输掉 3 元，这个赌局可以编码为 $(5, 0.5; -3, 0.5)$，参考点则为现有的财富水平。

2. 组合

期望值可以由具有同一结果的概率相加而得到简化，例如期望 $(200, 0.25; 200, 0.25)$ 可以被简化为 $(200, 0.5)$，并以该方式进行估值。

3. 分割

在编辑阶段，对于严格为正或严格为负的期望，可以将其分割为无风险部分和不确定部分。期望值中包含的无风险部分将被从有风险部分中分解出来。例如，期望 $(300, 0.8; 200, 0.2)$ 会被分成由 200 元的确定性收益和风险前景 $(100, 0.8)$ 所构成，如期望 $(-400, 0.4; -100, 0.6)$ 可以看做由 100 元的确定损失和风险前景 $(-300, 0.4)$ 所构成。

4. 删除

在概率性选择中，人们会抛开期望中共有的部分，这些会被删除或忽略。例如，在 $(200, 0.2; 100, 0.5; -50, 0.3)$ 和 $(200, 0.2; 150, 0.5; -100, 0.3)$ 中选择，可以通过抵消两个选项中的共有部分，而在 $(100, 0.5; -50, 0.3)$ 和 $(150, 0.5; -100, 0.3)$ 中选择。

5. 化简

化简是指通过凑整结果或凑整概率来化简。例如，期望 $(101, 0.49)$ 可能被重新编码为以 50% 的机会赢得 100。尤其是对一项非常不可能的结果，很可能忽略，则意味着发生的概率被取整为 0。

6. 占优检测

检查所有给定的期望选项，以删除那些被另一个选项完全占优的选项，这些被删除的选项就不用进一步估值,从而简化决策。如期望(200,0.3;99,0.51)和(200,0.4;101,0.49),假设每个前景的第二部分首先被凑整为(100,0.5),那么,第二个前景就优于第一个前景。

(二) 评估阶段

编辑阶段之后,决策者对每一个被编辑过的期望进行估值并进行选择。卡尼曼和特沃斯基改变了期望效用理论中评估总效用的做法,转而衡量被编辑期望的全部价值为 V,该价值主要通过价值函数 V 和决策权重函数 π 共同决定。$V(x)$ 反映结果的主观价值,与期望效用函数度量的最终收入不一样,$V(x)$ 考察的是该结果远离参考点的程度,也就是收益或损失 x 的主观价值。$\pi(p)$ 表示与该结果概率相对应的决策权重,与客观概率 p 有着本质的区别,反映了 p 对期望的全部价值的影响力,也就是主观概率。

前面假设过,期望的简化形式 $(x,p;y,q)$,这种形式最多有两种非零结果。在这样的期望中,个体得到 x 的概率为 p,得到 y 的概率为 q,另外有 $1-q-p$ 得不到任何东西。这样就会由三种情况:如果所有的可能结果都是正的,即如果 $x,y>0$ 以及 $p+q=1$;那么,提供的期望是严格为正;如果所有可能结果都是负的,那么期望则严格为负;如果一个期望既不是严格为正也非严格为负,则该期望为一个常规性期望。

前景理论的基本方程将权重函数和价值函数结合起来去确定期望总价值。

如果 $(x,p;y,q)$ 是一个常规性期望,要么 $p+q<1$,要么 $x\geqslant0\geqslant y$,要么 $x\leqslant0\leqslant y$,那么:

$$V(x,p;y,p)=\pi(p)v(x)+\pi(q)v(y)$$

上式中,$v(0)=0$,$\pi(0)=0$,$\pi(1)=1$,与效用理论一样,V 被定义为期望,而 v 被定义为结果,对于确定性期望 $V(x,1)=V(x)=v(x)$。

借用掷硬币问题举一个简单的例子,在这里,当出现正面朝上时,赢得 20 美元,背面朝上时,损失 10 美元。这个常规期望效用如下所示:

$$V(20,0.5;-10,0.5)=\pi(0.5)v(20)+\pi(0.5)v(-10)$$

严格为正或严格为负前景评估遵循不同的规则,在编辑阶段,这些前景被分割为两个部分,即无风险部分和风险部分,这些前景的评估用下面的方程给出:

如果 $p+q=1$,或者 $x>y>0$,要么 $x<y<0$,那么,

$$V(x,p;y,p)=v(y)+\pi(p)[v(x)-v(y)]$$

更确切地说,一个严格为正的前景或严格为负的前景价值等于无风险部分的价值加上结果中高收益或损失部分的权重,乘以与更大最终结果相关联的权重,例如:

$$V(400,0.25;100,0.75)=v(100)+\pi(0.25)[v(400)-v(100)]$$

公式中的重要特征是,决策权重被赋予了代表期望的风险部分的价值差 $v(x)-$

$v(y)$而非代表无风险部分 $v(y)$。

二、价值函数与创业决策

由编辑阶段可知,人们通常考虑的并非财富的最终状况,而是财富的变化状况。前景理论的一个重要的突破就是用价值函数 $v(x)$ 替代了传统的效用函数,从而将价值的载体落实至财富的改变上,而非最终状态上。前文分析可知,前景理论中的期望价值是由"价值函数"和"决策权重"共同决定的:

$$V = \sum_{i=1}^{n} \pi(p_i) v(x_i) \tag{4-11}$$

公式 4-11 中,$v(x)$ 是决策者主观感受所形成的价值,即价值函数,$\pi(p)$ 是决策权重,它是一种概率评价性单调增函数。前景理论的价值函数模型在形式上,基本保留了与期望效用类似的"乘积和"形式,但其中相关因子的含义和度量方式却与期望效用理论存在本质差异。一方面,前景理论关注的是价值的改变,而非最终价值状态;另一方面,决策权重与客观概率并不一致。

(一)参考点

前景理论中,结果的确定始于参考点有关的,参考点是价值尺度的零点。因此,变量 v 度量的是子参考点的偏离值,即收益与损失。正如卡尼曼和特沃斯基所说:参考点假设与基本的感知判断时相容的,我们的感知是与变化或差异的估值合拍的,而不是同绝对量的大小合拍。当我们对亮度、响度或者温度做出反应时,以往和现在的环境确定出一个适应水平的参考点,而刺激因素被感觉是与参考点相关的。

参考点是指人们在评价事物时,与一定的参考物相比较,当对比的参考物不同时,即使相同的事物也会得到不同的比较结果。因此,参考点是一种主观评价标准。对于风险收益的价值判断来说,人们的判断标准依赖于收益或损失是以什么为参考点,而不是它最终会带来多少总价值,即影响决策的并不是人们的财富水平,而是某项决策为财富带来的变化量。

在参考点的附近,决策者的态度最可能发生变化。如所得的第一个 1 000 元是最有吸引力的,而失去的第一个 1 000 元是最让人厌恶的。

参考点可以理解为进行比较的个人观点、据以构建不同情形的现状。参考点的形成有以下三种依据:第一,可预测期望,即决策者以往的经验和当前的环境决定;第二,规范的标准,包括人们通常认为的标准水平;第三,渴望的标准,即某一群体中,人们对某类事物有大体相同的认知水平。

某一结果被看做收益还是损失是相对于参考点进行测度的。在赌局环境下,通常将财富水平的现状看做参考点。假定提供一个基于硬币抛掷的赌局,如果硬币正面向上,则获得 50 美元。如果硬币反面向上,则获得输掉 30 美元。在此例子中,会将正面分类为 50 美元的收益,反面看做 50 美元的损失。在更加一般的情况下,参考点并不是当前的财富水平(或者零收益),而是收益的某些其他显著参照水平 k。例如,如果考虑赌场中老虎机的收益,赌博者必须放入 1 美元才能玩,k 或许是 1 美元。将参考点定义为 k,则将价值函数定义为

$$v(x \mid k) \equiv \begin{cases} u_g(x-k) & \text{if} \quad x \geqslant k \\ u_l(x-k) & \text{if} \quad x < k \end{cases} \tag{4-12}$$

通常使用以下形式 $v(z)=v(x-k \mid 0)$,则可以在符号中省略参考点,在此情况下任何负值代表损失,正值代表收益。对最大化值函数期望值的人们来说,如果只是处理可能的收益,则人们的行为是风险厌恶的,如果只处理可能的损失则是风险偏好的。

(二)损失厌恶

期望效用理论的公理化假设认为人们是风险厌恶的,即人们对任何不确定性选择是风险规避的。但是,卡尼曼和特沃斯基通过心理学实验得到的结论是:人们并非总是厌恶风险,他们发现,人们面对收益和损失时的决策表现表现出不对称性,即面对确定的收益表现出风险厌恶,而面对确定的损失表现出风险寻求。卡尼曼和特沃斯基认为,人们将事件分类为收益与损失。收益按照收益域的效用函数进行评估,$u_g(x)$ 来表示,决策者在该函数上的边际效用递减。损失厌恶与价值函数曲线如图 4-9 所示。因此,在收益域的效用表现出熟知的边际效用递减形状,如图 4-9 中第一象限所示,该形状的曲线是凹的,这与风险厌恶行为相关联。使用关于损失的效用函数 $u_l(x)$ 对损失进行评估,损失域的效用函数不仅要比收益域的效用函数陡峭,而且还是凸的。因为损失的效用函数一般要比收益域的效用函数陡峭,所以整个函数在参考点处是有弯折的,因此,损失与风险偏好相关联。

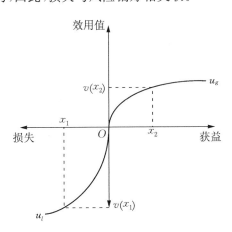

图 4-9 损失厌恶与价值函数曲线

损失厌恶是指与从收益中获得的边际收益相比,人们从等量损失中体验更大的边际痛苦,即一定量的损失带来的效用降低要大于等量收益带来的效用增加。如"白捡的 100 元所带来的快乐,难以抵消丢失 100 元所带来的痛苦"。损失厌恶反映了人们风险偏好的不一致性,即涉及收益时,人们表现为风险厌恶;当涉及损失时,人们表现为风险喜好。如图 4-9 所示,当获益 x_2 单位时,效用为 $v(x_2)$;当损失 x_1 单位时,

效用为 $v(x_1)$，假设 $x_1 = x_2$，即等量的收益和损失，而 $v(x_1) > v(x_2)$，即损失所带来的效用减少，大于收益所带来的效用增加。

三、前景理论与创业决策

无论创业决策者原本处于何种工作状态，均需要在创业决策时面临在不确定性的情景中做出十分重要的决定，从逻辑上来讲，这样的决定应该是深思熟虑。但是，由于创业决策者的认知、信息以及测算能力的限制，往往不可行。在信息不充分以及不确定性条件下，创业的预期收益和有关风险评估不能通过精确计算来评估。现实中，许多创业者会在无法进行精确评估的条件下进行创业决策选择，基于此，以下将在前景理论框架下分析有限理性的创业者如何做出创业决策。

对于创业决策者来说，依据参考对象评估的决策行为可能会低于参考点水平，也可能高于参考点水平，也就形成相应的损失或者获利。这种损失是决策者出于损失规避而作出改变现状及其禀赋水平的基本动力机制。如果借助于参照对象改变现状和禀赋的创业决策收益评估优于现状及其禀赋水平，则意味着维持现状及其禀赋是一种损失，损失规避机制推动决策者作出改变现状及其禀赋水平的决策。高于参考点水平则维持现状会损失，反之则获益[①]。

当创业决策者决定是否创业时，存在诸多不确定性。对创业项目及其相关事宜的信息获得以及分析能力是不充分的。也不会知道自己能否成功创业。在现实中，作出创业决策的创业者们会选择一个参照对象来评估创业收益，此参照对象包含两种类型：

一是以代表性人物作为参照对象。比如一个创业成功者成为此人创业决策参照对象，如果他自身认为各个方面并不劣于参考对象，那么这将成为促使创业决策者做出决策的重要因素。参考对象创业成功会对其创业收益与风险评估有参考意义。但是创业的机会成本是放弃就业，创业者由于创业所放弃的就业机会成本因人而异，如果创业决策者发现参照对象收益相对于参考点，即自己的现状（就业所获得的劳动报酬而言）没有明显优势，那么即使判断自己会创业成功也不会选择创业这一决策。相反，如果发现参考对象创业收益大大超过参考点，为了规避损失，他会选择创业。因为此时他将参考对象创业收益超过自己劳动报酬视作损失，对损失规避的强度高于收益获得的吸引力。

二是以特定状态为参照对象。特殊生活状态使得经济人除了创业以外没有其他选择，这种生活状态可能是由客观因素造成的，如所处家族或者社区拥有创业的环境氛围，在该环境中除了创业以外，其他劳动决策均不及创业带来的社会尊重程度高；也可能是主观因素决定的，个人特质决定创业需要无可替代，在这样的情况下，其他选择对于决策者来说均是损失，因此损失规避使得其选择创业。

无论选择代表性人物与特定状况中的哪一个作为参考对象，都要看创业前的状

---

① 严维石.创业决策的行为经济学研究[J].江苏社会科学,2011(3):92—96.

态收益是否比参考对象收益低而产生损失规避效应。这种损失规避效应是决策者放弃之前工作状态选择创业的重要机制。

思考题

1. 简述创业风险的定义及类型。
2. 试分析不同风险态度下的创业决策。
3. 试分析前景理论下的创业决策。

材料分析

创业活动的失败与终止

根据全球创业观察(GEM)2017/2018报告,中国创业活动中终止创业(过去一年内将企业关闭)的比例呈现下降趋势,2003年终止创业比例为8%,而2017年这一比例约为2%。同时,创业者做出创业决策时认为自己具备创业能力的比例有所下降,从2002年的37%下降到2017年的28%,但是,对创业失败的恐惧比例上升,从2002年的25%上升到2017年的41%。全球创业观察(GEM)2018/2019指出,中国创业活动终止的主要原因是企业不盈利,高质量创业活动终止的主要原因是有机会出售企业或发现了其他商业机会。

创业有风险,创业失败的企业如亿唐网、酷6网、博客中国、饭否、町町单车、小鸣单车等。以上述材料为基础,结合现实中的案例,试分析创业风险有哪些,不同企业如何在不确定的条件下做出创业决策?

第五章　创业企业成长

快速成长的光洋科技

　　《大国重器》是我国第一部工业题材纪录片,反映了近年来我国在装备制造领域取得的巨大成就。纪录片中有一家民营企业,成立仅仅十几年,就成为我国高端机床产业的先进代表,这家企业就是大连光洋科技。

　　大连光洋科技工程有限公司成立于1993年。90年代初,随着改革开放的深入,大量外资企业入驻中国,光洋公司进入自动化和供电配电行业,为日资企业进行生产配套。1997年公司研制智能监控系统,2000年开始自主研制工业CPU主板及计算机,2003年开始进入数控机床产业。光洋公司自主研发的第二代数控系统及直驱式关键功能部件,代表了国际最先进的技术,其产业化彻底解决了我国装备制造业无先进"大脑"的历史,大大缩短了我国与国际先进水平的差距,有效推动我国高档数控机床国产化进程,满足了航空、航天等军工领域和其他重点领域对高档数控机床的需求。其完全自主制造的装有中国数控系统的五轴联动机床出口德国,是中国高端数控机床制造的一个历史性突破。

　　光洋公司的创业、成长以及企业能力不断升级的案例,对于中国科技创业企业具有典型的借鉴意义。光洋公司的成长过程中并不是被动的适应市场发展,而是主动参与市场竞争。市场需求的多变和产品生命周期的缩短要求科技企业更加快速地增长,而企业的生存和成长取决于创新,创新是通向价值与成长的路径。二十多年间,光洋科技始终坚持以创新推动企业发展,始终处于不断创新和战略调整的动态发展过程中。创业初期,光洋在传统工业自动化产品领域以自身的技术赢得客户,同时在为客户配套的过程中学习,实现了"干中学",研发能力得以积累。此时公司在自动化领域具有较强的竞争力,但光洋并没有被当时取得的优势所束缚,而是在自动化领域积累基础技术与资金,同时主动走进数控系统领域,实现从自动化到数控系统的产业链延伸。面对复杂、不连续的市场环境,光洋公司通过与客户、供应链、同行、科研机构等合作,不断寻找创新源,实现产品系统层次上的集成创新与公司能力的不断提升①。

创业企业是一个在战略指导下演化的有机组织,仅有企业家的远见和胆识不足以支撑企业的可持续性成长。实际上大量的初创企业,在成立几年以后,就因为各种的原因,走向倒闭。创业企业要想长期生存,不断成长,就要持续地对外部环境和内部产品、资源、能力等进行判断、匹配和整合,促进一代又一代的技术升级和能力提升。

光洋科技 1993 年成立,短短十几年的时间,就成长为我国高端机床产业的先进代表。这种初创企业的快速成长,值得从理论上进行研究。事实上,创业者成立企业,只是万里长征开始了第一步,企业成立之后的成长和发展,才是创业者最需要关注的。从理论上看,关于初创企业的成长并没有形成一个完整的框架体系,但在已有的经济学与管理学的企业研究中,对于企业的成长都有一定的涉及。从企业发展驱动力的角度而言,企业成长理论可分为外生性理论和内生性理论。外生性成长理论重点考察影响企业规模和生产效率的外生变量,如市场供需、技术变迁、成本结构等;内生性成长理论重点考察了企业的内部资源、经营管理、创新等内生变量对企业成长的影响。

第一节　创业与企业成长

一、创业企业成长的概念

"成长"的概念来源于生物学,一般是指生物有机体由小到大发展的机制和过程。它描述的是事物从低级走向高级的过程,也是事物与外界环境发生能量交换的过程。英国经济学家马歇尔在其《经济学原理》中最早将这个概念用来描述企业。现在人们将"企业成长"用来描述企业内部功能从不成熟走向成熟的动态变化。企业成长有广义和狭义之分。狭义的企业成长是指企业规模扩大的过程;而广义的企业成长,则既包括企业素质的提高,也包括企业规模的扩大。

创业企业是创业活动的主要载体,是创业者发现市场机会,整合相关资源,进行创业活动的工作组织。根据爱迪思企业生命周期理论关于成长阶段的划分,创业企业指的是处在孕育期、婴儿期、学步期、青春期这四个成长阶段的企业。从广义的层面讲,创业企业既包括创业建立企业,也包括再创业企业或者是成熟企业的再创业过程。本书中对创业企业的讨论,只针对创业建立企业。创业建立企业是指从无到有创建出的全新的企业组织,我们的研究范围,也包括企业创立以后的逐步成长过程。

---

① 刘立,王博,潘雄锋.能力演化与科技企业创业成长[J].科研管理,2012(6):16—23.

创业企业,作为具有独特特征的一类企业,其成长的本质,无疑也包括"质"的成长和"量"的成长。但与成熟企业相比,创业企业的成长过程,更体现为一个"质"变的过程,即一个从无到有,从脆弱到稳定的过程。我们研究的创业企业成长过程,并不是指一个企业从创业之初,到达到特定规模的过程,而是从一个不稳定的企业系统,成长为一个成熟企业的过程,创业企业的成长过程,是其内部结构和功能的完善过程与规模的扩张过程的统一。

二、企业成长阶段

企业成长阶段有几十种不同的划分方法,比较典型的成长阶段划分模型有:斯坦梅茨(L.Steinmetz)的四阶段成长模型、葛雷纳(L.E.Greiner)的五阶段成长模型、丘吉尔(C.Churchill)和刘易斯(L.Lewis)的五阶段模型、爱迪斯(I.Adizes)的十阶段模型、弗莱姆兹(G.FIamholtz)的七阶段模型。因为这些模型存在着很大的相似性,在这里只介绍应用得最多的葛雷纳的五阶段模型。

美国哈佛大学教授、组织学家葛雷纳研究发现,创业企业成长一般要经历 5 个阶段,企业必须通过特定的组织结构、战略行为的变革才能实现阶段的跨越,成长为大企业,其模型如图 5-1 所示。尽管葛雷纳的模型并非完全针对初创企业,但是由于其能够很好地解释初创企业的成长,进而成为企业成长研究的理论基础。

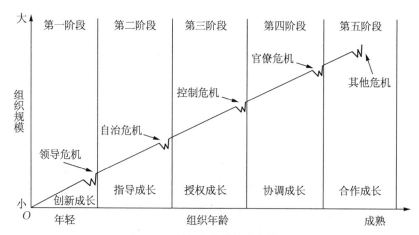

图 5-1　创业企业成长阶段模型

资料来源:L.E.Greiner, Evolution and revolution as organization, Harvard Business Review, July/August, 1972.转引自巴罗,小型企业[M],北京:中信出版社,1998。

(一)初创企业的创新成长阶段

在第一阶段,企业的重点是创造一种产品或者服务,同时创造一个市场。这个时候企业的组织比较简单,没有专门的职能管理机构,企业的重点工作是技术和营销。创始人是企业的核心,但是随着企业事务的增多,提供发展思路和动力的创始人被繁琐的行政事务包围,此时如果不建立一个管理班子,可能出现进一步退两步的情况。这种"危机"的出现,标志着企业开始进入下一个阶段。

（二）规模扩张成长阶段

在第二阶段,随着企业资金与经验的积累,企业的生产能力和销售能力有了较大的提高,规模经济的好处渐渐得到体现。同时外部竞争的压力增强,也迫使企业扩大生产,降低成本,在管理上表现为依靠领导成长。在经过"领导危机"以后,企业实现了两权分离。企业领导人开始习惯将自己的思路和想法正式化,以给企业制定明确的方向和目标。企业在组织结构上也发生了一定的变化,由职能制代替了原来的直线制。企业开始制定许多的规章制度,要求职员遵照执行。中层管理人员在组织中的作用日渐加大,而且他们掌握第一手的信息,通常对自己掌管的领域比领导人更熟悉、更了解,因此,他们希望对企业的发展有更多的发言权,这标志着企业出现了"自治危机",企业只有克服这种危机才能进入下一阶段。

（三）企业的成长准备阶段

第三阶段又可以进一步分为两个部分。在前一个部分,企业摆脱了制约企业成长的生产与销售问题,而且企业的盈利慢慢增多。在发展的后一部分,企业面临的市场竞争日趋激烈,而且自身的优势渐渐缩小。企业在稳定现有业务的前提下,慢慢培植自己的第二种产品,走向发展的"第二条曲线",为企业进入新的业务领域进行准备。在管理上,授权成为管理的主要特征,但是如果授权不当,可能造成下属不服管制,出现"控制危机"。

（四）企业多样化成长阶段

为了在竞争日趋激烈的市场中减少风险,同时也出于利用自身剩余资源的考虑,企业可能走向多样化成长的道路,资本运作是企业成长的一个很重要的手段。同时,企业的组织结构日趋复杂与灵活,事业部制、矩阵制是企业这一阶段的典型组织模式。中高层管理人员(分部经理、项目经理)享有很大的权力,总部不具体指导业务,只是专注于战略制定,并且主要通过实施自上而下、自下而上的计划以及制定的规章制度来协调各事业部之间的关系,但是也可能出现多余的规章制度限制企业的发展和创新,导致"官僚危机"。

（五）企业的成熟阶段

企业进入这一阶段后,表明企业已经实现了自身资源的最佳配置,企业保持稳定发展。这一阶段的管理重点是营造一种合作的氛围,提倡团队精神,重视管理培训和人才开发。

从葛雷纳的阶段成长理论可以发现,在小企业(绝大多数小企业都处于第一阶段与第四阶段之间)的成长过程中,一方面随着企业在经营中的经验积累,规模逐步扩大,慢慢走向成熟,表现出健康成长的态势。另一方面,小企业的成长是协调成长动力与阻力的结果。小企业在不同的发展阶段依靠不同的动力促进成长,同时,不同阶段也面临着不同的阻力,因此,管理的重点在于克服这种成长的障碍,这是企业实现稳定成长的关键[①]。

---

① 伊迪斯·彭罗斯.企业成长理论[M].上海:上海人民出版社,2007.

第二节 创业企业的外生成长

外生性成长理论重点考察影响企业规模和生产效率的外生变量,如市场供需、技术变迁、成本结构等,对企业成长的影响。这种理论认为,企业的成长与所处环境息息相关,从外部获取的资源才是影响企业成长的主要因素,企业是被动地接受外部因素的影响而实现成长。其代表性理论包括新古典经济学的企业理论、新制度经济学的企业理论以及产业组织理论。

一、新古典经济学解释

古典经济学认为社会分工和规模经济推动了企业成长,其代表人物可追溯至亚当·斯密。他在《国富论》一书中,通过制针工厂的分工协作案例,说明了分工提高劳动生产率的巨大效应及其原因。企业作为一种分工组织,其存在的理由就是为了获取规模经济的利益,分工使更高的产量以更低的成本获得,因此单个企业的成长与分工的程度紧密相关。查理斯·巴比吉(Charles Babbage,1983)在他的"古典生产理论"中同样阐明了,由于机械化和标准化的出现,劳动分工使企业的各项功能相互区别并走向专业化,进而提高了生产效率促进了经济成长。斯密以后的古典经济学家均忽视对稳定的竞争均衡条件的分析,因此把企业随成长会导致的垄断问题暂时放在一边,普遍接受分工的规模经济利益决定企业成长这一观点。

新古典经济学发展了规模经济这一观点。马歇尔不仅证实了单个企业的成长与分工的程度呈正相关,也证实了国民经济中产业和企业的数量与分工程度的正相关。分工理论可以同时在宏观和微观两个层面解释企业成长,既可以解释国民经济中企业数量的增加,也可以解释单个企业规模的扩大。作为亚当·斯密思想的继承者,除了关注分工和规模经济外,马歇尔还引入了企业资本的概念,并认为,企业资本量的大小决定着企业规模和成长;认为规模增长并不必然带来企业的成长,规模的扩大可能会降低企业的灵活性,最终有损企业的竞争力;此外,企业家的精力和寿命的限制也可能会成为企业发展的瓶颈,制约企业的成长;而且行业中新企业和年轻企业家的进入会对在位企业形成挑战,从而制约在位企业的成长。斯蒂格勒(Stigler,1975)以企业的功能划分为基础,根据产业生命周期分析了企业成长的一般规律,重新解释了基于规模经济利益的企业成长,与稳定的竞争均衡条件相容的原因。他认为在一个产业的形成初期,市场规模较小,这个阶段的企业成长主要通过企业内部的分工来实现,企业大多是"全能"企业。随着产业和市场的扩大,原有企业通过专业化程度的提高实现规模的扩大,而产业的社会分工扩大,则导致了企业数量的增加。

西方古典经济学虽然注意到资本主义生产与分配的本质,但尚未深入企业组织中去加以研究。同质性假设是新古典经济学的分析传统,它把各种商品生产单位统称为厂商,认为厂商是为销售而生产某种物品或劳务的单位,其活动以利润为目的,厂商无疑包含着企业的概念。新古典经济学将各厂商(企业),看成是内部差异可以忽略不计的"理性经济人"。其研究的主要目的在于揭示厂商的市场行为，研究厂商在技术和资源既定的前提下，在价格机制的作用下，如何以最小投入取得最大产出，实现利润的最大化。因此，它假定企业的存在是一个既定前提，是一个人格化的资本，或者是一个单纯的生产函数。研究如何在技术和资源已定的前提下，以最小的投入取得最大的产出，而将企业内部组织结构和企业内部如何活动不做考虑，没有揭示出企业的性质。尽管新古典经济学对厂商的解释反映了企业为市场而生产的性质，但这一认识抹杀了企业生产同其他组织生产的区别，不能清楚地揭示企业的本质。因此，长期以来，在西方经济学里，影响企业成长的基本因素均是外生的，企业始终是一个未被打开的"黑盒子"，人们并不清楚企业究竟是什么。

二、新制度经济学解释

新制度经济学发端于对企业性质的研究，其中的交易费用理论侧重探讨企业与市场的关系，试图把握企业的性质以及企业的边界，委托-代理理论则侧重于探讨企业内部结构及代理关系。新制度经济学认为，企业成长通常既表现为经营规模的扩大，也表现为企业功能的扩展。企业把一些以前通过市场进行的交易活动纳入企业内部进行，这意味着企业边界的扩大。因此，从新制度经济学来看，企业成长的动因在于节约市场交易费用，企业成长就是企业边界扩大的过程，分析企业成长因素也就是探讨决定企业边界的因素。企业的边界可分为纵向边界、横向边界、多样化经营边界，新制度经济学的企业成长论主要分析纵向边界的扩展。

科斯（Coase）修正了新古典经济学模型关于市场交易可以顺利进行的假设，认为市场交易存在诸如签约、监督履约和追索违约等相关的交易费用，这种情况下通过形成一个组织，并允许由企业家权威来支配资源，就可以节约上述利用市场机制的交易费用。因此，企业组织是市场机制的替代物，市场交易费用与组织协调管理费用的均衡水平确定了组织的边界，降低市场交易费用是企业成长的动力。但是，一般而言，市场交易费用是与市场的发达程度呈负相关关系的，即市场发达程度越高，交易费用越低，反之亦然。按科斯的理论预测，市场发达程度越高，则企业成长的动力越低。这与现实明显不符，因为现实中通常是市场发达程度与企业成长呈正相关关系。

格罗斯曼（Grossman）和哈特（Hart）指出纵向一体化虽然可以节约市场上机会主义带来的交易费用，但由于被一体化的一方失去对原来企业的剩余控制权，也就失去了激励，会有效率损失，这是一体化带来的合并费用。纵向一体化到底是否得到实施，就取决于一体化节约的市场交易费用和带来的合并费用比较的大小，当前者大于后者时，纵向一体化有利，才能出现企业成长。

新制度经济学的这些理论强调，企业的行为和绩效完全是内外部环境因素（如给定的技术、成本结构、市场情况、初始条件和机会等）共同决定的。也就是说，给定相同的条件，企业都会做出相应的选择。因此，企业内部活动和组织结构的差异，以及是什么造成了企业之间差异等问题并没有得到关注。此外，科斯理论过于强调交易费用的作用,忽略了交易效率的影响,从而得出了"市场交易费用与市场的发达程度呈负相关"的与现实不符的结论,因而也忽视对有助于提高交易效率的企业资源和能力的培育。以阿尔钦(Alchian)和德姆塞茨(Demsetz)为代表的代理理论部分弥补了这些缺陷,其更加关心企业内部结构(横向一体化)的问题,认为在其他条件不变的情况下,企业内部的组织管理成本越低,则在市场交易成本既定下企业规模越大。但总的来说,新制度经济学的企业成长论强调的是企业的交易性,而忽视了企业内部活动及组织结构的功能。

三、产业组织理论的解释

贝恩(Bain)提出了现代产业组织理论的三个基本范畴:市场结构、市场行为和市场效果(SCP 理论)。这三者构成了古典竞争理论的基本框架,并认为企业的绩效和成长取决于企业所处的市场结构和所采取的市场行为。但是 SCP 理论过多地强调了企业的市场结构对企业行为和企业绩效的影响,而忽视了企业的产业定位,没能从本质上阐明企业的成长机制。

波特(Porter)将产业组织理论的分析框架导入企业的成长战略分析,把企业竞争优势和企业成长归于企业的市场力量与产业拓展。他认为企业的市场力量,可以归纳为买方、卖方、新进入者、竞争者和替代品这五方力量的竞争结果。企业能否盈利并迅速成长,取决于企业对这五种作用力的把握能力大小。波特的分析框架强调了企业的产业定位,但其明显的不足在于:僵化于产业式的分析,几乎完全忽略了企业的内部结构,这使得该理论在许多地方欠缺解释力。尽管波特后来也认识到这一点,从而提出企业价值链概念以作为企业内部因素的补充。但从资源论或能力论的角度来看,价值链方法仍显粗糙和不足,而且停留于静态的分析。

第三节　创业企业的内生成长

与外生企业成长理论不同,内生企业成长理论认为企业成长的动力来源于企业内部。这种理论更加注重研究单个企业与企业自身管理,而不仅仅是从经济学角度对企业成长进行研究。它认为不同的企业,其拥有的资源不同、经营管理方式不同、核心能力不同、成长阶段不同,其成长方式也不尽相同,研究者应更加注重挖掘单个企业内部的资源和能力。由于研究对象的聚焦化,内生企业成长理论在实际中更具操作性。这一流派主要包括了资源成长理论、经营管理成长理论、创新成长理论与企业能力理论等。

一、基于资源的企业成长

1959 年,彭罗斯发表了《企业成长理论》一文,她从分析单个企业的成长过程入手,将企业成长研究引入到企业的内部,奠定了现代企业成长理论研究的基础。她修正了传统经济学研究企业成长的方法,将管理学与经济学两者融合在一起,探究企业成长的决定因素和机制,建立了"企业资源—企业能力—企业成长"分析框架。

彭罗斯认为企业是一个依据管理框架结合在一起的"资源集合体",是有意识地利用各种资源获利的组织。企业拥有的资源是决定企业能力的基础,生产性资源(包括物质资源和人力资源)是任何企业必不可少的,但是对企业至关重要的并不是这些资源本身,而是对它们的利用,也就是资源的"生产性服务"。从本质上来讲,"服务"(即资源的利用)才是每个企业独特能力的根源。

资源的利用水平决定了企业的成长效率,由于资源的不可分割性、资源间的永不平衡性以及资源的能动性(如人力资源)等特点,企业间永远存在没有充分利用的资源,从而企业的持续成长也是可能的。

彭罗斯认为,企业能力决定了企业成长的速度、方式和界限。具体来说,企业能力主要表现为管理能力、知识积累能力和创新能力。从企业内部分析,管理能力是影响企业成长速度的最基本的因素,企业成长的障碍也是因为不能有效地协调资源和管理职能。作为一种资源,管理能力是不能通过市场交易获得的。它源自管理团队的专业化经验和能力,决定着企业其他资源所能提供服务的数量和质量,最终制约企业的成长进度。知识积累能力影响着企业资源的累积效率,企业通过建立积累"标准化操作规程"和"程序性决策"知识的机制,以及建立积累"非标准化操作规程"和"非程序性决策"新知识的机制,实现企业能力的积累。企业管理的任务就在于,不断地将"非标准化操作规程"和"非程序化决策"转化为"标准化操作规程"和"程序性决策"。她还把企业内部没有充分利用的资源作为企业创新能力的重要来源,通过企业创新活动,可以局部协调资源的不平衡性,促进企业的发展。因此,创新是企业内部成长的重要源泉。她认为组织创新和产品创新是推动企业成长的重要因素,两者均取决于企业的创新能力,企业成长的重要一环是发现成长机会。

二、基于战略的企业成长

企业战略的概念在 20 世纪 60 年代以后逐渐出现,它的发展历史虽然不长,但是对企业的成长起到了重要的作用。企业战略对于企业的成长起着导向性的作用,规范着企业成长的方向与行为。我们可以从战略学家对战略的定义来考察企业战略与企业成长的关系。

美国学者冯·纽曼(Von Newman)认为,企业战略应该包含:(1)企业经营范围的选择;(2)为经营范围服务的企业特定优势;(3)战略推移和可能的时间策略;(4)企业所追求的目标结果。

肯尼斯·安德鲁斯(Kenneth Andrews)认为,企业战略是由企业的各种目标交织构成的独特模式及实现目标的政策和计划。它们将明确企业现在及未来的经营领域以及类型。他还认为企业应该通过更好的资源配置,形成独特的能力,以获取竞争优势。

彼得·德鲁克(Peter Drucker)主张,一个企业的战略计划应该考虑 4 个方面的问题:①企业必须确定寻求什么样的机会和接受什么样的风险;②企业必须确定它的经营范围与结构,尤其是在专业化、多样化和一体化之间的平衡;③企业必须在时间和资金、建造和购买之间做出决策,比如,是通过扩建企业,还是通过兼并、合资等方式进行成长;④企业必须确定组织结构,使之适应经济现状、机会和生产作业流程。

伊戈尔·安索夫(Igor Ansoff)在《企业战略》一书中提出,企业战略在本质上是一组对企业行为进行引导的决策行为。他认为企业战略应该包含4个属性:①规划适当的产品和市场范围,企业战略首先应该明确企业现在的产品结构和市场范围及其未来可能的发展趋势;②根据发展的范围和方向,通过市场渗透、市场开发、产品开发和多样化等手段,选择企业成长的战略类型;③企业的竞争优势,即选择具有竞争优势的产品和市场;④灵活运用协同效应,即对于多品种生产的企业,应该有一个共同的战略,以便为它们统一目标。同时可以挖掘企业活动与经营资源之间的协同潜力,追求企业成长过程中销售、经营、投资和管理等方面协同效应的最大化。安索夫十分强调企业的自身能力和协同作用,前者可以明确企业现有的竞争优势,后者强调企业发展的潜在实力,预示着企业成长的范围和方向。

三、基于创新的企业成长

从历史经验看,企业成长的历史实际上即是创新发展史,每个企业的成长都是自身不断创新的结果。如福特公司通过采用生产流水线,实现了规模经济,成就了其"汽车帝国"的威名;通用汽车公司通过组织创新解决了成长中的难题与约束;诸如此类的创新比比皆是,成就着一个个"长寿公司"。相反,因为故步自封,缺乏"远大的目光",没有创新意识的企业的失败案例也到处可见,这也从另一个侧面说明了创新对于企业成长的重要性。

在熊彼特的创新理论中提出,所谓创新(innovation)就是"建立一种新的生产函数",他认为,新生产函数的建立包含5个方面的内容:①引进新产品,引进一种消费者不熟悉的产品或者赋予一种产品新的特性;②引进新技术,即采用一种新的生产方法;③开辟一个新的市场;④控制原材料新的供应来源;⑤实现企业新的组织[①]。企业创新就是企业在市场中将企业的资源条件变革内部化,并将这种变革转化为外在的市场竞争力的整体性活动,是一个企业资质提高的过程。一方面,企业创新包含着企业在不同方面的变革,这些变革是互为条件、相互影响的,一个方面的变革往往要求其他方面也发生相应的改变,通过这种动态的变化,提高整个企业的内部整合力。另一方面,企业创新以提高企业的竞争力为目的,竞争力的提高外显为企业的产品或者服务在市场中竞争更有力。

随后,经济学家和管理学家围绕创新展开了系列研究,逐渐形成两个方面的研究内容,即制度创新和技术创新。从本质上来说,制度创新是人们为减少生产的交易成本而进行的产权制度、组织结构、生产方式的调整与改变,而技术创新是人们为了减少生产的直接成本所作的努力。制度创新主要是通过调整企业中"人与人之间的关

---

① 约瑟夫·熊彼特.经济发展理论[M].北京:商务印书馆,1990.

系",改变生产的交易成本,而技术创新涉及的是"人与自然的关系",改变生产的技术成本。虽然企业创新包含以上两个方面,但在大多数情况下,企业制度在企业形成以前就已经确立,即使是在企业形成之初没有明确,或者在企业形成后有所变动,但一旦形成就具有较为稳定性的特点。因此,对企业成长影响更大的应该是技术创新。

四、基于能力的企业成长

在彭罗斯研究的基础上,企业能力的研究逐渐增多,到 20 世纪 20 年代形成一个高潮。1990 年,普哈拉和哈默(Prahald and Hamel)在《哈佛商业评论》发表《公司核心能力》一文,使企业能力研究进入一个新阶段。他们认为,企业能力有核心能力与非核心能力之分。核心能力具有价值优越性、异质性、不可仿制性、不可交易性、难于替代性,核心能力在企业成长的过程中发挥着关键性作用。因为在产品生命周期日渐缩短和企业经营日益国际化的今天,竞争成功不再被看作是转瞬即逝的产品开发或市场战略的结果,而是企业具有不断开发新产品、开拓新市场的特殊能力的表现。企业要想成长以及获得长期竞争优势,必须比竞争对手更加有成效地从事生产经营活动和解决各种难题。核心能力理论把企业成长的动力归结于核心能力,看到了事物的本质。但是对于核心能力的概念与结构,理论界至今没有一个公认的结论。而且他们也没有深入探讨到底是什么因素决定了企业的核心能力。另外,由于过度重视企业成长的内在性,也就在一定程度上忽视了外部环境对企业成长的作用,这也导致了企业核心能力理论的不完整性。

有学者将演化经济学的企业模型和基于资源的企业观相结合,明确提出了"动态能力"的框架。动态能力是一种能够使企业不断创造出新产品或服务,以维持和更新企业的竞争优势,有利于企业适应动态环境,促进企业不断成长的能力。这种获得新的竞争优势、促进企业成长的动态能力主要强调两个方面:一方面,"动态"指的是更新独特能力的能力,其目的是与不断变化的经营环境相协调;另一方面,"能力"强调的是为了适应动态环境要求,而进行整合和重构内外部技能、资源、职能竞争能力等来应对不断变化的需求。实践证明,全球竞争中的佼佼者只能是那些信息传递方便快捷、产品创新迅速、营销到位的企业,这些企业同时还具有有效协调和重新配置内外部竞争性资源和能力的特长。该理论认为动态能力同样是长期积累起来的,它既反映了企业过去的发展路径,又影响着企业未来的发展方向。新出现的技术和市场机会从需求方面为企业提供了学习和提高能力的机会,而管理者的内部投资从供给方面为企业提供了学习和提高能力的机会。

与标准的能力理论一样,动态能力理论同样认为企业成长最终来源于企业独特的能力。但前者仅着重分析企业在某一阶段的成长现象,忽视了对企业整个成长过程的研究,从而认为决定企业成长的特殊能力是与生俱来的,企业的主要任务是加强现有能力的利用,而不是新能力的培育和开发。然而,这与企业成长的事实并不完全一致。另外,"动态能力"第一次以历史的眼光,同时从内外两个角度入手研究动态环境下企业成长问题,从而对企业成长理论的完整性和全面性作出开创性的贡献。

五、基于进化理论的企业成长

尼尔森和温特(Nelson and Winter,1982)通过借用达尔文进化论思想来解释企业成长,建立了现代演化经济学的基础。他们认为企业的成长是通过生物进化的3种核心机制(多样性、遗传性、自然选择性)来完成的,并指出动态演进的企业和起到自然选择作用的市场机制是影响经济变迁的两个关键机制。演化经济学的一个基本前提是,经济世界是如此复杂以至于企业并不知道什么是最优的选择。企业是一个由"组织惯例"(organizational routines)所组成的层级结构。在这个企业模型中,组织惯例执行组织的记忆功能,储存组织中产生的特定运行知识,并决定企业的行为。惯例所储存的知识大都是经验中积累的"缄默知识"(Tacit Knowledge),因而是难以表达和模仿的。因此惯例使企业的能力具有独特性,并造成不同企业之间的绩效差异(Nelson,1992)。

企业进化理论重视组织、创新、路径依赖等的进化对企业成长的影响,但缺乏对企业生物学特性的经济学解释,因而还不能从本质上解释企业的成长机制。

思考题

1. 如何理解企业成长?
2. 简述葛雷纳的五阶段成长理论。
3. 新古典经济学与新制度经济学对企业成长的解释有何不同?

材料分析

悟空单车的倒闭

2018 年 6 月 13 日,悟空单车宣布自本月起正式退出共享单车市场,随后,"首家倒闭共享单车"的话题在网上发酵,引起巨大的舆论反响。

悟空单车官方资料显示,2017 年 1 月 7 日,悟空单车宣告进入重庆市场,首批投放车辆分布在两江新区等主城的各个区域。悟空单车计划逐步扩大覆盖范围,最终重庆预计拥有 10 万辆的悟空小黄车,全面覆盖重庆城区。这比 1 月 10 日宣布正式登陆重庆的 ofo 还早了 3 天,是重庆首次出现的共享单车。除了深耕本土重庆及周边区县,悟空单车还打算进入全国各大城市,在全国 334 座城市,设立超过 10 000 个共享单车站点。同时,悟空单车寻找城市合伙人,投资单车,共享车辆利润分红,计划在年内投放超过 100 万辆单车。

市场是有的,方向是对的,但是钱从哪里来? 互联网项目要想打开市场,前期的市场培育要砸不少钱,对于创业企业来说,钱是最大的难题。创始人雷厚义最开始寻找投资商时,不到半个月的时间内,有三四百个意向投资对"悟空单车"项目感兴趣,金额达两三千万。但后来,不少投资人觉得前期市场培育投入多、市场回报未知,不敢轻易试水,最后到位的资金只有 50 万元。拿着这 50 万和此前挣下的"老本",雷厚义说干就干。2016 年 12 月 9 日,雷厚义着手开发"悟空单车"项目。2017 年 1 月 7 日,在不到一个月的时间里,悟空单车投入市场,首批的两三百辆主要投放在光电园和大学城。

雷厚义后来回忆:"首批投放到市场的单车主要是为了测试用户需求,树立行业品牌,从效果来看还是不错的,每天单车注册量有六七个人,但是单车损害也非常大,光是坏掉的就占 40% 至 50%。"接着,悟空单车第二批投了 1 000 辆,同时对单车质量进行了升级:坐垫改为可升降,充气胎也改成了防炸防爆的实心胎,还在车子前面加了车筐,虽然每辆成本比第一批增加了 100 多元,但是损害程度也相应减少。这时,新的问题又出现了——因为用的是机械锁,单车的被盗率直线上升。于是雷厚义索性"下血本",将第三批投放的单车全部换上了智能锁,可以自动定位。但重庆大多时候是阴雨天,智能锁电池最多能撑二十天。为了解决这一问题,雷厚义又计划研发新型智能锁。但就在研发团队到位,产品发布会举行后,项目就因为缺少资金而停滞。

雷厚义发现,到公司退出市场时,公司投入车辆的丢失、损坏等,累计损失了约 300 万元。有分析称,是 ofo、摩拜单车等"共享单车"巨头占据较大的市场份额,令悟空单车"无路可走"。对此,雷厚义认为,巨头肯定会对悟空单车有一定影响,但并不是造成悟空单车退出的最主要原因。他们前期做了预判,分析了市场,也想到了会有损毁、丢失这种情况,运营没有问题,主要是公司的合伙人制度出了问题。

所谓合伙人计划,就是招募个人或小商家以众筹单车的形式,解决资金和区域运营的问题,每辆车标价为 1 100 元,个人或商家均可认购,未来可获得运营收益的 70%。在雷厚义看来,悟空单车有点"众筹单车"的意味。雷厚义后来总结,创业公司开始是投入,后面市场成熟了,可以变现了,就可以盈利了,但关键在于你能不能撑到那个时间点。

共享单车已经成为我们日常出行的重要工具,为什么成立时间和摩拜、ofo 差不多的悟空单车最后倒闭了呢? 在学过本章之后,谈谈你的看法。

资料来源:根据相关材料整理。

第六章 创业孵化

案例导入

中关村生命科学园[①]

近几年,抗体药物耦联物(ADC)因为被认为能够更加高效地治疗疾病,使得全球掀起了该类药物的研发热潮。真正拥有生产能提高药效、降低毒副作用的新一代ADC技术的企业,在世界范围内只有两家。其中之一,就是中关村生命科学园孵化器入孵企业——诺灵生物医药科技有限公司(以下简称"诺灵")。目前该公司独有的新一代ADC技术已经在美国申请PCT专利授权,2018年有望获得批准。2017年6月,诺灵的对标公司已经在美国上市。诺灵也计划其新药物在2019年进入临床阶段。

当初为了找到人才和资本汇集的理想创业之地,诺灵的创始人孙滨源先后走访了不少城市。在综合考虑了人才因素、产业环境因素、个人因素后,中关村生命科学园孵化器成了他的首选。孵化器不仅有配备齐全的办公环境,能真正实现拎包入驻,为企业搭建的公共实验平台,更是节约了初创企业购买设备所需的资金和时间;甚至连企业实验所需的药品,都列好了供应商清单,采购价格也相当合适,大大节约了企业的时间成本和资金成本。为了促进科技与经济、人才和资本的结合,生命科学园孵化器还参与建设了中关村生命科学园金融超市,成为金融超市的主要运营方。

目前中关村生命科学园在孵企业101家,创业方向囊括新药研发、研发外包、体外诊断试剂、干细胞、细胞生物学、药物分析、中药等。入孵企业一般5年之内实现毕业,成功孵化率达到80%。自成立以来,中关村生命科学园孵化器已成功孵化企业160余家,其中5家实现上市或新三板挂牌。孵化器中毕业的企业如今已散落在全

---

① 科学网 http://news.sciencenet.cn/htmlnews/2017/12/396329.shtm.

国各地,成为支撑京津冀协同发展,支撑全国创新创业的一股重要力量。

诺灵公司的发展,是孵化器孵化企业众多成功案例中的一个。创业活动是个复杂的社会过程,同时也是高风险的行为,高失败率很可能造成社会资源和个人财富的巨大损失。科技企业孵化器的发展和兴起是应对这一风险的必然要求。通过提供研发、生产、经营的场地,通信、网络与办公等方面的共享设施,系统的培训和咨询,政策、融资、法律和市场推广等方面的支持,科技企业孵化器能够有效降低创业企业的创业风险和创业成本,提高企业的成活率和成功率。科技企业孵化器在中国发展的二十多年经验表明,作为连接知识创新和科技企业的重要桥梁,科技企业孵化器能够快速地实现科技成果产业化,促进科技企业特别是中小型科技企业的发展,对我国当前实现经济增长方式和经济结构转型具有重要的作用。

诺灵生物的初创成功,与中关村生命科学园的高效孵化,有着千丝万缕的联系。事实上,创业企业在创业之初,面临着一系列的困难,处理得好,企业可以发展壮大;处理得不好,可能就此夭折。类似中关村生命科学园这样的企业孵化器,可以帮助初创企业渡过最初的成长期,已成为各国帮助初创企业成长的普遍商业模式。本章主要围绕企业孵化的基本原理、主要功能,企业孵化中的社会网络、产业集聚与创业孵化等展开讨论。

第一节 创业与企业孵化器

孵化器最早发源于美国,1956 年美国人乔·曼库在纽约成立了第一家企业孵化器,我国的孵化器实践始于 1987 年,以武汉东湖创业中心为起点。根据科技部火炬中心数据,截至 2016 年底,全国有创业孵化载体 7 533 家,包括孵化器 3 255 家、众创空间 4 298 家;累计孵化科技型中小企业 22.3 万家,累计毕业企业 8.9 万家,其中,上市和挂牌企业 1 871 家,占创业板上市企业的 1/6,占新三板挂牌企业的 1/10[①]。

一、孵化器的概念与分类

孵化器(business incubator)又称为企业创新中心(business innovation center)或企业创业中心,是通过提供创业企业发展所需的各种资源支持和服务网络,帮助和促进创业企业成长和发展的有效组织形式。孵化器通过提供硬件基础设施、系统的培训和咨询、融资、法律和市场营销等方面的支持,共享通信、网络和办公等方面的设施,降低企业创业的风险,提高创业企业的成活率。联合国开发计划署认为,企业孵化器是一种设施,以帮助新建企业克服初创期和成长中的困难为职责。美国孵化器协会认为"孵化器是通过其自身或其网络关系给创业者或创业企业提供资源支持或服务来加速创业企业的成长"。欧盟认为"企业孵化器是一些新生企业在一个有限空

---

① http://www.xinhuanet.com/2017-09/19/c_1121689661.htm.

间的聚集地,通过向新生企业提供一个带有共享设施(如电话、计算机等)以及管理支持的模式化建筑,提高企业的成长机会和成活率"。我国孵化器行业主管部门国家科技部火炬中心认为"科技企业孵化器在中国也被称为高新技术创业服务中心,是以促进科技成果转化、培养高新技术企业和企业家为宗旨的科技创业服务机构,是国家创新体系的重要组成部分"。

根据孵化器股东来源,孵化器可简单分为国有孵化器和私营孵化器;根据经营目标,孵化器可分为营利性孵化器和非营利性孵化器;根据经营模式,孵化器可分为企业孵化器、事业单位孵化器和国有孵化器;根据经营特点,孵化器可分为综合孵化器、专业孵化器、投资型孵化器和国际孵化器。科技部编写的《科技孵化器管理》,根据功能、孵化器法人治理结构及孵化服务目标,将国内孵化器分为七大类:综合性科技企业孵化器、专业技术孵化器、软件孵化器、大学孵化器、国际企业孵化器、海外留学人员孵化器和国有企业孵化器。但在实践中,运用得较多的分类有两种,一是综合性孵化器和专业孵化器,二是民营孵化器和非民营孵化器。国家科技部火炬中心将孵化器分为四种类型,分别定义如下:

(一)高新技术创业服务中心

这是科技企业孵化器的主要形式之一,它以初创的科技型中小企业为服务对象,为入孵企业提供研发、中试生产、经营和办公方面的共享设施,提供政策、管理、法律、财务、融资、市场推广和培训等方面的服务,以降低企业的创业风险和创业成本,提高企业的成活率和成功率,为社会培养成功的科技企业和企业家。

(二)国家留学人员创业园

作为科技企业孵化器的组成部分,这类孵化器是经科技部、教育部、人事部和国家外专局共同批准认定的,以服务于留学回国人员创业为主的公益型科技服务机构。通过各部门的政策鼓励与扶植,创业园为留学人员回国创业开辟了"绿色通道",引进学有成就的海外留学生回国创业。

(三)国际企业孵化器

这是经科技部批准设立的涉外科技服务机构,服务于境外的技术研发机构、科技型企业及创业者在中国境内开展的创业活动。同时也为我国高新技术企业开拓国际市场、寻求境外合作伙伴、实现跨国经营与发展提供全面支持与保障。从 1996 年开始,科技部先后选定北京、西安、上海、苏州、武汉、天津、成都、重庆和广州,共 9 个国家创业服务中心作为国际企业孵化器试点单位。

(四)国家大学科技园

这是经国家科技部、教育部共同批准认定的科技创业服务机构。国家大学科技园作为科技企业孵化器的重要组成部分,成为区域经济发展和行业技术进步的主要创新源泉之一,是大学实现社会服务功能和产学研结合的重要平台。

二、孵化器的作用

创业企业的发展需要企业孵化器的支持,孵化器发挥作用,主要有下面几个重要原因。首先,创业企业发展所需的资源,与其实际控制的资源存在巨大的差距。创业企业拥有的知识技能是专有的,一般人很难理解其蕴含的价值。因此,创业企业很难独立形成具有号召力的企业形象和声望,而专业性的企业孵化组织可以解决这个问题。其次,创业企业的内部组织必须从无到有地确立,而企业内部组织的构建耗时耗力,创业企业的发展具有高度的不确定性,将有限的资金人力投入企业内部组织的构建上,可能得不偿失。再者,创业企业一方面具有一些突出的创新能力,这些能力使创业者有足够的信心创立企业,另一方面,创业企业的企业能力往往不够全面,不足以保证企业的生存和发展。在创业企业发展的不同阶段,创业企业的这些特性又是不断发展的。创业企业存在的这些薄弱环节,为企业孵化器提供了广泛的运作空间,或者说,企业孵化产业因而拥有广阔的市场。

实践证明,孵化器确实能够有效提高在孵企业的成功率和成活率,并且加速企业的成长和壮大。美国经过孵化器孵化的小企业的成功率为 80% 左右,是小企业自然生存率的 4 倍,我国经过企业孵化器培育的小企业的成功率一般也在 70%～80%,与美国的比较接近。孵化器对企业的培育,不仅能够使在孵企业顺利毕业,更重要的是经过孵化器的孵化、培育,使创业人才和中小企业能够学到毕业后所需的各类创业与经营管理知识,提高自身素质和能力,在离开孵化器后持续发展。一般来说,创业企业在经营 5 年后仅有 20% 左右生存,而经过孵化器培育后创业企业 5 年后的生存率可以提高到 75%～80% 左右,10 年生存率可以提高到 50% 左右[①]。各国家或组织孵化器内部和外部的创业企业的生存情况如表 6-1 所示,可以看出,孵化器内部的创业企业相对于外部的创业企业具有较高的存活率。

表 6-1 各国家或组织孵化器内部和外部的创业企业生存情况

国家/组织	经孵化器孵化	未经孵化器孵化
美 国	入孵不到 2 年,出孵 5 年后存活率约为 80%(NBIA,1985)	新建公司 4 年后还在经营的占 47%,6 年后还在经营的占 38%(美国小企业署)
澳大利亚	1986 年出孵的企业到 1994 年仍在经营的占 50%	没有入孵孵化器的企业存活率为 5%
法 国	出孵企业 2 年后倒闭的占 8%～20%	一般企业存活率为 31%
欧 盟	出孵后 3～5 年企业平均存活率近 85%	新建企业 5 年后生存率只有 50%

资料来源:卢锐.科技企业孵化器的政策分析[M].北京:化学工业出版社,2009。

三、孵化器的商业模式

全球孵化器的发展经验表明,孵化器作为一种特殊的社会经济组织形态,在促进科技成果转化,形成创新集群,扶持创业企业和创业者,扩大就业,繁荣区域经济等方

---

① 邵俊岗,常林朝.专业技术孵化器的运行与管理[M].北京:经济科学出版社,2008.

面具有非常重要的作用。通过建立孵化器带动科技创业活动,已成为各国政府促进创新的重要方式。国外孵化器取得成功的经验主要有几点:

(1)政府高度支持,出台相应的配套政策,特别是在孵化器发展的初期阶段,政府作为孵化器的投资者、组织者,甚至经营者的身份出现。

(2)重视全国孵化器的统一规划,建立孵化器持续发展的机制。

(3)产学研结合紧密,孵化器与当地优势产业、大学院校、科研机构合作,使优势资源和创业企业形成优势互补。

(4)中介机构比较发达,特别是与风险投资合作,保障了创业企业的资金需求。

(5)孵化器管理制度完善,重视软环境建设。当然各个国家孵化器的成功经验各具特色,以下重点介绍美国和以色列的经营特色。

(一)美国孵化器的商业模式

美国孵化器属于政府调控型的第三方公共服务平台,通过建立法律法规,引导社会资源参与孵化器建设。美国孵化器的最大特点是通过立法来启动孵化器,从法律层面来确保各级政府对孵化器的支持和责任。1956年,美国人曼库索创立了世界上第一个孵化器,而在近三十年后,美国对孵化器才比较认可。

(1)1956年至1985年是孵化器出现及发展阶段。美国第一家孵化器是一个私营孵化器,主要为客户提供办公经营场所,是一种典型的房屋租赁关系。在此阶段,美国政府专门成立了两个组织,即美国科学基金会和小企业局。这两个组织对孵化器的发展起到了极大的促进作用,绝大多数孵化器都是由美国科学基金会提供资金建立。1985年美国孵化器协会成立,成立时即有会员。此阶段孵化器主要由政府孵化器、大学孵化器,还有少量私营孵化器组成。政府支持的孵化器主要是为企业提供办公场所,而在孵化服务方面做得还比较少。孵化器运营资金主要来源于政府拨款、办公场所租金以及物业管理费。

(2)1986年至1995年,孵化器发展到专业化服务阶段。随着政府对创业创新的进一步支持,孵化器得到了快速发展,大多数孵化器开始注重为企业提供专业化服务。这一阶段孵化器主要承担四种角色:一是为孵化企业提供经营场所;二是为孵化器提供公共行政服务,降低运营成本;三是为入驻企业提供技术平台支持;四是在孵化器的管理下,入驻企业得以互相合作与相互促进。但随着石油危机的到来,政府大量削减了孵化器经费,使得孵化器必须依靠为企业提供服务来获取收入。在市场中,只有那些能为企业提供具有特色专业化服务的孵化器,才最终得以生存。经过激烈的竞争,孵化器行业的整体专业化能力有了极大的提高。社会及学术界也意识到,孵化器的竞争主要体现在,为入驻企业或创业者提供创业激励、知识及技巧、实践经验、管理经验等特色性服务。企业孵化器应该通过为创业者提供一揽子创业孵化服务,从而提高创业成功率,促进创新及区域经济发展。从这一时期开始孵化器的收入来源除了政府财政支助、房屋租金、物业管理费之外,增加了对企业提供增值服务的收入。此阶段涌现出大量的专业孵化器,专业孵化器的数量约占孵化器总数的40%。

（3）1996年以后,在专业孵化器的基础上开始出现新型营利性孵化器。孵化器的组织形式开始出现较大变化,主要体现在:①孵化器股东主要以私营企业或创业投资者为主,并以营利为目的。②孵化器开始对入驻企业进行严格评估。③孵化团队能有效地整合社会资源,促进入驻企业快速成长。④孵化器投资及服务于具有高科技、高成长特征的特定行业企业,并最终通过出售企业的股权获取高额回报。NBIA网站披露,1990年后美国已有多家以营利为目的的孵化器,其中绝大多数由风险投资公司出资成立,并以投资高科技中小创业企业为主要营利模式。比较典型代表为,在硅谷出现的集风险投资和孵化功能于一体的上市孵化器集团。新型孵化器更能整合社会中介资源,为入驻企业提供更加完善的服务。硅谷中小科技企业的飞速发展,与孵化器高效率整合硅谷金融服务业、咨询业等社会中介资源是密不可分的。这种带有创业投资性质的孵化器商业模式,主要是找到一批在同一领域具备高成长性质的企业,为其提供专业的孵化服务,同时有效地利用孵化器网络资源,实现对入驻企业的推动,最后通过企业成长获取高额的投资回报。

（二）以色列孵化器的商业模式

以色列孵化器商业模式最大的特点是,孵化器与孵化企业存在投资与被投资的关系。以色列通过设立一个很好的模式,让政府、孵化器、孵化企业、民间资本以及孵化企业的创业团队和员工,都有动力加入促进国家高科技产业发展中来,并保证了各方参与者都能获取相应的权益。政府巧妙地利用对孵化企业投资和收益的不对等性,承担了天使投资人的角色,激发了创业者、社会投资人、孵化器工作人员的积极性,最终实现促进高新技术产业发展的目的。以色列孵化器另一大特色是,对孵化项目有严格筛选程序和筛选标准。孵化项目评选标准有:团队诚信可靠,属高新技术项目,知识产权归属清晰,产品可供出口并且市场容量在5亿到6亿美元,商业策划书可操作性强,开发的产品要有产业化基础等。以色列孵化器对孵化项目实施三级筛选。首先由孵化器管理团队从大约300个项目中选出30个项目,再由行业专家选出15个左右的项目,最后由政府、孵化器、专家等共同选出5～7家入驻项目。

以色列孵化器是政府支持的独立法人实体,是社会公益性非营利机构。前期投入全部来自政府,如孵化器用房、孵化器的基本设施以及前几年的运营开支等。待扶植到若干年后,政府采取购买服务的方式运行孵化器,即一个进入良性循环孵化器的收入来源构成为:20%的收入源自政府经费支持,50%的收入源自孵化器对入驻项目20%的股权权益,其他30%源自对入驻企业提供的孵化服务收入。以色列孵化器的商业模式在前期运行时主要依靠政府投入,走上正轨之后80%收入依靠其对企业的孵化服务。孵化器的收入与其孵化服务直接挂钩,特别是将孵化器的50%收入与对孵化企业股权权益成功挂钩,极大地调动了孵化器工作人员的积极性。因此,从本质上来看,以色列孵化器是一个投资加深度孵化服务的孵化器,其持续发展的商业模式,表面上看是依赖其对企业拥有的股权获取收入,但实质上是依赖其对入驻项目的成功孵化服务。

第二节　社会网络与创业孵化

创业的过程是创业者以其创业项目为杠杆,吸引和组合外部的企业能力和资源的过程,获取这些资源能力的渠道非常重要。创业孵化并不仅仅是提供企业创建所需的日常协助,更重要的是通过各种渠道帮助创业企业组织和协调其所需的资源和企业能力,创业孵化的过程就是将创业企业与社会网络连接的过程。本节利用社会网络理论来解释,创业企业与科研机构、政府、同行业企业等外部相关机构之间构成的网络关系,如何促进了创业企业的孵化与成长。

一、社会网络理论

在不同社会中,个体与他人共事合作的能力是不同的,个体之间的自愿结合能力是不同的,社会网络的形成和扩展能力也是不同的。一个高度信任的社会能够容许多样化的社会关系的产生,社会网络发展相对健康,这样的社会有较强的创新能力。相反地,个体缺乏社团意识,社会网络支离,人们对于唾手可得的经济机会也只能望洋兴叹,无法利用。这样的社会即社会学家科曼(Coleman)提出的"社会资本"缺乏的社会。

社会网络理论背后的基本假设是:任何经济行为都受到其所"根植(embedded)"的社会背景的巨大影响,并且这些行为的结果与行为人在社会网络中所处的地位有密不可分的联系,这也就是所谓的经济行为的"社会根植性(social embeddedness)"。随着社会结构的持续发展,个体的行为并不完全追求自身欲望的满足,社会关系结构将影响个体的行为,影响的方式是限制个体所能采用的行为模式以及活动范围。

与传统经济学中的同质化市场和组织内部的层级结构相比,社会网络在沟通和获取信息、降低不确定性、防止机会主义行为、降低经济行为的风险等方面具有明显的优越性。互相密切联系的个体之间通常会共享更多的信息和知识,个体拥有的社会网络是信息和信任不断累积的结果,代表着一种重要的资源,即社会资本。个体对社会网络中其他成员的机会主义行为会导致其信誉度的降低,使其随后的经济行为的交易成本上升,因此,社会网络信息传播的方式能有效地扼制机会主义行为的出现。现代组织内部层级的减少和团队理念的引入,代表的正是企业组织结构网络化的趋势。

社会网络理论认为,网络中的个体通过两种机制获得信息:

(一)关系根植性(relational embeddedness)

关系根植性又称为内聚力(cohesion),强调的是,网络中不同的个体之间通过直接的联系,交流信息与知识。这样的交流在现实生活中无处不在,比如,人们在工作中与同事和上下属、生活中与亲友以及社交团体中与各种相关人员不断地沟通信息和知识。创业者个人亦是如此,他们通过各种关系与不同的人打交道,获取对创业有用的信息和知识,提高个人的见识和判断力,并将这些知识和信息运用到创业中。研究创业的学者发现,创业者往往受到市场机会的驱动而开始创业,而所谓的机会很可能来自周围人提供的信息。

(二) 结构根植性(structural embeddedness)

结构根植性与行为人在网络中的地位有关。结构根植性超越了个体之间直接的关系,侧重于网络系统内各个位置上的信息优势。这种机制更加强调信息在整个系统中的流动,而不只是双边的或者多边的信息流动。例如,某些少数族裔团体的自发社会力(spontaneous sociability)即自愿结合能力较强,如美国社会中的日裔移民,海外的中国温州同乡会等,这些团体中的任何人对于网络中的其他个体都怀有极强认同感。他们密切地交流信息,互相提供各种支持,互相鼓励创业,并且在网络内自发地调节资源的分配。因此,他们中的创业企业的成功率往往远高于平均的成功率。例如,法国巴黎的高级皮装专卖街曾经被犹太商人垄断经营,后来温州移民不断地涌入,犹太商人的垄断经营逐渐被打破。通常,温州的移民到达欧洲大陆的第一件事,就是去寻访当地的温州同乡会,寻求信息和资源的支持,以便在欧洲成功地开创自己的事业。早期定居法国的温州人建立的皮装店和后来温州同乡新开的商店之间,互相帮助,交流经营经验,逐渐在市场中发展壮大。

二、企业孵化和社会网络

美国芝加哥大学的社会学教授罗纳德·博特(Ronald Burt),提出网络结构空洞(structural hole)理论来解释社会网络和创业机会的关系。他强调社会网络是开放的而非封闭的系统,社会网络中能够产生最大经济效益的区域,在于网络边缘的关系稀疏地带。他把这些关系稀疏地带称为结构空洞,结构空洞为创业者带来打破网络中已有的信息交流模式的机会。创业者可以利用自身在网络中的地位,以及与别的个体间的关系获取信息。一般而言,创业者和创业企业是网络的新进入者,与成熟的企业组织相比较,创业者和创业企业在网络中处于信息的劣势地位。但是网络的边缘往往容易被网络中的个体忽视,在这里创业企业和成熟企业在拥有知识方面处于一条起跑线上,这恰恰为创业者创造了机会。

善于打破常规的创业者,在结构空洞中发现机会,他们为网络带来了创新多样性。如果他们的创新和多样性,又恰好能以更低的成本解决网络中的问题时,就会很快被网络接受。反过来,创业者的创业企业也会得到网络的回报,如社会地位优势、信息优势、资源优势等,从而提高创业企业的成功率。企业孵化的过程中通常涉及三种网络:①购买者和供应商之间的关系(投入产出关系)网络;②解决问题网络;③非正式的网络。

这三种网络是根据其功能来区分的,它们之间往往存在一定的重合。一般而言,解决创业企业问题的过程,是创业企业能动地学习和建立企业能力的过程,对于形成企业的竞争力非常重要。从这个意义上说,解决创业过程中问题的网络决定了创业支持网络的性质和边界。在解决创业企业问题的过程中,创业企业也可能从投入产出关系网络寻求知识技能和企业能力支持。在投入产出关系网络中,创业企业的专业性知识在市场关系中获取的频率越高,投入产出的关系就越重要。相反,交易关系越倾向于一般的商品,投入产出关系就越不重要。通过职业协会、学术会议、论文发表等形式建立起来的非正式网络,是信息收集和分享的重要渠道。

三、硅谷的孵化网络

创业企业高度集中的区域内,说明社会网络如何影响到创业企业的发展,硅谷是一个很好的现实案例。硅谷的创业支持网络由一系列的地方组织和机构交织而成,其中包括斯坦福大学、一些贸易商会和地方商业组织、大量的专业咨询公司、市场研究公司、公共关系组织和风险投资公司。它们为创业企业提供各种技术、财务和网络服务及支持。

(一) 投资网络

硅谷的风险投资家们是硅谷社会网络中重要的结点。硅谷的风险投资网络为创业企业提供的是全方位的支持,从提供资金到物色推荐合适的经营管理人员,从寻找解决问题的专家到为合作企业牵线搭桥。事实上,一个好的风险投资家本身就是一个完美的孵化器,而硅谷就是风险投资公司的中心。没有风险投资者在创业者和资金提供者之间做桥梁,硅谷不可能拥有现在的科技创新地位。大量的风险投资公司,到处寻找适合投资的项目,甚至把资金投入到仅仅还是一个创意的项目中,为的就是避免错过下一个谷歌或者脸书这样的公司。美国风险投资协会的调查表明,全美一半的风险投资公司总部设在硅谷。这些风险投资者的资金主要来自养老基金、保险公司以及世界各地的其他投资者,这些投资者都希望能够实现高达50%的年收益。

在激烈的竞争之中,风险投资者不再只是财务专家,优秀的风险投资者往往是"猎头者"、公司战略家、有丰富社会网络关系的销售人员等。风险投资者不仅是投入资金,也不只是研究企业商业计划书,而是凭借自己的管理判断力,运用自己的社会网络,深度介入所投资创业企业的运作中。他们为其投资的创业企业制定战略,设计产品和服务以迎合市场的需求、协调各方面的关系等。在硅谷,风险投资者经常能为一个创业企业建立制度基础,使一个创业企业迅速完成从初创期向管理完备阶段的转变,将企业推向稳定成长的阶段。

天使投资是硅谷创业企业种子资金的另一重要来源。硅谷报酬机制中的期权,是奖励成功企业的所有员工,而不只是公司高级经营人员。普通员工和企业管理者都可以以低于市场的价格,购买新成立公司的股份。一旦创业公司的股票上市,所有拥有股权的人都可以赢利。这种报酬机制一方面使所有的员工都竭尽全力地工作,另一方面也使硅谷的财富分配范围扩大。

(二) 专业知识网络

硅谷的很多专业人才对行业技术高度热爱,不会拘泥于在一家公司工作,经常在不同的公司,甚至不同的行业里流动,这是硅谷中常见的一种现象。技术人员在公司之间不断流动的过程中,他们的角色有时也在不停地变化。他们有时是研发人员,有时是管理者,有时又变成了创业者。人们通常认为,技术人才频繁更替对创业企业发展不利,但事实上硅谷已经成为专业人才的集聚地,创业企业可以很容易寻找到理想专业人才。更重要的是,在人才的流动,以及随之而来的社会关系的流动中,巨大的创造力产生了。

在硅谷,专业人才可以轻易地在不同的硬件公司流动,在互联网企业间流动,在他们的工作转换中没有范围的限制,他们甚至经常去创业,在创业失败后又回到公司工作。另外,硅谷的专业人才都乐于参加各种专业技术研讨会、技术展览、专业报告会、午餐会和私下聚会。在这些社会活动中,他们维护或扩展自己的关系网,交流技术和市场信息,签订商业合同,酝酿新的创意等。

可以发现,多样化、流动性的社会网络促进了隐含知识的交流和扩散。当专业人才在不同的公司和行业中流动时,他们不仅丰富了个人的隐含知识,而且将隐含知识传授给了他人或公司。广义上,硅谷这张不断流动更新的专业知识网络为创业企业提供了创新的动能,这也是硅谷吸引创业企业的原因之一。

(三) 客户和供应商的关系网络

创业企业与供应商或客户形成的战略联盟,可以说明创业者对与客户和供应商关系网络的重视。从 1979 年起,硅谷的半导体创业企业共结成了三百五十多家战略联盟,多数的联盟涉及技术共享、集成电路设计制造的分包和产品的共同开发。以惠普公司和伟泰克公司的战略联盟为例,两家公司共同生产高速数据处理集成电路。惠普公司是伟泰克公司的客户之一,为了能够设计生产出满足惠普公司需要的高速集成电路,两家公司组成了战略联盟。在战略联盟中,双方都投入了各自的技术资源,如惠普公司顶尖的服务器生产技术和伟泰克公司专门的集成电路设计技术。现在,惠普公司的服务器因为其先进的高速集成电路,在市场中处于领先地位,而伟泰克公司高速集成电路的销售额也直线上升。

在硅谷,许多集成电路的制造商与其分包商之间的企业边界越来越模糊。惠普公司就把自己看作是伟泰克公司的制造部门,而实际上惠普早已是成功的知名企业,伟泰克只是一个成立并没有多久的创业企业。另外,很多创业企业将与客户组成战略联盟看作是一种手段,以此提高技术开发效率,紧跟技术发展潮流,以及为特殊需求设计产品等。

第三节　产业集群与创业孵化

产业集群作为一种基于市场和层级之间的网络组织形态,具有巨大的活力和竞争优势,已经成为国家竞争优势的重要来源和区域经济的"增长极",同时,集群内蕴含着丰富的创业机会和创业资源,良好的竞争合作氛围和完善的知识信息共享网络,这些都为潜在的创业人才和创业企业实施创业活动提供了适当的环境与土壤,以及有利的外部孵化环境,已经成为一个天然的创业企业孵化器。

一、产业集群与区域经济

随着生产要素在全球范围内自由流动和优化配置,经济全球化的进程逐渐加速,由此在世界范围内产生了新的区域分工与格局,在世界主要经济体都出现了一些"集中在某些区域的企业群落",即形成产业集群。产业集群是一些在地理上相互靠近、彼此有着相互联系的公司和相关机构的集合。它们都处于一个相对集中和接近的区域内,由于具有相似性或者是互补性的联系而集聚在一起。所谓地理集聚,是指所有成员企业和相关成员要素包括集群代理机构、公共服务机构在地域上相互邻近,而且共同集中于一个区域,具有显著的地域特征。所谓产业特性,是指该地域内集聚的成员企业从事某一产业或相关产业的生产和服务,成员之间有广泛的劳动分工和基于长远关系的紧密合作,并由此形成基于一个产业的协同发展体系。产业集群的发展,促进了全球经济与区域经济实现并行发展,逐步呈现由区域竞争优势代替国家竞争优势的新发展态势。因此,"产业集群"这种特殊的产业组织形式,也越来越受到世界各国和地区管理者与学者们的重视。

产业集群与区域经济之间存在着比较强的协同和互动作用。产业集群因为地理上的接近性,能够发挥由于企业集聚所产生的专业分工优势和产业化规模效应。集群区域内也比区域外有更强的技术扩散和创新的能力,同时产生吸聚效应,能够吸引区域外的优势资源流入集群内。正是因为产业对一个地区的经济发展可以起到带头作用,因此,许多国家和地区都把大力发展产业集群,作为促进地区经济发展战略的一个重要手段。通过对我国一些省市的产业集群发展状况进行研究,可以发现产业集群因为有着集聚所产生的独特竞争优势,能够降低集群内企业的创办成本,从而能够吸引大量的劳动力和资本的进入,可以促进集群所在区域的经济快速增长。区域经济的常规发展中,发展新的产业集群或促进旧的产业集群扩张,可以促进区域内相关企业和机构之间的关联效应,使得产业链在上下游不断延伸至更多的相关产业中,一系列的关联反应能够促进地区的经济总量产生快速的发展。

目前,产业集群已经成为我国区域经济发展的重要组成部分。我国的产业集群在地域分布上也与经济发展相关,主要集中在东部沿海一带经济比较发达的地区,比如,最有代表性的就是在长三角和珠三角地区。从产业集群所处的行业分析,集群已经基本覆盖到大部分的传统和高科技产业,开始涉及文化创意等一部分新兴产业。在东部沿海地区的产业集群中,如服装纺织、家电家具、电子信息、制鞋、玩具等产业集群已经成为世界最具规模的产出基地。而在北京、上海、深圳和杭州等地,则相继产生了基于第三产业的新兴文化创意产业集群。

二、产业集群与创业人才集聚

产业集群的产生和发展过程中伴随着大量的优秀人才资源集聚,产生人才集聚效应。迈克尔·波特曾形象地描述:"对于产业而言,地理集中性就好像一个磁场,会把高级人才和其他关键要素吸引进来。"北京中关村是全国科技人员和智力资源最密集的地区,拥有数以万计的科技人员。中关村利用靠近市场和技术人才的优势,20世纪90年代就成为国内重要高科技企业的集聚地。浙江、广东等地产业集群的发展同样离不开人才的支撑。例如,浙江永康五金产业集群的形成有其深厚的五金工业传统,该地素以人多艺精而闻名。在珠江三角洲地区,有不少高学历的人才,有一批优秀的企业家和管理人才队伍,支撑该地区产业集群的形成和发展。从现象看,产业集群对各种人才具有巨大的吸引力,导致人才聚集,对于支撑产业集群产生和发展的创业人才更是如此,产业集群产生的集聚效应就是吸引和集聚创业人才的动力源。创业人才在创业机会集中、创业资源丰富以及创业氛围浓厚的地方往往更容易获得自身素质的提高,从而促使其创业成功。

在产业集群中,创业活动的集聚度和成功率远远高于非产业集群区域。由于集聚效应,产业集群内企业在熟练劳动力供给、原材料供给、运输成本、产品定价、利润空间、基础设施等方面,较集群外企业存在明显的竞争优势。集群内优越的生产环境、风险投资、社会资本和企业家精神等因素,也降低了创业人才创业的难度。高素质的创业人才往往依附于产业集群,产业集群良好的成长性,也有利于吸引创业人才的集聚。同时,高素质的创业人才又成为产业集群发展的原动力,两者形成良性互动。在产业的集聚过程中,创业活动相互影响,并形成良性的互动。创业的集中降低了创立新企业和进入新领域的风险,增加了成功的可能性,有助于新机会的出现。

三、产业集群与创业孵化器

创业初期,资源匮乏成为企业和创业企业成长的瓶颈。根据孵化器理论,孵化器为孵化对象提供企业发展的关键资源,是初创企业能够顺利成长的重要因素。对于创业企业来说,获得和占有关键资源是实现企业成长的必要条件。企业家作为企业与社会环境的关键"接点",必须有能力为企业获取所需资源。产业集群内部丰富的创业资源也为创业人才的创业过程和个人成长提供了良好的外部环境,产业集群形成了一个天然的创业孵化器。嵌入在集群内的企业,可以更加低成本、高效率地获取集群外部企业难以获取的资源,如集群内部的隐性知识、有利于创业的政策环境、先进的生产技术等资源。因此,在没有一个实体孵化器机构存在的情况下,借助于"市场之手"的无形调控,产业集群区内部自发地提供了孵化器所需的各种资源配置。这些资源包括:

(一) 物质实体资源

产业集群创业孵化器根植于当地的社会发展环境,集群内各类的交通、通信、网络、产业基础、教育等基础设施,对创业人才的孵化起着重要的支撑作用。物质实体资源指的是集群内丰富的资源禀赋、便捷的交通网络、完备的基础设施、物理空间、公共技术平台、信息技术及集群内提供的信息等,还包括集群中的企业从上下游配套厂商那里获取的机器、零部件和其他原材料。

(二) 人才智力资源

产业集群的发展,总会带来优秀人才的集聚。首先,集群内的高校、培训机构和相关企业,能够输出大量素质合格的普通员工。由于大量企业集聚,集群内具有大量的职业经理人和技术人员,在市场上也可以便利地招募到高级科技人才、高级管理人员和高水平专家顾问。同时,由于集群内创业活动活跃,创业文化氛围浓厚,集群内还拥有大批吃苦耐劳、勇于创新的创业人才队伍,这些都为创业人才和初创企业的成长创造了有利条件。

（三）金融资本资源

与集群外部相比,集群内的创业人才能够拥有较丰富的融资渠道,能够方便获取创业企业发展所需的资金。政府部门和相关机构建立创业资金,风险投资机构、银行以及证券公司等金融机构提供创业人才创业发展所需的金融资本,有的集群通过银行或以设置基金会的方式向集群内企业提供低息贷款,这些使集群内企业具有快速融资的能力。集群内的金融机构一般对初创的中小企业具有较大力度的金融支持,解决中小企业融资困难的难题,帮助初创企业度过困难期,使其走上快速发展的轨道。

（四）技术、知识资源

技术资源包括各种知识产权、专利以及与之相关的技术知识、技术诀窍、技术秘密、工艺流程等。知识资源指的是集群内的大学和研究机构,根据集群的发展和创业的需要而提供的相关知识,以及集群内具备一定自主研发能力的大企业提供的生产与管理相关知识。知识资源可以划分为显性知识和隐性知识,集群内弥漫着非集群企业无从获取的有关研发、生产、经营等方面的隐含经验类知识或默会知识。同时,集群内覆盖面广、互动频繁的关系网络,以及成员之间的高度信任,为隐性知识的传播提供了有利条件,隐性知识通常通过非正式的交往活动传播。

（五）政策、服务资源

政策资源指的是政府部门提供给集群内创业人才和孵化企业的各种政策优惠,主要包括两个方面:一是直接的技术政策,如技术开发和技术推广,可以细分为技术供给和技术需求。技术供给方,提供相应的财政与技术支持,包括科技基础设施的建设;技术需求方,应用市场对于技术的客观需求,尤其是在有关创新产品、工艺和服务等方面的需求。二是为了改善集群内部环境条件而制定的优惠政策,主要是税收、专利政策和各种法律法规,如针对集群的基础设施建设直接投资,为集群内新技术研究和新产品开发提供奖励和补助,房地产租赁优惠,税收优惠等。服务资源指的是集群内正式和非正式组织提供的各类社会化服务,包括各网络节点之间资源和信息的中介服务、法律顾问与咨询、财务评估与会计服务、合同管理与协助、教育培训与经营培训、市场调查与信息供给、融资贷款与补助资金渠道以及其他咨询服务等。

思考题

1.什么是孵化器? 孵化器的主要作用是什么?

2.什么是社会网络理论? 为什么创业的成功需要社会网络的帮助?

3.什么是产业集聚? 为什么说产业集聚区是一个天然的孵化器?

材料分析

赔钱的孵化器

"毗邻地铁,交通方便,独立窗户,办公配套齐全,拎包即可入驻,月租800元起,签约一年免租三个月。"一则在社交媒体上发布的广告,吸引了很多人的注意,而发布这则广告的就是深圳的一家创业孵化器。2017年孵化器不好做,为了缓解运营压力,这家孵化器不得不将办公室"半租半送"来吸引创业者。

就在前两年,大量财政补贴与资本热钱的流入,使得孵化器项目似乎在一夜之间,成了许多机构争相竞逐的香饽饽。无论是地产商、物管机构、运营机构,还是传统企业,都想在风口之上抢一票红利,做一个能够赚钱的孵化器。低廉的租金和良好的氛围,让很多人看起来奇奇怪怪的创业项目多了几分成功的可能。创业红利期,许多孵化器都是在投资未来,看似公益性的资源补贴,使更多的年轻人有了创业的欲望。多数孵化器经营者认为只有创业的门槛降低了,才会有更多新想法新创意诞生,社会才能够在创新的推动下进步。

愿望是美好的,现实却很骨感。虽然大部分孵化器都有自持项目,但多数种子连"发芽"都很吃力,更别说"成长"了。这家孵化器三年来投资了近30个种子项目,对外推荐了近百个项目,但至今都没有任何一个项目能够看到未来。

从2017年初开始,原本供不应求的孵化器空间就变得冷冷清清,即便投入了大量的推广费用也少有人问津,所以不少孵化器已经放开了入驻企业的门槛限制。传统行业、打印服务、服装批发、培训机构等几乎很多以前被拒之门外的项目,现在只要能够交得起租金,就能够在孵化器里租到一间独立的办公室。

在深圳这个有着1 100万人口的创业前沿城市,曾经有近450家创业孵化器,并曾创下过8 500多个创业团队入驻的辉煌纪录。然而,"虚火"也把大量孵化器"烧"了个遍体鳞伤,大量泡沫的破灭也让行业遭受阵痛。

你认为孵化器成功最重要的因素是什么,结合上述案例谈谈你的看法。

资料来源:根据相关新闻整理。

第七章 市场结构与创业

案例导入

"屠夫"与"汽车狂人"的不同思维

  2017年8月5日,一家"网红"猪肉店在扬州五个农贸市场同时开张,尽管价格比市场同类产品贵了近一倍,但丝毫没有降低扬州市民的购买热情。"只要味道好,贵点没关系,期待小时候的猪肉味。"一位购买猪肉的女士说道。这家猪肉店正是由两位北大毕业的高才生创办的"壹号土猪",与这家猪肉店相关的故事可以追溯到2003年南方都市报报道的《北大才子街头卖肉》,报道中的北大才子便是后来成为"壹号土猪"天猫店长的陆步轩,他于2009年加盟师兄陈生在2006年创建的"壹号土猪",创办"屠夫学校",培养"通晓整个产业流程的高素质屠夫"。据报道,截至2017年4月,陈生与陆步轩共同经营的"壹号土猪"品牌在全国24个城市开设超过1 400家直营店,年销售额超过12亿元,真正将猪肉卖出了"北大水准",他们的猪肉产品也以其出色的品质占领了高档猪肉市场。事实上,在涉足"屠夫"生涯之初,这两位北大才子均受到了来自社会的广泛质疑,人才的浪费、高等教育的失败等声音此起彼伏。陈生的母亲就曾向自己的儿子发问:"我养了一辈子猪都没挣到钱,你又凭什么挣钱?"但是两位北大才子用自己的坚持向世人证明卖猪肉同样可以做成有技术含量的事业。

  在创业之路上体现着同样坚持的是吉利汽车的创办者、被称为"汽车狂人"的李书福。李书福的汽车梦始于摩托车制造,1994年,摩托车生意红火的李书福有了一个惊人的决定——"造汽车"。刚开始,尽管得不到主管部门的许可,李书福还是在临海市征地57.3公顷,打着造摩托车的幌子,筹建了吉利"豪情汽车工业园区";1997年,四川一家生产小客车的企业濒临倒闭,精明的李书福看到了机会,最终吉利投资1 400万元,成立了四川吉利波音汽车制造公司,并拿到了小客车、面包车的生产权;1998年8月8日,没有"准生证"的第一辆两厢"吉利豪情"车下线。2001年12月,国家经贸委发布了第七批车辆生产企业及产品公告,吉利终于获得了轿车生产资格。到 2001 年,吉利拥有了临海(豪情)、宁波(美日)和上海浦东(华普)3 个汽车生产基地,完成了吉利进入汽车工业的基本战略架构。当然,后续的故事大家都比较熟悉了,先是 2010 年全资收购瑞典汽车贵族"沃尔沃"品牌,又在 2018 年年初大举购入戴姆勒近 10％的股份。李书福用自己和整个吉利的坚持,一步步实现了自己的汽车梦。

　　以上两个故事的主人公有着相似的偏执性格,都是在外界的普遍质疑下,凭着自己的坚持,一步步实现自身的创业梦,表面看起来北大"屠夫"与"汽车狂人"的故事,只是选择了不同的创业产品。但实际上,利用本章将要介绍的创业经济理论分析,这两个故事的主人公所面对的市场环境因为产品的不同,至少在这几个方面有着极大的差别:首先,壹号土猪是不能影响猪肉市场的整体价格的,而吉利汽车则可以。这就使得壹号土猪和吉利汽车进入市场时的定价方式截然不同,壹号土猪以远高于市场价格的定价进入全国市场仍得以大卖,吉利汽车则在很长一段时间以低价获取消费者的青睐。其次,猪肉和汽车市场的产品差异化程度截然不同。猪肉与猪肉的差异性极小,而汽车则很容易形成差别化形象。为了营造壹号土猪与市场现有猪肉产品的差异化形象,壹号土猪从养殖、屠宰到产品推广,乃至猪肉店的装修和职员的穿着均进行了较大的变革,利用十年时间壹号土猪的品牌才得以建立。而吉利汽车只需对外观进行适当改变就可以让消费者清晰辨认其产品与其他产品的差别,其旗下的吉利熊猫产品就是以活泼可爱的外形广受消费者喜爱。最后,两个市场的进入壁垒有着天壤之别。猪肉市场是极易进入的,两位北大才子初次进入这个市场都是以一间猪肉店便开始了创业梦,而李书福进入汽车市场则需要突破包括技术壁垒、资本壁垒、行政壁垒在内的强大障碍,甚至还要面对其他已有汽车企业的竞争。

　　不同市场在现有企业对市场价格的影响程度、市场上现有企业的数量、产品的差异程度以及进入该市场的难易程度四个维度上的不同,会对创业企业产生截然不同的影响,也需要创业企业采取不同的创业策略予以应对。如果市场上某个企业具有了影响市场价格的能力,我们便认为该企业具有了市场势力。本章将按照现有企业市场势力的不同,介绍四种代表性市场结构:完全竞争市场、垄断竞争市场、寡头市场和垄断市场。通过对不同市场结构基本特征的分析,阐释不同市场结构对创业的影响机制。

第一节　完全竞争市场下的创业

　　市场结构是指企业市场关系(交易关系、竞争关系、合作关系)的特征和形式。作为市场构成主体的买卖双方相互间发生市场关系的情形包括 4 种:卖方(企业)之间的关系;买方(企业或消费者)之间的关系;买卖双方相互间的关系;市场内已有的买方和卖方与正在进入或可能进入市场的买方和卖方之间的关系。从创业企业的角度,更值得关心的是市场内已有企业与正在进入或可能进入该市场的企业间的关系。根据市场现有企业数目、产品差别程度、进入该市场障碍的大小三方面因素的不同特点,可将市场划分为完全竞争市场、垄断竞争市场、寡头垄断市场和完全垄断市场四种市场结构类型,其特征如表 7-1 所示。

表 7-1　不同市场类型的特征

市场类型	厂商数目	产品差别程度	对价格控制的程度	进出一个行业的难易程度	接近的商品市场
完全竞争	很多	完全无差别	没有	很容易	一些农产品
垄断竞争	较多	有差别	有一些	比较容易	轻工产品、零售业
寡头垄断	几个	有差别或无差别	相当程度	比较困难	钢铁、通信石油
完全垄断	唯一	唯一的产品,且无相似的替代品	很大程度,但经常受到管制	很困难,几乎不可能	公用事业,如水、电

一、完全竞争市场及其特征

(一)完全竞争市场的定义

完全竞争市场又称纯粹竞争市场或自由竞争市场,是指一个行业中有非常多的生产或销售企业,它们都以同样的方式向市场提供同类的、标准化的产品,如粮食、棉花等农产品,卖者和买者对于商品或劳务的价格均不能控制。

在这种竞争环境中,由于买卖双方对价格都无影响力,只能是价格的接受者,企业的任何提价或降价行为都会招致对本企业产品需求的骤减或利润的不必要流失。因此,产品价格只能随市场的供求关系而定。

(二)完全竞争市场的特征

完全竞争市场具备以下四个特征:

(1)市场上有大量的买者和卖者。市场上有为数众多的商品需求者和供给者。他们中的每一个人的购买份额或销售份额,相对于整个市场的总购买量或总销售量来说是微不足道的,好比是一桶水中的一滴水。他们中的任何一个人买与不买,或卖与不卖,都不会对整个商品市场的价格水平产生任何影响。因此,在这种情况下,每一个消费者或每一个厂商都是市场价格的被动接受者,对市场价格没有任何控制力量。

(2)市场上每一个厂商提供的商品都是完全同质的。这里的完全无差别的商品,不仅指商品之间的质量完全一样,还包括在销售条件、商标、包装等方面是完全相同的。因此,对消费者来说,购买哪一家厂商的商品都是一样的。如果某个厂商提价,他的商品就会完全卖不出去。当然,单个厂商也没有必要降价。因为在一般情况下,单个厂商总是可以按照既定的市场价格实现属于自己的那一份相对来说是很小的销售份额。

（3）市场上的资源具有完全的流动性。即厂商进出一个行业不存在任何障碍，所有的资源都可以在各行业之间自由流动。这样，各行业的厂商规模和厂商数量在长期内是可以任意变动的。但是在短期内，厂商规模和厂商数量仍然是不可变的。

（4）信息是完全的。这样，市场上的每一个消费者或生产者都可以根据自己所掌握的完全的信息，确定自己的最优购买量或最优生产量，从而获得最大的经济利益。而且，这样也排除了由于市场信息不畅通而可能产生的一个市场同时存在几种价格的情况。

显然，理论分析上所假设的完全竞争市场的条件是很严格的。西方学者承认，在现实的经济生活中，完全竞争的市场是不存在的，通常只是将某些农产品市场看成是比较接近的市场结构。我们之所以要对这一理论上抽象的市场进行分析，是为了保持理论体系的完整和加深对非完全竞争市场的理解。同样，通过分析完全竞争市场结构中的企业行为，并研究完全竞争市场对创业的影响机制，可以对我们更好地理解非完全竞争市场的创业行为提供有益的启示。

二、完全竞争市场的企业行为

（一）完全竞争市场的企业定价

市场上对某一个厂商的产品的需求状况，可以用该厂商所面临的需求曲线来表示，该曲线也被简称为厂商的需求曲线。完全竞争市场与完全竞争厂商的需求曲线如图 7-1 所示。在完全竞争市场条件下，由于厂商是既定市场价格的接受者，所以，完全竞争厂商的需求曲线是一条由既定市场价格水平出发的水平线，如图 7-1 所示。在图 7-1(a)中，市场的需求曲线 D 和供给曲线 S 相交的均衡点 E 所决定的市场的均衡价格为 P_e，相应地，在图 7-1(b)中，由给定的价格水平 P_e 出发的水平线 d 就是厂商的需求曲线。水平的需求曲线意味着：厂商只能被动地接受给定的市场价格，且厂商既不会也没有必要去改变这一价格水平。

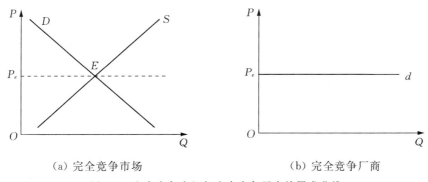

（a）完全竞争市场　　　　　　　　　（b）完全竞争厂商

图 7-1　完全竞争市场与完全竞争厂商的需求曲线

需要注意的是，在完全竞争市场中，单个消费者和单个厂商无力影响市场价格，他们中的每一个人都是被动地接受既定的市场价格，但这些并不意味着完全竞争市场的价格是固定不变的。在其他一些因素的影响下，如经济中消费者收入水平的普遍提高，经济中先进技术的推广，或者政府有关政策的作用，等等，使得众多消费者的需求量和众多生产者的供给量发生变化时，供求曲线的位置就有可能发生移动，从而形成市场的新的均衡价格。在这种情况下，我们就会得到由新的均衡价格水平出发的一条水平线，如图 7-2 所示。在图中，开始时的需求曲线为 D_1，供给曲线为 S_1，市场的均衡价格为 P_1，相应的厂商的需求曲线是价格水平 P_1 出发的一条水平线 d_1。以后，当需求曲线的位置由 D_1 移至 D_2，同时供给曲线的位置由 S_1 移至 S_2 时，市场均衡价格上升为 P_2，于是相应的厂商的需求曲线是由新的价格水平 P_2 出发的另一条水平线 d_2。不难看出，厂商的需求曲线可以出自各个不同的给定的市场均衡价格水平，但它们总是呈水平线的形状。

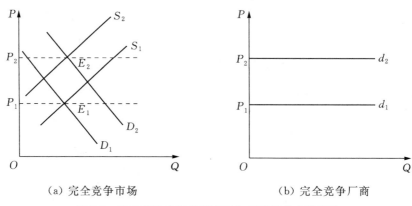

（a）完全竞争市场　　　　　　　　　（b）完全竞争厂商

图 7-2　完全竞争市场价格变动和厂商需求曲线移动

由以上分析可以发现，完全竞争市场的价格由市场供给曲线和市场需求曲线的交点决定，完全竞争厂商只是市场价格的接受者，对市场价格没有影响力，而完全竞争厂商的需求曲线是一条纵坐标等于市场价格的水平线。

（二）完全竞争厂商的生产行为

1. 完全竞争厂商的收益曲线

厂商的收益就是厂商的销售收入。厂商的收益可以分为总收益、平均收益和边际收益，它们的英文简写分别为 TR、AR 和 MR[①]。总收益指厂商按一定价格出售一定量产品时所获得的全部收入。以 P 表示既定的市场价格，以 Q 表示销售总量，总收益的定义公式为：$\mathrm{TR}(Q) = P \times Q$。平均收益指厂商在平均每一单位产品销售上所获得的收入，平均收益的定义公式为：$\mathrm{AR}(Q) = \dfrac{\mathrm{TR}(Q)}{Q}$。边际收益指厂商增加一单位产品销售所获得的总收入的增量，边际收益的定义公式为：$\mathrm{MR}(Q) = \dfrac{d\,\mathrm{TR}(Q)}{dQ}$。可见，每一销售水平上的边际收益值就是相应的总收益曲线的斜率。

厂商的收益取决于市场对其产品的需求状况，或者说，厂商的收益取决于厂商的

---

① 另外，下文中还会涉及平均成本（AC），边际成本（MC），平均可变成本（AVC），S 代表短期，L 代表长期。

需求曲线的特征。在不同的市场类型中,厂商的需求曲线具有不同的特征。在以后的分析中,我们均假定厂商的销售量等于厂商所面临的需求量。这样,完全竞争厂商的需求曲线又可以表示:在每一个销售量上,厂商的销售价格是固定不变的,于是,我们必然会得到厂商的平均收益等于边际收益,且等于既定市场价格的结论,即必有 $AR = MR = P$。 这一点可以利用表 7-2 予以具体说明。完全竞争厂商的收益如表 7-2 所示。由表可见,在所有的销售量水平,产品的市场价格是固定的,均为 $P = 1$,因为单个完全竞争厂商的销售量的变化不可能对产品的市场价格产生影响。这样一来,厂商每销售一单位产品的平均收益是不变的,它等于价格 $P = 1$,而且,每增加一单位产品销售所增加的收益即边际收益也是不变的,也等于价格 $P = 1$。 也就是说,有 $AR = MR = P = 1$。此外,在表中,随着销售量的增加,由于产品价格保持不变,总收益是以不变的速率上升的。

表 7-2　某完全竞争厂商的收益

销售量 Q	价格 P	总收益 $TR(Q) = P \times Q$	平均收益 $AR(Q) = \dfrac{TR(Q)}{Q}$	边际收益 $MR(Q) = \dfrac{dTR(Q)}{dQ}$
100	1	100	1	1
200	1	200	1	1
300	1	300	1	1
400	1	400	1	1
500	1	500	1	1

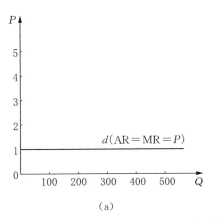

(a)

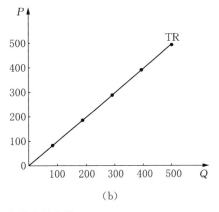

(b)

图 7-3　某完全竞争厂商的收益曲线

根据表 7-2 绘制的某完全竞争厂商的收益曲线如图 7-3 所示,该图体现了完全竞争厂商的收益曲线的特征。由图可见,完全竞争厂商的平均收益 AR 曲线、边际收益 MR 曲线和需求曲线 d 三条线重叠,它们都用同一条由既定价格水平出发的水平线来表示。其理由是显然的:在厂商的每一个销售量水平都有 $AR = MR = P$,且厂商的需求曲线本身就是一条由既定价格水平出发的水平线。此外,完全竞争厂商的总收益 TR 曲线是一条由原点出发的斜率不变的上升的直线。其理由在于,在每一个销售量水平,MR 值是 TR 曲线的斜率,且 MR 值等于固定不变的价格水平。关于

这一点,也可以用公式说明如下:

$$MR(Q) = \frac{dTR(Q)}{dQ} = \frac{d(PQ)}{dQ} = P \qquad (7-1)$$

2. 完全竞争厂商的利润最大化

厂商进行生产的目的是为了追求最大化的利润,那么,厂商实现利润最大化的原则是什么呢? 或者说,什么是厂商实现利润最大化的均衡条件呢? 这是本节要说明的中心。我们在本节将以完全竞争厂商的短期生产为例推导利润最大化的均衡条件。

先利用厂商的产量-价格曲线来寻找厂商实现短期最大利润的生产均衡点,如图 7-4 所示。图中,有某完全竞争厂商的一条短期生产的边际成本 SMC 曲线和一条由既定价格水平 P_e 出发的水平的需求曲线 d,这两条线相交于 E 点。我们说,E 点就是厂商实现最大利润的生产均衡点,相应的产量 Q^* 就是厂商实现最大利润时的均衡产量。这是因为,具体地看,当产量小于均衡产量 Q^*,如为 Q_1 时,厂商的边际收益大于边际成本,即有 MR>SMC。这表明厂商增加一单位产量所带来总收益的增加量大于所付出的总成本的增加量,也就是说,厂商增加产量是有利的,可以使利润得到增加。如图中指向右方的箭头所示,只要 MR>SMC,厂商就会增加产量。同时,随着产量的增加,厂商的边际收益 MR 保持不变而厂商的边际成本 SMC 逐步增加。最后,MR>SMC 的状况会逐步变化成 MR=SMC 的状况。在这一过程中,厂商得到了扩大产量所带来的全部好处,获得了他所能得到的最大利润。相反,当产量大于均衡产量 Q^*,如为 Q_2 时,厂商的边际收益小于边际成本,即有 MR<SMC。这表明厂商增加一单位产量所带来的总收益的增加量小于所付出的总成本的增加量,也就是说,厂商增加产量是不利的,会使利润减少。所以,如图中指向左方的箭头所示,只要 MR<SMC,厂商就会减少产量。同时,随着产量的减少,厂商的边际收益仍保持不变,而厂商的边际成本 SMC 是逐步下降的,最后 MR<SMC 的状况会逐步变成为 MR=SMC 的状况。在这一过程中,厂商所获得的利润逐步达到最高的水平。

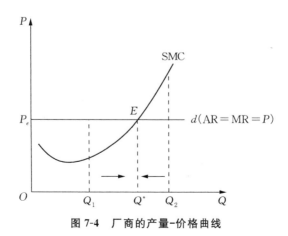

图 7-4　厂商的产量-价格曲线

由此可见,不管是增加产量,还是减少产量,厂商都是在寻找能够带来最大利润的均衡产量,而这个均衡产量就是使得 MR＝SMC 的产量。所以,我们说,边际收益 MR 等于边际成本 SMC 是厂商实现利润最大化的均衡条件。

3. 完全竞争厂商的短期均衡

在完全竞争厂商的短期生产中,市场的价格是给定的,而且,生产中的不变要素的投入量是无法变动的,即生产规模也是给定的。因此,在短期,厂商是在给定的生产规模下,通过对产量的调整来实现 MR＝SMC 的利润最大化的均衡条件。

我们知道,当厂商实现 MR＝SMC 时,有可能获得利润,也可能亏损,把各种可能的情况都考虑在内,完全竞争厂商的短期均衡可以具体表现为如图 7-5 所示的五种情况。

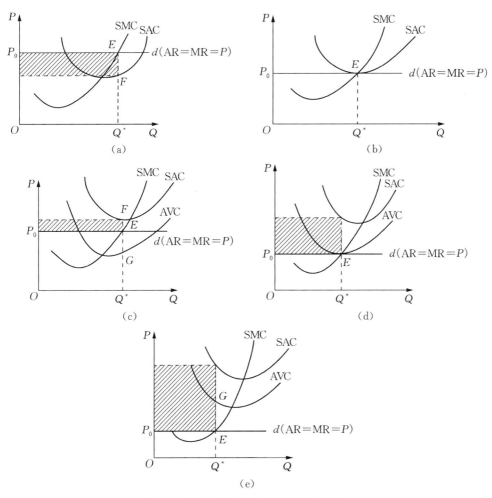

图 7-5 完全竞争厂商短期均衡的五种情况

在图 7-5(a)中,根据 MR＝SMC 的利润最大化的均衡条件,厂商利润最大化的均衡点为 MR 曲线和 SMC 曲线的交点 E,相应的均衡产量为 Q^*。在 Q^* 的产量上,平均收益为 EQ^*,平均成本为 FQ^*。由于平均收益大于平均成本,厂商获得利润。在图中,厂商的单位产品的利润为 EF,产量为 OQ^*,两者的乘积 $EF×OQ^*$ 等于总利润量,它相当于图中的阴影部分的面积。

在图7-5(b)中,厂商的需求曲线 d 相切于 SAC 曲线的最低点,这一点是 SAC 曲线和 SMC 曲线的交点。这一点恰好也是 MR=SMC 的利润最大化的均衡点 E。在均衡产量 Q^* 上,平均收益等于平均成本,都为 EQ^*,厂商的利润为零,但厂商的正常利润实现了。由于在这一均衡点上,厂商既无利润,也无亏损,所以,该均衡点也被称为厂商的收支相抵点。

在图7-5(c)中,由均衡点 E 和均衡产量 Q^* 可知,厂商的平均收益小于平均成本,厂商是亏损的,其亏损量相当于图中的阴影部分的面积。但由于在 Q^* 的产量上,厂商的平均收益 AR 大于平均固定成本 AFC,所以,厂商虽然亏损,但仍继续生产。这是因为,只有这样,厂商才能在用全部收益弥补全部可变成本以后还有剩余,以弥补在短期内总是存在的不变成本的一部分。所以,在这种亏损情况下,生产要比不生产强。

在图7-5(d)中,厂商的需求曲线 d 相切于 AVC 曲线的最低点,这一点是 AVC 曲线和 SMC 曲线的交点。这一点恰好也是 MR=SMC 的利润最大化的均衡点。在均衡产量 Q^* 上,厂商是亏损的,其亏损相当于图中的阴影部分的面积。此时,厂商的平均收益 AR 等于平均可变成本 AVC,厂商可以继续生产,也可以不生产,也就是说,厂商生产或不生产的结果都是一样的。这是因为,如果厂商生产的话,则全部收益只能弥补全部的可变成本,不变成本得不到任何弥补。如果厂商不生产的话,厂商虽然不必支付可变成本,但是全部不变成本仍然存在。由于在这一均衡点上,厂商处于关闭企业的临界点,所以,该均衡点也被称作停止营业点或关闭点。

在图7-5(e)中,在均衡产量 Q^* 上,厂商的亏损量相当于阴影部分的面积。此时,厂商的平均收益 AR 小于平均可变成本 AVC,厂商将停止生产。因为,在这种亏损情况下,如果厂商还继续生产,则全部收益连可变成本都无法全部弥补,就更谈不上对不变成本的弥补了。而事实上只要厂商停止生产,可变成本就可以降为零。显然,此时不生产要比生产强。

综上所述,完全竞争厂商短期均衡的条件是:

$$MR = SMC \tag{7-2}$$

其中,MR=AR=P。在短期均衡时,厂商的利润可以大于零,也可以等于零,或者小于零。

(三)完全竞争厂商的市场进入与退出

在完全竞争厂商的长期生产中,所有的生产要素都是可变的,厂商是通过对全部生产要素的调整,来实现 MR=LMC 的利润最大化的均衡原则。在完全竞争市场价格给定的条件下,厂商在长期生产中对全部生产要素的调整可以表现为两个方面:一方面表现为对最优的生产规模的选择,另一方面表现为进入或退出一个行业的决策。

1. 厂商对最优生产规模的选择

我们分析厂商在长期生产中对最优生产规模的选择,如图7-6所示。

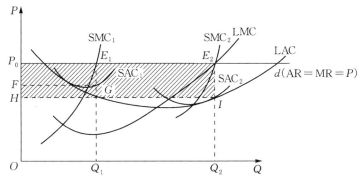

图 7-6 厂商在长期生产中对最优生产规模的选择

如图 7-6 所示,假定完全竞争市场的价格为 P_0。在 P_0 的价格水平,厂商应该选择哪一个生产规模,才能获得最大的利润呢?在短期内,假定厂商已拥有的生产规模以 SAC_1 曲线和 SAC_2 曲线表示。在短期内生产规模是给定的,所以,厂商只能在既定的生产规模下进行生产。根据 $MR=SMC$ 短期利润最大化的均衡条件,厂商选择的最优产量为 Q_1,所获得的利润为图中较小的那一块阴影部分的面积 FP_0E_1G。而在长期内,情况就不相同了。在长期内,根据 $MR=LMC$ 长期利润最大化的均衡条件,厂商会达到长期均衡点 E_2,并且选择 SAC_2 曲线和 SMC_2 曲线所代表的最优生产规模进行生产,相应的最优产量 Q_2,所获得的利润为图中较大的那一块阴影部分的面积 HP_0E_2I。很清楚,在长期,厂商通过对最优生产规模的选择,使自己的状况得到改善,从而获得了比在短期内所能获得的更大的利润。

2. 厂商进出一个行业

分析厂商在长期生产中进入或退出行业对单个厂商利润的影响,如图 7-7 所示。

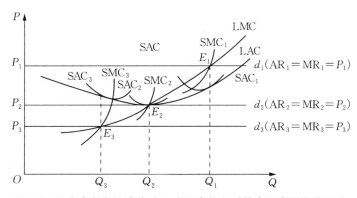

图 7-7 厂商在长期生产中进入或退出行业对单个厂商利润的影响

厂商在长期生产中进入或退出一个行业,实际上是生产要素在各个行业之间的调整,生产要素总是会流向能获得更大利润的行业,也总是会从亏损的行业退出。正是行业之间生产要素的这种调整,使得完全竞争厂商长期均衡时的利润为零。具体地说,以图 7-7 为例,如果开始时的市场价格较高为 P_1,根据 $MR=LMC$ 的利润最大化的原则,厂商选择的产量为 Q_1,相应的最优生产规模由 SAC$_1$ 曲线和 SMC$_1$ 曲线所代表。此时,厂商获得利润,这便会吸引一部分厂商进入到该行业生产中来。随着行业内厂商数量的逐步增加,市场上的产品供给就会增加,市场价格就会逐步下降,相应地,单个厂商的利润就会逐步减少。只有当市场价格水平下降到使单个厂商的利润减少为零时,新厂商的进入才会停止。相反,如果市场价格较低,为 P_3 时,则厂商根据 MR=LMC 的利润最大化原则选择的产量为 Q_3,相应的最优生产规模由 SAC$_3$ 曲线和 SMC$_3$ 曲线所代表。此时,厂商是亏损的,这使得行业内原有厂商中的一部分退出该行业的生产。随着行业内厂商数量的逐步减少,市场的产品供给就会减少,市场价格就会逐步上升,相应地,单个厂商的亏损就会减少。只有当市场价格水平上升到使单个厂商的亏损消失即利润为零时,原有厂商的退出才会停止。总之,不管是新厂商的进入,还是原有厂商的退出,最后,这种调整一定会使市场价格达到等于长期平均成本的最低点的水平,即图中的价格水平 P_2。在这一价格水平,行业内的每个厂商既无利润,也不亏损,但都实现了正常利润。于是,厂商失去了进入或退出该行业的动力,行业内的每个厂商都实现了长期均衡。

图中的 E_2 点是完全竞争厂商的长期均衡点。在厂商的长期均衡点 E_2,LAC 曲线达最低点,相应的 LMC 曲线经过该点;厂商的需求曲线 d_2 与 LAC 曲线相切于该点;代表最优生产规模的 SAC$_2$ 曲线相切于该点,相应的 SMC$_2$ 曲线经过该点。总之,完全竞争厂商的长期均衡出现在 LAC 曲线的最低点。这时,生产的平均成本降到长期平均成本的最低点,商品的价格也等于最低的长期平均成本。

最后,我们得到完全竞争厂商的长期均衡条件为:

$$MR = LMC = SMC = LAC = SAC \tag{7-3}$$

其中,$MR = AR = P$。此时,单个厂商的利润为零。

三、完全竞争市场对创业的影响机制

(一)完全竞争市场创业门槛低

完全竞争市场的进入壁垒极低,芝加哥大学经济学家施蒂格勒指出,进入壁垒可以理解为打算进入某一产业的企业而非已有企业所必须承担的一种额外的生产成本。进入壁垒的高低,既反映了市场内已有企业优势的大小,也反映了新进入企业所遇障碍的大小。可以说,进入壁垒是影响该行业市场垄断和竞争关系的一个重要因素,同时也是对市场结构的直接反映。进入壁垒是决定该市场创业企业初创行为的主要因素。形成壁垒的原因主要有规模经济、客户忠诚度、资本金投入、转换成本、必要资本量及埋没费用、产品差别、绝对费用、政策法律、既存企业的战略性阻止行为,等等。完全竞争市场较低的进入壁垒为新进入企业的创业行为提供了极大的便利,因此,该市场结构是"大众创业"的主要领域。

(二)完全竞争市场创业吸引力弱

决定一个市场是否具有创业吸引力的是该市场可获得的利润,根据本节的分析,完全竞争厂商短期可能获得利润,但长期利润必定为零[1],其市场回报必定等于要素回报。在这样的市场上,创业者的创业行为仅能够满足其自身以及共同创业参与者的生存需要,而难以满足更多元的创业动机,因此,该市场会抑制创业者的积极性,从而减少该市场的创业行为。

(三)完全竞争市场抑制复制型创业

完全竞争市场在实现长期均衡时,市场上会存在数量众多且提供相同产品的企业,每个企业均获得正常利润并持续经营。复制型创业企业的出现,将增加市场的产品供给,降低商品价格,这时必然会有部分企业因无法获取正常利润而退出。而实际上,创业企业自身在创业初期就会因为没有获取正常利润而主动退出市场。要在完全竞争市场取得创业的成功,必须在商业模式、产品、生产技术等方面有所创新,简单复制现有企业的模式和产品是不可能成功的。

(四)完全竞争市场鼓励效率型创业

根据已有分析,完全竞争厂商以被动接受的市场价格销售商品,会较长时间获取正常利润,无法获取超额利润,但所有企业均具有获取超额利润的动机,在市场价格无法改变的前提下,企业提高生产效率、降低生产成本便成为获取超额利润的合理途径。显然,在超额利润的激励下,在位企业会通过效率提升型再创业来降低生产成本,而初创企业也会以高于在位企业的生产效率进入完全竞争市场,并在该市场获得超额利润。如本章引导案例中的壹号土猪品牌创立者,便是以规模化但不刻意增加瘦肉率养殖的手段提高了土猪的品质和生产效率,进入了土猪市场,从而可以较长时间获得超额利润。

第二节　完全垄断市场下的创业

一、垄断市场及其特征

(一)垄断市场的定义

垄断一词出自希腊语,意思是"一个销售者",也就是指某一个人控制了一个产品的全部市场供给。因而,完全垄断市场,就是指只有一个供给者的市场类型。

垄断的来源包括:

(1)独家厂商控制了生产某种商品的全部资源或基本资源的供给。这种对生产资源的独占,排除了市场中的其他厂商生产同种产品的可能性。

(2)独家厂商拥有生产某种商品的专利权。这便使得独家厂商可以在一定的时期内垄断该产品的生产。

(3)政府的特许。政府往往在某些行业实施垄断的政策,如铁路运输部门、供电供水部门等,于是,独家企业就成了这些行业的垄断者。

---

[1]　此处的利润指经济利润,关于经济利润的定义参见经济学教材。

（4）自然垄断。有些行业的生产具有这样的特点：企业生产的规模经济需要在一个很大的产量范围和相应的巨大的资本设备的生产运行水平上才能得到充分的体现，以至于整个行业只有由一个企业来生产时才有可能达到这样的生产规模。而且，只要发挥这一企业在这一生产规模上的生产能力，就可以满足整个市场对该种产品的需求。在这类产品的生产中，行业内总会有某个厂商凭借雄厚的经济实力和其他优势，最先达到这一生产规模，从而垄断了整个行业的生产和销售。这就是自然垄断。

（二）垄断市场的特征

垄断市场的特征表现在以下三个方面：

（1）市场上只有一个或少数几个厂商生产和销售商品。

（2）该厂商生产和销售的商品没有任何相近的替代品。

（3）其他任何厂商进入该行业都极为困难或不可能。在这样的市场中，排除了任何的竞争因素，垄断厂商控制了整个行业的生产和市场销售。所以，垄断厂商可以控制和操纵市场价格。

二、垄断市场的企业行为

（一）垄断厂商的价格

由于垄断市场中只有一个厂商，所以，市场的需求曲线就是垄断厂商所面临的需求曲线，它是一条向右下方倾斜的曲线。仍假定厂商的销售量等于市场的需求量，于是，向右下方倾斜的垄断厂商的需求曲线表示：垄断厂商可以用减少销售量的办法来提高市场价格，也可以用增加销售量的办法来压低市场价格，即垄断厂商可以通过改变销售量来控制市场价格，而且，垄断厂商的销售量与市场价格呈反方向的变动。

厂商所面临的需求状况直接影响厂商的收益，这便意味着厂商的需求曲线的特征将决定厂商的收益曲线的特征。垄断厂商的需求曲线是向右下方倾斜的，其相应的平均收益 AR 曲线、边际收益 MR 曲线和总收益 TR 曲线的一般特征如图 7-8 所示：①厂商的平均收益 AR 总是等于商品的价格，所以，在图中，垄断厂商的 AR 曲线和需求曲线 d 重叠，都是同一条向右下方倾斜的曲线。②由于 AR 曲线是向右下方倾斜的，则根据平均量和边际量之间的相互关系可以推知，垄断厂商的边际收益 MR 总是小于平均收益 AR。因此，图中 MR 曲线位于 AR 曲线的左下方，且 MR 曲线也向右下方倾斜。③由于每一销售量对应的边际收益 MR 值就是相应的总收益 TR 曲线的斜率，所以在图中，当 MR＞0 时，TR 曲线的斜率为正；当 MR＜0 时，TR 曲线的斜率为负；当 MR＝0 时，TR 曲线达最大值点。

垄断厂商的需求曲线 d 可以是直线型的，也可以是曲线型的。图 7-8 中垄断厂商的需求曲线 d 是直线型的，该图体现了垄断厂商的 AR 曲线、MR 曲线和 TR 曲线之间的一般关系。在此，需要提出的是，当垄断厂商的需求曲线 d 为直线型时，相应的 MR 曲线还有其他一些重要的特征。

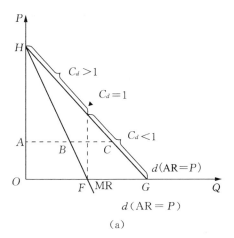

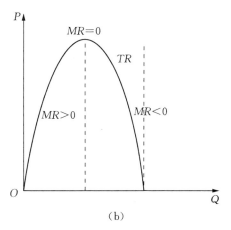

(a)　　　　　　　　　　　　　　(b)

图 7-8　垄断厂商的需求和收益曲线

关于这一点具体分析如下：

假定线性的反需求函数为

$$P = a - bQ \tag{7-4}$$

其中，a、b 为常数，且 a、$b > 0$。由上式可得总收益函数和边际收益函数分别为

$$\text{TR}(Q) = PQ = aQ - bQ^2 \tag{7-5}$$

$$\text{MR}(Q) = \frac{\text{dTR}(Q)}{\text{d}Q} = a - 2bQ \tag{7-6}$$

根据(7-4)式和(7-5)式可求得需求曲线和边际收益曲线的斜率分别为

$$\frac{\text{d}P}{\text{d}Q} = -b \tag{7-7}$$

$$\frac{\text{dMR}}{\text{d}Q} = -2b \tag{7-8}$$

由此可得以下结论：当垄断厂商的需求曲线 d 为直线型时，d 曲线和 MR 曲线的纵截距是相等的，且 MR 曲线的横截距是 d 曲线横截距的一半，即 MR 曲线平分由纵轴到需求曲线 d 的任何一条水平线[如在图 7-8(a)中有 $AB = BC$，$OF = FG$ 等]。

垄断厂商为了获得最大的利润，也必须遵循 MR＝MC 的原则。在短期内，垄断厂商无法改变固定要素投入量，垄断厂商是在既定的生产规模下通过对产量和价格的调整，来实现 MR＝SMC 的利润最大化的原则，如图 7-9 所示。

图中的 SMC 曲线和 SAC 曲线代表垄

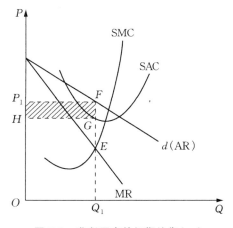

图 7-9　垄断厂商的短期均衡(一)

123

断厂商的既定的生产规模,d 曲线和 MR 曲线代表垄断厂商的需求和收益状况。垄断厂商根据 MR＝SMC 的利润最大化的均衡条件,将产量和价格分别调整到 Q_1 和 P_1 的水平。在短期均衡点 E 上,垄断厂商的平均收益为 FQ_1,平均成本为 GQ_1,平均收益大于平均成本,垄断厂商获得利润。单位产品的平均利润为 FG,总利润量相当于图中的阴影部分的矩形面积。

可见,垄断厂商的价格由垄断企业根据边际成本等于边际收益的原则确定。在这一价格水平下,垄断厂商可能获得超额利润。

为什么垄断厂商只有在 MR＝SMC 的均衡点上,才能获得最大的利润呢?

这是因为,只要 MR＞SMC,垄断厂商增加一单位产量所得到的收益增量就会大于所付出的成本增量。这时,厂商增加产量是有利的。随着产量的增加,如图 7-9 所示,MR 会下降,而 SMC 会上升,两者之间的差额会逐步缩小,最后达到 MR＝SMC 的均衡点,厂商也由此得到了增加产量的全部好处。而 MR＜SMC 时,情况正好与上面相反。所以,垄断厂商的利润在 MR＝SMC 处达最大值。

如果认为垄断厂商在短期内总能获得利润的话,这便错了。垄断厂商在 MR＝SMC 的短期均衡点上,可能获得最大的利润,也可能是亏损的(尽管亏损额是最小的)。造成垄断厂商短期亏损的原因,可能是既定的生产规模的成本过高(表现为相应的成本曲线的位置过高),也可能是垄断厂商所面临的市场需求过小(表现为相应的需求曲线的位置过低)。垄断厂商短期均衡时的亏损情况如图 7-10 所示。

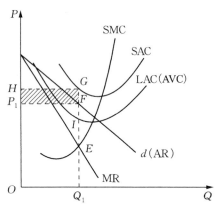

图 7-10　垄断厂商的短期均衡(二)

在图 7-10 中,垄断厂商遵循 MR＝SMC 的原则,将产量和价格分别调整到 Q_1 和 P_1 的水平。在短期均衡点 E,垄断厂商是亏损的,单位产品的平均亏损额为 GF,总亏损额等于图中矩形(阴影部分) HP_1FG 的面积。与完全竞争厂商相同,在亏损的情况下,若 AR＞AVC[①],垄断厂商就继续生产;若 AR＜AVC,垄断厂商就停止生产;若 AR＝AVC,垄断厂商则认为生产和不生产都一样。在图 7-10 中,平均收益 FQ_1 大于平均可变成本 IQ_1,所以,垄断厂商是继续生产的。

由此可以得到垄断厂商短期均衡条件为:

$$MR＝SMC \qquad\qquad (7\text{-}9)$$

垄断厂商在短期均衡点上可以获得最大利润,可以利润为零,也可以蒙受最小亏损。

----

① 在长期是没有固定成本和变动成分之分的。因此长期平均成本(LAC)实际上就是平均可变成本(AVC)。

（二）垄断厂商的产量

垄断厂商是通过同时调整产量和价格来实现 $MR = SMC$ 的原则的，而且，P 总是大于 MR。随着厂商所面临的向右下方倾斜的需求曲线的位置移动，厂商的价格和产量之间不再必然存在如同完全竞争条件下的那种一一对应的关系，而是有可能出现一个价格水平对应几个不同的产量水平，或一个产量水平对应几个不同的价格水平的情形。

垄断厂商的产量和价格曲线如图 7-11 所示。在图 7-11(a)中，MC 曲线是固定的。当垄断厂商的需求曲线为 d_1，边际收益曲线为 MR_1 时，由均衡点 E_1 所决定的产量为 Q_1，价格为 P_1。当需求曲线为 d_2，边际收益曲线移为 MR_2 时，由均衡点 E_2 所决定的产量为 Q_2，价格仍为 P_1。于是，同一个价格 P_1 对应两个不同的产量 Q_1 和 Q_2。在图 7-11(b)中，MC 曲线仍是固定的，d_1 曲线、MR_1 曲线和 d_2 曲线、MR_2 曲线分别为两组不同的需求曲线和边际收益曲线。比较 $MR_1 = SMC$ 和 $MR_2 = SMC$ 的两个均衡点 E_1 和 E_2（为同一均衡点），可以发现，同一个产量 Q，对应的却是两个不同的价格 P_1 和 P_2。因此，在垄断市场条件下无法得到如同完全竞争市场条件下的具有规律性的可以表示产量和价格之间一一对应关系的厂商和行业的短期供给曲线。

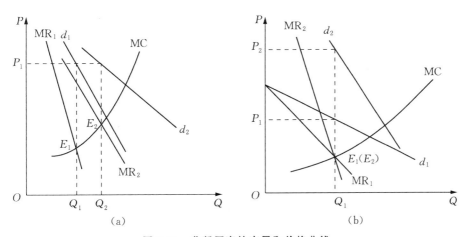

图 7-11 垄断厂商的产量和价格曲线

因此，垄断厂商的产量也是由企业根据边际收益等于边际成本的原则确定，在这一产量下，垄断厂商可能获得超额利润，也可能获得最小损失。由此可以得到更一般的结论：凡是在或多或少的程度上带有垄断因素的不完全竞争市场中，或者说，凡是在单个厂商对市场价格具有一定的控制力量，相应地，单个厂商的需求曲线向右下方倾斜的市场中，是不存在具有规律性的厂商和行业的短期和长期供给曲线的。其理由跟上面对垄断厂商不存在短期供给曲线的分析相同。这一结论适用于下面两节将要分析的垄断竞争市场和寡头市场。

（三）垄断厂商的市场进入与退出

垄断厂商在长期内可以调整全部生产要素的投入量即生产规模，从而实现最大的利润。垄断行业排除了其他厂商进入的可能性，因此，与完全竞争厂商不同，如果垄断厂商在短期内获得利润,那么,他的利润在长期内不会因为新厂商的加入而消失,垄断厂商在长期内是可以保持利润的。

垄断厂商在长期内对生产的调整一般可以有三种可能的结果:①垄断厂商在短期内是亏损的,但在长期,又不存在一个可以使它获得利润(或至少使亏损为零)的最优生产规模,于是,该厂商退出生产。②垄断厂商在短期内是亏损的,在长期内,它通过对最优生产规模的选择,摆脱了亏损的状况,甚至获得利润。③垄断厂商在短期内利用既定的生产规模获得了利润,在长期中,它通过对生产规模的调整,使自己获得更大的利润。

三、垄断市场对创业的影响机制

(一)垄断市场的创业壁垒极高

根据前文分析,垄断市场因为对生产规模、生产技术等方面的严苛要求,或因为政府的行政管制、知识产权管制,甚至因为在位企业的战略性阻碍等,创业企业进入该市场的壁垒是极高的,这给该市场的创业提出了较高的要求。在该市场已经存在一个企业生产并提供整个市场所需的某种商品时,创业企业想要进入该市场需要在资金规模、技术实力、生产规模等方面有较多积累,这显然是绝大部分初创企业难以企及的。因此,垄断市场是一种抑制创业的市场结构。

(二)垄断市场鼓励颠覆性创业

正是因为垄断市场极高的创业壁垒,当创业企业掌握颠覆性技术时,可以迅速打破在位企业的垄断地位,使得该市场成为两家企业甚至多家企业并存的寡头市场,甚至创业企业可能利用自身的颠覆性技术优势,取代原有垄断企业,建立新的垄断地位。垄断市场促进颠覆性创业的另一个机制是"靶向效应",即在位企业的生产技术、生产规模甚至商业模式会成为创业企业的"靶子",创业企业只要突破了垄断壁垒中的一个或者多个,便可以迅速占领市场获取创业的成功。

(三)垄断市场鼓励在位企业的企业内创业

根据前面的分析,垄断市场的进入壁垒如果不是由政府行政管制,在位企业就有极强的动机设置战略性壁垒。垄断企业阻碍创业企业进入市场需要建立较强的市场势力,而市场势力的获取可以借助垄断企业自身对市场价格影响力,更为重要的是需要抑制创业企业的技术创新活动,其中最有效的手段便是利用自身的资金实力、对现有市场的熟悉以及技术积累,主动变革生产技术,以避免颠覆性创业对自身的冲击。再创业是维持垄断地位的必经之路。

第三节　垄断竞争市场下的创业

一、垄断竞争市场及其特征

(一)垄断竞争市场的概念

垄断竞争市场是这样一种市场组织,一个市场中有许多厂商生产和销售有差别的同种产品。根据垄断竞争市场的这一基本特征,西方经济学家提出了生产集团的概念。因为,在完全竞争市场和垄断市场条件下,行业的含义是很明确的,它是指生产同一种无差别的产品的厂商的总和。

在垄断竞争市场,产品差别这一重要特点使得上述意义上的行业不存在。为此,在垄断竞争市场理论中,把市场上大量的生产非常接近的产品的厂商的总和称作生产集团。例如,汽车加油站集团、快餐食品集团、理发店集团等。

(二) 垄断竞争市场的特征

垄断竞争市场的特征主要有以下三点:

(1) 厂商生产的产品是有差别的同种产品,或称"异质商品"。产品差别是指同一种产品在质量、构造、外观、销售服务条件、商标、广告等方面的差别以及以消费者的想象为基础的任何虚构的差别。例如,虽然在两家不同饭馆出售的同一种菜肴(如清蒸鱼)在实质上没有差别,然而,在消费者的心理上却认为一家饭馆的清蒸鱼比另一家鲜美。这时,即存在着虚构的产品差别。

市场上的每种产品之间存在着差别,使得产品成为带有自身特点的唯一产品了,也使得每个厂商对自己产品的销量和价格都具有一定的控制力,从而使得市场中带有垄断的因素。一般说来,产品的差别越大,厂商的垄断程度也就越高。另一方面,由于有差别的产品相互之间又是很相似的替代品,或者说,每一种产品都会遇到大量的其他相似产品的竞争,因此,市场中有竞争的因素。如此,便构成了垄断因素和竞争因素并存的垄断竞争市场的特征。例如,不同品牌的香烟、饮料和方便面。

(2) 一个生产集团中的企业数量非常多,以至于每个厂商都认为自己对行业的影响很小,不会引起竞争对手的注意和反应,因而自己也不会受到竞争对手报复措施的影响。例如,盒饭、理发行业。

(3) 厂商的生产规模比较小,因此,进入和退出一个生产集团比较容易。在现实生活中,垄断竞争的市场组织在零售业和服务业中是很普遍的。如修理、糖果零售业等。在垄断竞争生产集团中,各个厂商的产品是有差别的,厂商们的成本和需求曲线未必相同。但是在垄断竞争市场模型中,西方学者总是假定生产集团内所有的厂商都具有相同的成本曲线和需求曲线,并以代表性厂商进行分析。这一假定能使分析得以简化,而又不影响结论的实质。

二、垄断竞争市场的企业行为

(一) 垄断竞争厂商的需求曲线

由于垄断竞争厂商可以在一定程度上控制自己产品的价格,即通过改变自己产的有差别的产品的销售量来影响商品的价格,所以,如同垄断厂商一样,垄断竞争厂商所面临的需求曲线也是向右下方倾斜的。所不同的是,各垄断竞争厂商的产品相互之间都是很接近的替代品,市场中的竞争因素又使得垄断竞争厂商的需求曲线具有较大的弹性。因此,垄断竞争厂商向右下方倾斜的需求曲比较平坦的,相对地比较接近完全竞争厂商的水平形状需求曲线。

　　垄断竞争厂商的需求曲线有两种,它们通常被区分为 d 需求曲线和 D 需求曲线,如图 7-12 所示。

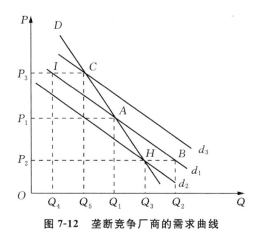

图 7-12　垄断竞争厂商的需求曲线

　　(1) 关于 d 需求曲线。d 需求曲线表示在垄断竞争生产集团中的某个厂商改变产品价格,而其他厂商的产品价格都保持不变时,该厂商的产品价格和销售量之间的关系。在图 7-12 中,假定某垄断竞争厂商开始时处于价格为 P_1,产量为 Q_1 的 A 点上,它想通过降价来增加自己产品的销售量。因为,该厂商认为,降价以后不仅能增加自己产品的原有买者的购买量,还能把买者从生产集团内的其他厂商那里吸引过来。该垄断竞争厂商相信其他厂商不会对它的降价行为作出反应。随着它的商品价格由 P_1 下降为 P_2,它的销售量会沿着 d_1 需求曲线由 Q_1 增加为 Q_2。因此,它预期自己的生产可以沿着 d_1 需求曲线由 A 点运动到 B 点。

　　(2) 关于 D 需求曲线。D 需求曲线表示在垄断竞争生产集团的某个厂商改变产品价格,而且集团内的其他所有厂商也使产品价格发生相同变化时,该厂商的产品价格和销售量之间的关系。在图 7-12 中,如果某垄断竞争厂商将价格由 P_1 下降为 P_2 时,集团内其他所有厂商也都将价格由 P_1 下降为 P_2,于是,该垄断竞争厂商的实际销售量是 D 需求曲线上的 Q_3,Q_3 小于它的预期销售量即 d_1 需求曲线上的 Q_2。这是因为集团内其他厂商的买者没有被该厂商吸引过来,每个厂商的销售量增加仅来自整个市场的价格水平的下降。所以,该垄断竞争厂商降价的结果是使自己的销售量沿 D 需求曲线由 A 点运动到 H 点。同时,d_1 需求曲线也相应地从 A 点沿着 D 需求曲线平移到 H 点,即平移到 d_2 需求曲线的位置。d_2 需求曲线表示当整个生产集团将价格固定在新的价格水平 P_2 以后,该垄断竞争厂商单独变动价格时在各个价格下的预期销售量。所以,关于 D 需求曲线,还可以说,它是表示垄断竞争生产集团内的单个厂商在每一市场价格水平的实际销售份额。若生产集团内有 n 个垄断竞争厂商,不管全体 n 个厂商将市场价格调整到何种水平,D 需求曲线总是表示每个厂商的实际销售份额为市场总销售量的 $\dfrac{1}{n}$。

　　从以上的分析中可以得到关于 d 需求曲线和 D 需求曲线的一般关系:第一,当垄断竞争生产集团内的所有厂商都以相同方式改变产品价格时,整个市场价格的变化会使得单个垄断竞争厂商的 d 需求曲线的位置沿着 D 需求曲线发生平移。第二,由于 d 需求曲线表示单个垄断竞争厂商单独改变价格时所预期的产品销售量,D 需求曲线表示每个垄断竞争厂商在每一市场价格水平实际所面临的市场需求量,所以,d 需求曲线和 D 需求曲线相交意味着垄断竞争市场的供求相等状态。第三,很显然,d 需求曲线的弹性大于 D 需求曲线,即前者比后者更平坦一些。

(二)垄断竞争厂商的产量和定价

西方经济学家通常以垄断竞争生产集团内的代表性企业为例,来分析垄断竞争厂商的短期均衡和长期均衡。以下分析中的垄断竞争厂商均指代表性企业。

在短期内,垄断竞争厂商是在现有的生产规模下通过对产量和价格的调整,来实现 MR＝SMC 的均衡条件。现用图 7-13 来分析垄断竞争厂商的短期均衡的形成过程。

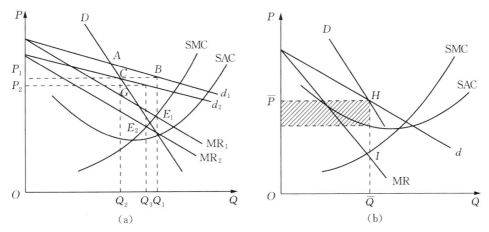

图 7-13 垄断竞争市场代表性厂商的短期均衡

在图 7-13(a)中,SAC 曲线和 SMC 曲线表示代表性企业的现有生产规模,d 曲线和 D 曲线表示代表性企业的两种需求曲线,MR_1 曲线是相对于 d_1 曲线的边际收益曲线,MR_2 曲线是相对于 d_2 曲线的边际收益曲线。假定代表性企业最初在 d_1 曲线和 D 曲线相交的 A 点上进行生产。就该企业在 A 点的价格和产量而言,与实现最大利润的 $MR_1＝SMC$ 的均衡点 E_1 所要求的产量 Q_1 和价格 P_1 相差很远。于是,该厂商决定将生产由 A 点沿着 d_1 需求曲线调整到 B 点,即将价格降低为 P_1,将产量增加为 Q_1。

然而,由于生产集团内每一个企业所面临的情况都是相同的,而且,每个企业都是在假定自己改变价格而其他企业不会改变价格的条件下采取了相同的行动,即都把价格降为 P_1,都计划生产 Q_1 的产量。于是,事实上,当整个市场价格下降为 P_1 时,每个企业的产量都毫无例外是 Q_2,而不是 Q_1。相应地,每个企业的 d_1 曲线也都沿着 D 曲线运动到了 d_2 的位置。所以,首次降价的结果是使代表性企业的经营位置由 A 点沿 D 曲线运动到 C 点。

在 C 点位置上，d_2 曲线与 D 曲线相交，相应的边际效益曲线为 MR_2。很清楚，C 点上的代表性企业的产品价格 P_1 和产量 Q_2 仍然不符合在新的市场价格水平下的 $\mathrm{MR}_2 = \mathrm{SMC}$ 的均衡点 E_2 上的价格 P_2 和产量 Q_3 的要求。因此，该企业又会再一次降价。与第一次降价相似，企业将沿着 D 曲线由 C 点运动到 G 点。相应地，d 曲线将向下平移（图中略），并与 D 曲线相交于 G 点。依次类推，代表性企业为实现 $\mathrm{MR} = \mathrm{SMC}$ 的利润最大化的原则，会继续降低价格，d 曲线会沿着 D 曲线不断向下平移，并在每一个新的市场价格水平与 D 曲线相交。

上述的过程一直要持续到代表性企业没有理由再继续降价为止，即一直要持续到企业所追求的 $\mathrm{MR} = \mathrm{SMC}$ 的均衡条件实现为止。如图 7-13(b) 所示，代表性企业连续降价行为的最终结果，将使得 d 曲线和 D 曲线相交点 H 上的产量和价格，恰好是 $\mathrm{MR} = \mathrm{SMC}$ 时的均衡点 H 所要求的产量 $\overline{Q}$ 和价格 $\overline{P}$。此时，企业实现了短期均衡，并获得了利润，其利润量相当于图中的阴影部分的面积。当然，垄断竞争厂商在短期均衡点上并非一定能获得最大的利润，也可能蒙受最小的亏损。这取决于均衡价格是大于还是小于 SAC。在企业亏损时，只要均衡价格大于 SAC，企业在短期内总是继续生产的；只要均衡价格小于 AVC，企业在短期内就会停产。关于其他短期均衡时的盈亏情况，可以在图 7-13(b) 的基础上，进一步作图并进行分析。

垄断竞争厂商短期均衡的条件是：

$$\mathrm{MR} = \mathrm{SMC} \tag{7-10}$$

在短期均衡的产量上，必定存在一个 d 曲线和 D 曲线的交点，它意味市场上的供求是相等的。此时，垄断竞争厂商可能获得最大利润，可能利润为零，也可能蒙受最小亏损。

三、垄断竞争市场对创业的影响机制

（一）垄断竞争市场是创业活动最活跃的场所

完全竞争市场和垄断市场是理论分析中的两种极端的市场组织。在现实经济生活中，通常存在的是垄断竞争市场和寡头市场。其中，垄断竞争市场与完全竞争市场比较接近，根据前面的分析，垄断竞争市场长期均衡中的定价会高于完全竞争市场，企业可以在该市场获取一定的超额利润，这会成为创业的吸引力源泉。同时，垄断竞争市场又区别于垄断市场，对企业的进入壁垒较低，这使得该市场在鼓励创业时，并不会限制创业企业的创业动机。

（二）垄断竞争创业壁垒低，有利于新创企业进入市场

垄断竞争市场在特征上与完全竞争市场较为接近，对初创企业在资金规模、技术实力、消费者吸引力等方面的要求并不高，初创企业可以凭借与市场现有产品的差异化进入市场，能够较快在市场站稳脚跟并获取一定的超额利润。同时，垄断竞争市场又具有一定程度的垄断特性，初创企业进入市场可以凭借产品差异化形成一定的市场势力，可以保证自身在一定时期中保持稳定的市场地位，而不至于过快"夭折"。

（三）垄断竞争市场有利于在位企业在企业内创业时积累资源

根据前面的分析，垄断竞争企业会面临来自两方面的竞争：市场中已有的在位企业和即将进入市场的初创企业。因此，在位企业长期以简单重复的商品在市场销售很容易被其他企业替代，丧失市场势力。为了维持长期的市场势力，开展持续的以技术创新为代表形式的再创业就成为必然选择。这一点垄断竞争厂商与完全竞争厂商极为相似，但不同的是垄断竞争市场为厂商提供的长期利润可以成为在位企业的创新资源，为其在该市场持续的再创业提供资本、技术以及管理等优势资源。

第四节　寡头市场下的创业

一、寡头市场及其特征

（一）寡头市场的概念

寡头市场又称为寡头垄断市场。它是指少数几家厂商控制整个市场的产品的生产和销售的一种市场组织。寡头市场被认为是一种较为普遍的市场组织。西方国家中不少行业都表现出寡头垄断的特点，例如，美国的汽车业、电气设备业、罐头行业等，都被几家企业所控制。

形成寡头市场的主要原因有：某些产品的生产必须在相当大的生产规模上运行才能达到最好的经济效益；行业中几家企业对生产所需的基本生产资源供给的控制；政府的扶植和支持，等等。由此可见，寡头市场的成因和垄断市场的是很相似的，只是在程度上有所差别而已。寡头市场是比较接近垄断市场的一种市场组织。

（二）寡头市场的特征

（1）厂商极少。市场上的厂商只有一个以上的少数几个（当厂商为两个时，叫双头垄断），每个厂商在市场中都具有举足轻重的地位，对其产品价格具有相当的影响力。

（2）相互依存。任一厂商进行决策时，必须把竞争者的反应考虑在内，因而，厂商既不是价格的制定者，更不是价格的接受者，而是价格的寻求者。

（3）产品同质或异质。产品没有差别，彼此依存的程度很高，叫纯粹寡头，存在于钢铁、尼龙、水泥等产业；产品有差别，彼此依存关系较低，叫差别寡头，存在于汽车、重型机械、石油产品、电气用具、香烟等产业。

（4）进出不易。其他厂商进入相当困难，甚至极其困难。因为不但在规模、资金、信誉、市场、原料、专利等方面，其他厂商难以与原有厂商匹敌，而且由于原有厂商相互依存，休戚相关，其他厂商不仅难以进入，也难以退出。

二、寡头市场下的企业行为

寡头厂商的价格和产量决定是一个很复杂的问题。其主要原因在于：在寡头市场上，每个厂商的产量都在全行业的总产量中占一个较大的份额，从而每个厂商的产量和价格变动都会对其他竞争对手以至整个行业的产量和价格产生举足轻重的影响。正因为如此,每个寡头厂商在采取某项行动之前,必须把其竞争对手可能采取的对策考虑进去。所以,每个寡头厂商的利润受到所有厂商决策相互作用的影响。寡头厂商们行为之间的这种复杂关系,使得寡头理论复杂化。一般说来,不知道竞争对手的反应无法建立寡头厂商的模型。或者说,有多少关于竞争对手反应方式的寡头厂商模型,就可以得到多少不同的结果。因此,在西方经济学中,没有一个完备的寡头市场模型可以拟合寡头市场中价格和产量的各种决策。此处介绍两个经典的寡头模型:古诺模型和斯威齐模型。

(一)古诺模型

古诺模型是早期的寡头模型,由法国经济学家奥古斯丁·古诺于 1838 年提出。古诺模型属于独立行动条件模型,常作为寡头理论分析的出发点。古诺模型是一个只有两个寡头厂商的简单模型,该模型也被称为"双头模型"。古诺模型的结论可以很容易地推广到三个或三个以上的寡头厂商的情况中去。

古诺模型分析的是两个出售矿泉水的生产成本为零的寡头厂商的情况。古诺模型的假定是:市场上只有 A、B 两个厂商生产和销售相同的产品,它们的生产成本为零;它们共同面临的市场需求曲线是线性的,A、B 两个厂商都准确地了解市场的需求曲线;A、B 两个厂商都是在已知对方产量的情况下,各自确定能够给自己带来最大利润的产量,即每一个厂商都是消极地以自己的产量去适应对方已确定的产量。古诺模型如图 7-14 所示。

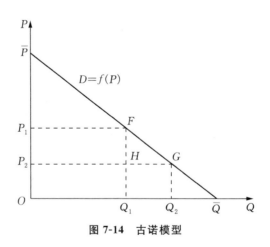

图 7-14 古诺模型

在图 7-14 中,D 曲线为两个厂商共同面临的线性的市场需求曲线。由于生产成本为零,故图中无成本曲线。在第一轮,A 厂商首先进入市场。由于生产成本为零,厂商的收益就等于利润,A 厂商面临 D 需求曲线,将产量定为市场总容量的 1/2,将价格定为 OP_1,从而实现了最大的利润,其利润量相当于图中矩形 OP_1FQ_1 的面积。然后,B 厂商进入市场。B 厂商准确地知道 A 厂商在本轮留给自己市场容量的 1/2,B 厂商也按相同的方式行动,生产它所面临的市场容量的 1/2。此时,市场价格下降为 OP₂，B 厂商获得的最大利润相当于图中矩形 Q₁HGQ₂ 的面积。而 A 厂商的利润因价格的下降而减少为矩形 OP₂HQ₁ 的面积。

在这样一轮复一轮的过程中，A 厂商的产量会逐渐地减少，B 厂商的产量会逐渐地增加，最后，达到 A、B 两个厂商的产量都相等的均衡状态为止。在均衡状态中，A、B 两个厂商的产量都为市场总容量的 $1/3$，即每个厂商的产量为 $1/3O\bar{Q}$，两个寡头厂商总产量只有市场总容量的 $2/3O\bar{Q}$。

以上双头古诺模型的结论可以推广。令寡头厂商的数量为 m，则可以得到一般的结论如下：

$$\text{每个寡头厂商的均衡产量}=\text{市场总容量}\times\frac{1}{m+1}$$

$$\text{行业的均衡总产量}=\text{市场总容量}\times\frac{m}{m+1}$$

（二）斯威齐模型

斯威齐模型也被称为弯折的需求曲线模型。该模型由美国经济学家保罗·斯威齐于 1939 年提出，用来解释一些寡头市场上的价格刚性现象。

该模型的基本假设条件是：如果一个寡头厂商提高价格，行业中的其他寡头厂商不会跟着改变自己的价格，因而提价的寡头厂商的销售量的减少是很多的；如果一个寡头厂商降低价格，行业中的其他寡头厂商会跟着降价，以避免销售份额减少，因而该寡头厂商的销售量的增加是很有限的。

以上的假设条件下可推导出寡头厂商的弯折需求曲线，其模型如图 7-15 所示。图中有厂商的一条 dd 需求曲线和一条 DD 需求曲线，它们与上一节分析的垄断竞争厂商所面临的两条需求曲线的含义是相同的。dd 需求曲线表示该寡头厂商变动价格而其他寡头厂商保持价格不变时的该寡头厂商的需求状况，DD 需求曲线表示行业内所有寡头厂商都以相同方式改变价格时该厂商的需求状况。假定开始时的市场价格为 dd 需求曲线和 DD 需求曲线的交点 B 所决定的 $\bar{P}$，那么，根据该模型的基本假设条件，该垄断厂商由 B 点出发，提价所面临的需求曲线是 dd 需求曲线上左上方的 dB 段，降价所面临的需求曲线是 DD 需求曲线上右下方的 BD 段，于是，这两段共同构成的该寡头厂商的需求曲线为 dBD。显然，这是一条弯折的需求曲线，折点是 B 点。这条弯折的需求曲线表示该寡头厂商从 B 点出发，在各个价格水平所面临的市场需求量。

由弯折的需求曲线可以得到间断的边际收益曲线。图 7-15 中与需求曲线 dB 段所对应的边际收益曲线为 MR_d，与需求曲线 BD 段所对应的边际收益曲线为 MR_D，两者合在一起，便构成了寡头厂商的间断的

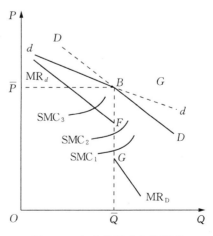

图 7-15　折弯的需求曲线模型

边际收益曲线,其间断部分为垂直虚线 FG。

利用间断的边际收益曲线,便可以解释寡头市场上的价格刚性现象。只要边际成本 SMC 曲线的位置变动不超出边际收益曲线的垂直间断范围,寡头厂商的均衡价格和均衡数量都不会发生变化。譬如,在图中的边际收益曲线的间断部分 FG 上,当 SMC_1 曲线上升为 SMC_2 曲线的位置时,寡头厂商仍将均衡价格和均衡产量保持在 $\bar{P}$ 和 $\bar{Q}$ 的水平。除非成本发生很大变化,如成本上升使得边际成本曲线上升为 SMC_3 曲线的位置时,才会影响均衡价格和均衡产量水平。

有的西方经济学家认为,虽然弯折的需求曲线模型为寡头市场较为普遍的价格刚性现象提供了一种解释,但是该模型并没有说明具有刚性的价格本身,如图中的价格水平 $\bar{P}$,是如何形成的。这是该模型的一个缺陷。

三、寡头市场对创业的影响机制

(一)寡头市场抑制模仿型创业而鼓励复制型创业

模仿型创业指的是创业者看到他人创业成功后,采取模仿和学习而进行的创业活动。而复制型创业是指在现有经营模式基础上的简单复制的一种创业模式。这两种创业类型有相似之处,二者均对创新没有太高要求,但又有着显著差别——前者投资少、见效快、冒险成分大;后者则是在前期生产经营经验积累的基础上,大规模投入资金,通过"复制"的手段迅速建立新企业,因此成功率更高。在寡头市场上,无论是模仿型创业还是复制型创业,都处于现有市场的"进入者"的地位,在位企业为了限制进入者进入市场,必定会采取价格或非价格竞争的手段阻碍新企业的进入,这时模仿型创业因其资金投入少很容易被抑制,而复制型创新则可能迅速进入市场而与在位企业平分市场。

(二)寡头市场鼓励企业内创业

企业内创业是为将新的创意转化为可获利的产品或服务而得到组织授权和资源保证的企业内创业活动。其关键是如何在组织边界内激发企业家精神,从而使得创新和创业活动在一个企业的内部得以活跃开展。企业内创业的必要性来自竞争对手数目的快速增加,即寡头市场的在位企业为应对新"进入者",不得不持续开展企业内的创新创业活动,通过企业内创业提高"进入者"进入现有市场的壁垒,从而保持自身持续获取垄断利润的市场势力。

(三)寡头市场促进冒险型创业

冒险型创业是指一种难度很高,有较高的失败率,但成功所得的报酬也很惊人的创业类型。这种类型的创业如果想要获得成功,必须在创业者能力、创业时机、创业精神发挥、创业策略研究拟定、经营模式设计、创业过程管理等各方面,都有很好的搭配。显然作为市场进入者的创业者,在面对在位者的阻碍时,如果具备以上条件,则创业更加容易成功,反之,则不应当进入市场。因此,寡头市场的市场格局相对而言促进冒险型创业。

思考题

1. 市场结构的类型有哪些? 各自的特征是什么?
2. 寡头市场中的初创企业的创业与在位企业的再创业有什么区别?
3. 垄断市场中应该如何创业?

材料分析

空间集聚、市场结构对城市创业精神的影响

　　大企业比重高的地区和小企业比重高的地区,新企业成立的概率不同。创业者的职业选择理论、经验学习理论和竞争理论从三个不同的视角对此进行了解释。创业者的职业选择理论认为创业者面对领工资和自己创业两个选择,因为大企业的稳定性和高工资使员工创业的机会成本较高,而小企业员工更容易放弃工作而选择创业,所以小企业越多的地区,创业发生的概率越大。经验学习理论认为小企业的员工为创业做了更充分的准备,因为小企业使员工更容易全面接触到企业的所有业务以及生产运营过程,积累创业的经验教训。因此,小企业是新企业最有效的孵化器。竞争理论认为大企业由于在吸引熟练或高素质劳动力、资本、中间投入以及客户方面都有较强的竞争力甚至垄断力,从而增加了创业的难度。大企业通常采用垂直一体化的组织结构,不仅将中间投入的供给内部化,大大降低企业的生产成本,还将创新与技术都保护在企业边界之内,使得自身在市场上具有绝对优势,从而提高了新企业的进入壁垒。由于中国正在经历市场化转型,市场结构还应该包括企业所有制分布。国有企业比重高的地区,地方政府受到国有企业的影响较大,在制定政策和分配资源时会有所偏向,市场经济环境较差,导致创业成本和失败率较高,从而降低创业者对该地区创业成功的预期,限制创业行为的发生。基于以上分析,可以得出结论:小企业比重越高的地区,越有利于企业家创业;国有企业比重高的地区,会限制企业家创业[①]。

　　请结合以上材料思考市场结构对创业的影响机制。

---

① 摘自《空间集聚、市场结构对城市创业精神的影响研究》,载于《中国软科学》2014年第4期。

第八章 创业政策环境

案例导入

从"首富"到"零字号"的跌落

　　无锡是中国光伏产业蓬勃发展的发源地。自 2001 年无锡尚德太阳能电力有限公司成立以来，无锡的光伏产业从无到有，从小到大，发展迅猛，形成尚德电力、海润光伏、高佳太阳能、国电光伏、浚鑫科技、江苏昱辉阳光、东方迈吉、尚品太阳能、振发新能源、爱康科技等一大批优势企业。无锡市列入统计的 60 家重点光伏企业从业人员最多时超过 4 万人，确立了无锡光伏产业在全国的领先地位——具体表现在规模总量全国领先、产业链条比较完备、多项技术行业领先、平台建设不断完善等方面。乘着光伏产业发展的东风，尚德电力 2005 年成功问鼎纽交所，施正荣身家达到了 23.13 亿美元，远超福布斯 2005 年中国首富荣智健的 16.4 亿美元与胡润百富榜首富黄光裕的 140 亿元人民币，施正荣成为了中国首富。然而 2013 年 3 月 20 日法院裁定无锡尚德进入破产重整程序，意味着尚德电力和其最核心的企业无锡尚德从辉煌跌入到了"谷底"。施正荣由"首富"变为"零字号"仅经历了短短的 8 年。

　　无锡尚德的破产引起了学界和业界的广泛思考，关于破产的原因众说纷纭，不可否认的是尚德的外部环境发生了颠覆性变化：第一，光伏行业产能过剩。作为全球光伏主要市场的欧洲，经过前一阶段爆发式的增长之后，市场需求量已经开始放缓。第二，欧美双反带来连锁反应。2011 年 8 月美国开始对我国出口的光伏产品进行"双反调查"，2012 年 10 月宣布终裁结果，无锡尚德的税率最高，为 35.97%。2012 年 9 月，欧盟发起对中国光伏太阳能电池相关产品的调查。第三，欧债危机抑制市场需求。第四，国家光伏行业政策。国家先后出台的有关文件对行业政策进行了明确，抑制多晶硅产能过剩，推进产业合理布局，同时持续加大环保政策的执行力度，对太阳能光伏产业的环保管理要求也逐年提高。最后，人民币升值带来汇率波动。人民币升值对光伏行业而言，一方面能够使企业降低部分原材料及设备的采购成本，但另一方面也会影响出口，使得企业实际外汇收入缩水。

创业者的创业必定是在特定的政策环境下开展的，而经济政策是国家或政府为了达到特定的经济目的而制定的指导原则和措施，必定会对不同的创业企业产生不同的影响。创业者必须懂得经济政策制定和执行的基本规律，针对不同的政策环境调整创业策略才能保证创业的成功。从政策制定和执行层面，本章将创业政策环境分为宏观政策、产业政策和微观政策，在详细阐释不同政策的内涵和内容的基础上，分析政策环境对创业的具体影响机制。

第一节　创业宏观政策环境

一、宏观经济政策的概念与目标

宏观经济政策是指国家或政府有意识有计划地运用一定的政策工具，调节控制宏观经济的运行，以达到一定的政策目标。宏观调控是公共财政的基本职责，所谓公共财政，指的是为弥补市场失灵、向社会提供公共服务的政府分配行为或其他形式的经济行为。宏观经济政策的目标包括：

(一) 持续均衡的经济增长

经济增长是指在一个特定时期内经济社会所生产的人均产量和人均收入的持续增长。它包括维持高经济增长率和培育经济持续增长的能力。一般认为，经济增长与就业目标是一致的。经济增长通常用一定时期内实际国民生产总值年均增长率来衡量。经济增长会增加社会福利，但并不是增长率越高越好。这是因为经济增长一方面要受到各种资源条件的限制，不可能无限地增长，尤其是对于经济已相当发达的国家来说更是如此。另一方面，经济增长也要付出代价，如造成环境污染，引起各种社会问题等。因此，经济增长需要实现与本国具体情况相符的适度增长率。

(二) 充分就业

充分就业是指包含劳动在内的一切生产要素都以愿意接受的价格参与生产活动的状态。充分就业包含两种含义：一是指除了摩擦失业和自愿失业之外，所有愿意接受各种现行工资的人都能找到工作的一种经济状态，即消除了非自愿失业。二是指包括劳动在内的各种生产要素，都按其愿意接受的价格，全部用于生产的一种经济状态，即所有资源都得到充分利用。失业意味着稀缺资源的浪费或闲置，从而经济总产出下降，社会总福利受损。因此，失业的成本是巨大的，降低失业率，实现充分就业就常常成为宏观经济政策的首要目标。

(三) 物价稳定

物价稳定是指物价总水平的稳定。一般用价格指数来衡量一般价格水平的变化。价格稳定不是指每种商品价格固定不变,也不是指价格总水平固定不变,而是指价格指数相对稳定。价格指数又分为消费物价指数(CPI)、批发物价指数(PPI)和国民生产总值折算指数(GNP deflator)三种。物价稳定并不是指通货膨胀率为零,而是允许保持一个低而稳定的通货膨胀率,所谓低,就是通货膨胀率在 1%~3% 之间,所谓稳定,就是指在相当时期内通货膨胀率维持在大致相等的水平上。这种通货膨胀率能为社会所接受,对经济也不会产生不利的影响。

(四)国际收支平衡

国际收支平衡具体分为静态平衡与动态平衡、自主平衡与被动平衡。静态平衡,是指一国在一年的年末,国际收支不存在顺差也不存在逆差;动态平衡,不强调一年的国际收支平衡,而是以经济实际运行可能实现的计划期为平衡周期,保持计划期内的国际收支均衡。自主平衡,是指由自主性交易即基于商业动机,为追求利润或其他利益而独立发生的交易实现的收支平衡;被动平衡,是指通过补偿性交易即一国货币当局为弥补自主性交易的不平衡而采取调节性交易而达到的收支平衡。

二、宏观经济政策工具

(一)需求管理政策

需求管理是通过调节总需求以实现一定政策目标的宏观经济政策工具,包括货币政策和财政政策。

1. 货币政策

货币政策工具是中央银行为达到货币政策目标而采取的手段。货币政策工具分为一般性工具和选择性工具。货币政策工具主要有公开市场业务、存款准备金率、再贷款与再贴现、利率政策等。

(1)公开市场业务。公开市场操作是中央银行吞吐基础货币,调节市场流动性的主要货币政策工具,通过中央银行与指定交易商进行有价证券和外汇的交易,实现货币政策调控目标。

(2)存款准备金率。存款准备金是指金融机构为满足客户提取存款和资金清算需要而准备的资金,金融机构按规定向中央银行缴纳的存款准备金占其存款总额的比例就是存款准备金率。存款准备金制度是在中央银行体制下建立起来的,世界上美国最早以法律形式规定商业银行向中央银行缴存存款准备金。存款准备金制度的初始作用是保证存款的支付和清算,之后才逐渐演变成为货币政策工具,中央银行通过调整存款准备金率,影响金融机构的信贷资金供应能力,从而间接调控货币供应量。

(3)再贷款。中央银行作为"银行的银行"向商业银行提供贷款。中央银行通过控制对商业银行的贷款额,就可以达到控制和调节货币供应量和信贷规模的目的。

(4)再贴现。再贴现指金融机构为了取得资金,将未到期的已贴现商业汇票再以贴现方式向中央银行转让的票据行为,是中央银行的一种货币政策工具。再贴现政策的调整不仅可以影响到市场中货币的数量,更重要的是会影响市场的利率水平,从而对经济产生重大影响。

（5）利率政策。利率政策指中央银行控制和调节市场利率以影响社会资金供求的方针和各种措施。它是中央银行间接控制信用规模的一个重要手段。

2.财政政策

财政政策是指为促进就业水平,减轻经济波动,防止通货膨胀,实现经济稳定增长而对政府财政支出、税收和借债水平所进行的选择,或对政府财政收入和支出水平所作的决策。或者说,财政政策是指政府变动税收和支出以影响总需求进而影响就业和国民收入的政策。变动税收是指改变税率和税率结构。变动政府支出指改变政府对商品与劳务的购买支出以及转移支付。它是国家干预经济的主要政策之一。

根据财政政策调节国民经济总量和结构中的不同功能,将财政政策划分为扩张性财政政策、紧缩性财政政策和中性财政政策。

（1）扩张性财政政策（又称积极的财政政策）是指通过财政分配活动来增加和刺激社会的总需求。主要措施有:减少国债、降低税率、提高政府购买和转移支付。

（2）紧缩性财政政策（又称适度从紧的财政政策）是指通过财政分配活动来减少和抑制总需求。主要措施有:增加国债、提高税率、减少政府购买和转移支付。

（3）中性财政政策（又称稳健的财政政策）是指财政的分配活动对社会总需求的影响保持中性。

（二）供给管理政策

供给管理是通过对总供给的调节以实现一定政策目标的宏观经济政策工具。供给管理包括控制工资和物价收入政策、指数化政策,改善劳动力市场状况的人力政策,以及促进经济增长的增长政策。

（1）收入政策。收入政策是指通过限制工资收入增长率从而限制物价上涨率的政策,因此,也叫工资和物价管理政策。之所以对收入进行管理,是因为通货膨胀有时是由成本（工资）推进所造成的（参见成本推进的通胀）。收入政策的目的就是制止通货膨胀。它有以下三种形式:一是工资与物价指导线。根据劳动生产率和其他因素的变动,规定工资和物价上涨的限度,其中主要是规定工资增长率。企业和工会都要根据这一指导线来确定工资增长率,企业也必须据此确定产品的价格变动幅度,如果违反,则以税收形式以示惩戒。二是工资物价的冻结。即政府采用法律和行政手段禁止在一定时期内提高工资与物价,这些措施一般是在特殊时期采用,在严重通货膨胀时也被采用。三是税收刺激政策。即以税收来控制增长。

（2）指数化政策。指数化政策是指定期地根据通货膨胀率来调整各种收入的名义价值,以使其实际价值保持不变。主要有工资指数化。

（3）人力政策。是一种旨在改善劳动市场结构,以减少失业的政策。主要有:一是人力资本投资。由政府或有关机构向劳动者投资,提高劳动者的文化技术水平与身体素质,适应劳动力市场的需要。二是完善劳动市场。政府应该不断完善和增加各类就业介绍机构,为劳动的供求双方提供迅速、准确而完全的信息,使劳动者找到满意的工作,企业也能得到其所需的员工。三是协助工人进行流动。劳动者在地区、行业和部门之间的流动,有利于劳动的合理配置与劳动者人尽其才,也能减少由于劳动力的地区结构和劳动力的流动困难等原因而造成的失业。对工人流动的协助包括提供充分的信息、必要的物质帮助与鼓励。

（4）经济增长政策。主要有:一是增加劳动力的数量和质量。增加劳动力数量的方法包括提高人口出生率、鼓励移民入境等;提高劳动力质量的方法有增加人力资本投资等。二是资本积累。资本的积累主要来源于储蓄,可以通过减少税收、提高利率等途径来鼓励人们储蓄。三是技术进步。技术进步在现代经济增长中起着越来越重要的作用。因此,促进技术进步成为各国经济政策的重点。四是计划化和平衡增长。现代经济中各部门之间协调的增长是经济本身所要求的,国家的计划与协调要通过间接的方式来实现。

三、宏观经济政策对创业的影响机制

（一）宏观信号传递机制

宏观经济政策是通过政策工具对经济进行调节,以弥补个体盲目条件下的"市场失灵",从本质上讲,其仍然是经济手段,而非直接的干预政策。宏观经济政策调节经济运行的基本渠道是信号传递渠道,即通过宏观经济政策向微观个体传递经济总体运行趋势的信号。一般来说,扩张性的宏观经济政策传递的是积极的经济信号,以增强微观个体的信心;紧缩性的宏观经济政策传递的是消极的经济信号,要求微观个体采用更为谨慎的经济决策。创业企业均需首先对宏观经济运行形势进行分析,通过经济增长速度、就业、通货膨胀、国际收支等宏观经济指标全面地判断宏观经济形势,以正确选择创业时机,提高创业的成功率。显然,积极的宏观经济政策整体促进创业,有助于创业成功,消极的宏观经济政策则整体抑制创业。

（二）成本收益传导机制

一方面,扩张性的宏观经济政策会增加货币供给和财政资金供给,这会显著降低创业企业的资本成本;另一方面,扩张性的宏观经济政策将增强国民的经济信心,个人将增加劳动供给,企业也将增加劳动需求和投资,这使得创业企业在创业之初也可以利用低价的劳动对其在这一阶段所缺乏的资本进行替代。尽管总体来看企业的总劳动成本会上升,但单位劳动成本会下降,企业的总体收益会增加。反之,紧缩性的宏观经济政策则会通过促使成本上升和收益减少来抑制社会总体创业行为。

（三）总供给-总需求调节机制

根据凯恩斯主义宏观经济理论,决定长期总产出的是总供给和总需求间的均衡,总供给或总需求的增加均可能带来总产出的增加。扩张性的宏观经济政策就是通过总供给和总需求的增加来促进经济增长。扩张性的财政政策首先促进总需求的增加,当宏观经济中的总供给不能满足总需求时,便为创业创造了条件,创业者通过创业行为把握总需求增加带来的创业机会。因此,宏观经济的总需求增加,主观上获取创业回报的同时,客观上促进了宏观经济的增长。反之,紧缩性的宏观经济政策则通过总需求的降低,减少了创业机会,抑制了创业行为。

第二节　创业产业政策

一、产业政策的内容

产业政策是国家制定的,引导国家产业发展方向、引导推动产业结构升级、协调国家产业结构、使国民经济健康可持续发展的政策。产业政策具体包括:

(一)产业组织政策

产业组织是指同一产业内部各企业间在进行经济活动时所形成的相互联系及其组合形式。各产业及企业间相互联系机制和形式的不同,对资源利用效率及产出效益都有直接的影响,因而利用经济政策改善产业组织,实现产业组织的合理化,并借此达到资源有效利用,收益公平分配等经济政策一般目标,便成为产业组织政策的首要任务。

所谓产业组织政策,是政府为实现这一目标而对某一产业或企业采取的鼓励或限制性的政策措施。同时,一般认为良好产业组织的形成需以市场结构合理、竞争适度为条件,因而,产业组织政策也被称为"禁止垄断政策"或"促进竞争政策"。

(二)产业结构政策

产业结构是指不同产业在一国经济结构中所占的比重。产业结构的变化一方面为某些行业带来良好的市场机会,一方面也会对其他行业带来生存的威胁。通常在经济成长的过程中,服务业的重要性会与日俱增,服务业的比重会日益增大,服务业从业者有越来越多的市场机会。

产业结构政策指一国政府依据本国在一定时期内产业结构的现状,遵循产业结构演进的一般规律和一定时期内的变化趋势,制定并实施的有关产业部门之间资源配置方式、产业间及产业部门间的资源比例关系,通过影响与推动产业结构的调整和优化,以促进产业结构向协调化和高度化方向发展的一系列政策措施的综合,它是旨在促进本国产业结构优化,进而推动经济增长的政策体系。

(三)产业技术政策

产业技术政策是指国家制定的用以引导、促进和干预产业技术进步的政策的总和。它以产业技术进步为直接的政策目标,是保障产业技术适度和有效发展的重要手段。

(四)产业布局政策

产业布局可以通俗地理解为产业规划,产业规划就是对产业发展布局、产业结构调整进行整体布置和规划。具体的措施可以概括为统筹兼顾,协调各产业间的矛盾,进行合理安排,做到因地制宜、扬长避短、突出重点、兼顾一般、远近结合、综合发展。

产业布局政策是指政府机构根据产业的经济技术特性、国情、国力状况和各类地区的综合条件,对若干重要产业的空间分布进行科学引导和合理调整的意图及其相关政策措施。

二、产业政策的工具

(一) 产业组织政策工具

1. 控制市场结构

对各个产业的市场结构变动实行监测、控制和协调,防止不合理市场结构的产生。具体措施包括:降低市场集中度,依法分割处于垄断地位的企业,降低进入壁垒,减少不合理的产品差异化;建立企业合并预审制度,对中小企业实行必要的扶植;在某些产业实行规制政策,防止过度竞争。

2. 调整市场行为

禁止和限制竞争者的共谋、卡特尔及不正当的价格歧视;对卖方价格、质量实行广泛监督,增强市场信息透明度;对非法商业行为进行控制和处置。

3. 直接控制市场绩效

对资源分配方面存在市场缺陷的产业,通过政府干预(如直接投资)弥补市场机制缺陷;对盈利不多和风险较大的重大技术开发项目提供资金援助;增加教育、科研和技术推广的公共投资;禁止滥用稀缺资源。

(二) 产业结构政策工具

1. 主导产业选择政策

主导产业选择政策是指政府为了引导、促进主导产业的合理发展,从整个经济发展的目标出发,运用经济政策、经济法规、经济杠杆以及必要的行政手段、法律手段来影响主导产业发展的所有政策的总和。

2. 战略产业扶植政策

战略产业,或称先导产业,是指能够在未来成为主导产业或支柱产业的新兴产业。战略产业的成长必须具有战略意义,即受国家政策保护和扶持的某些产业必须具有能够成为未来经济发展中主导产业和支柱产业的可能性,这种可能性的决定因素,首先是产业本身技术特点、市场前景、成长潜力,其次才是国家资源特定条件、现有产业结构状况、产业本身获取资源的能力等。

3. 衰退产业撤让政策

衰退产业是指在产业结构中陷入停滞甚至萎缩的产业。就具体产业而言,都存在"孕育期→成长期→成熟期→衰退期"的生命周期。衰退产业正是处于衰退期的产业,其主要特征是产品的需求量和销售量大幅度减少,生产能力严重过剩,技术进步缓慢、创新乏力,从业人员流失和失业现象严重,产业在国民经济中的地位下降。

4. 幼小产业扶植政策

日本学者筱原三代平的"动态比较费用论"为幼小产业扶植政策提供了理论依据。"比较费用论"是李嘉图提出的有关国际贸易形成原因及维系国际贸易秩序的重要原理。筱原三代平则提出,不能仅按这一原理建立国际分工秩序,这样势必使各国产业结构长期不变,后进国家只能永远居于生产初级产品的地位。扶植幼小产业不受现代经济学的欢迎,日本经济正是由于撇开了现代经济学的传统观念,才有今天的汽车、钢铁工业和经济大国的地位。从短期看,比较费用论有一定的合理性,但从长期看,应当以动态、发展的观点修正比较费用论。因此,他主张积极扶植目前暂时处于幼小地位,但需求增长快、生产率上升潜力大的产业。

5. 产业的可持续发展政策

产业结构在一个长时期内,既有其相对稳定的一面,也有不断变化的一面,产业结构事实上是处于一种不同程度的不断变动之中。在自由竞争的资本主义时期,产业结构以自然形成为主要特征;在现代经济生活中,科技革命对产业结构产生了重大影响,而产业结构的变革,又对整个国民经济的发展有着重大的意义。

(三)产业技术政策工具

1. 产业技术进步的指导性政策

即政府确定产业技术的发展目标、具体规划和指导各技术进步主体的行为的相关政策。

2. 产业技术进步的组织政策

即政府主持或参与旨在加速推进产业技术进步的各种组织制度与组织形式的安排。

3. 产业技术进步的奖惩政策

为了建立起切实有效的技术进步激励机制,使企业成为技术创新主体,政府通过制定直接或间接的经济刺激和制裁政策,对民间科研机构、企业的研究开发以及技术引进、扩散工作进行劝诱和鼓励,对技术进步迟缓者或技术进步具体规划和措施缺乏者实施经济惩罚。

(四)产业布局政策工具

1. 国家产业布局战略

制定国家产业布局战略,规定战略期内国家重点支持发展的地区,同时设计重点发展地区的经济发展模式和基本思路;以国家直接投资方式,支持重点发展地区的交通、能源和通信等基础设施,甚至直接投资介入当地有关产业的发展;利用各种经济杠杆形式,对重点地区的发展进行刺激,以加强该地区经济自我积累的能力;通过差别性的地区经济政策,使重点发展地区的投资环境显示出一定的优越性,进而引导更多的资金和劳动力等生产要素投入该地区的发展。

在产业集中发展战略方面,可供采用的产业布局政策大致包括:通过政府规划的形式,确立有关具体产业的集中布局区域,以推动产业的地区分工,并在一定意义上发挥由产业集中所导致的集聚规模经济效益;建立有关产业开发区,将产业结构政策重点发展的产业集中于开发区内,既使其取得规模集聚效益,也方便政府产业结构升级政策的执行。

2. 地区发展重点产业的选择政策

在经济不发达阶段,政府通常更强调产业布局的非均衡性。即强调优先发展某些地区,通过这些地区经济的超常规增长,带动其他地区以及整个国家经济的增长。

并且,政府也往往倾向于以建立开发区或在某些地区实行特殊政策的方式,将某些在政府经济发展战略中负有重要功能的产业(如出口加工业)和高新技术产业相对集中,以令其有较快的增长,进而提高其对经济增长的贡献度。

而当经济较为发达之后,政府则从维护经济公平和社会稳定等目标出发,偏重于强调地区经济的均衡性。因此,除了个别特殊产业(如对环境保护有较大妨碍的产业)之外,政府已不倾向于通过重点扶持某一地区的经济发展来带动国民经济增长,而往往对不发达地区经济给予较多的支持,甚至在某些经济发达地区或产业高度集中地区实行一定程度的限制进入政策。

三、产业政策对创业的影响机制

(一)产业政策影响创业壁垒

创业壁垒主要包括行政性壁垒、在位企业阻碍,以及企业自身在资金、技术、生产规模等方面的不足等,这些壁垒在不同产业政策的影响下会产生显著变化。首先,政府的产业政策会直接决定创业的行政性壁垒,产业政策鼓励发展的产业,其进入壁垒将会降低,有助于新创企业的进入,在位企业的再创业壁垒也会降低,反之,创业壁垒将提高;其次,当国家和地方政府产业政策鼓励竞争时,在位企业的阻碍将难以发挥作用,而产业政策缺乏对竞争的鼓励时,在位企业对创业企业的阻碍也相对容易;最后,当政府通过定向补贴等措施,直接针对某些产业采取鼓励性政策时,将弥补企业创业资金不足的缺陷,降低其创业壁垒。

(二)产业政策影响创业市场竞争环境

根据市场结构理论,竞争性市场的资源配置效率高,有助于新创企业的进入,促进重复型创业和效率提升型创业;而垄断性市场会产生垄断利润,在降低市场资源配置效率的同时,对重复型创业有抑制作用,但是会促进机会型创业。产业政策实现其政策目标的一个重要手段便是通过产业结构政策和产业组织政策影响和改变市场竞争结构,这会改变创业企业的市场竞争环境,改变初创企业和在位企业的竞争格局,从而影响其创业决策和后续创业行为的进一步选择。

(三)产业政策影响创业创新条件

创新是创业经济的核心要素之一,缺乏创新的创业本身就是难以持续的,根据创新经济学的理论,创新可以分为变革创新、市场创新、产品创新和运营创新。产业组织政策和产业结构政策会通过对市场结构的影响而影响创业企业的市场创新和运营创新环境,而产业技术政策会影响创业企业的变革创新和产品创新环境。

第三节　创业微观经济政策

一、微观经济政策的概念

微观经济政策是指对经济的微观变量发生作用以求达到一定经济目标的经济政

策。微观经济政策的目标是实现收入均等化和资源有效配置。

微观经济政策主要有收入政策即工资-物价政策、福利和教育等公共支出结构政策、利息率结构政策、人力政策、税收结构政策、信贷政策,等等。这些政策都可影响到居民的收入,影响到经济的效率。每种政策的不同应用,有时可以提高收入均等的程度,但要丧失一定的经济效率,有时可以提高经济效率,但要牺牲一定的收入均等程度,或者单方面地提高或降低收入均等程度与经济效率。

二、微观经济政策的主要工具

(一)价格政策

国家为达到一定的宏观目标,在商品价格上所采取的一系列方针、措施的总称。不同的社会制度有不同的价格政策。市场经济国家的商品价格,是自发地由价值规律和市场供求决定的。但在一定的社会历史条件下,国家也制订价格政策,对某些商品价格进行干预,以此参与国民收入的分配和再分配。如对某些农产品制订高于市价的优待价格、作为价格变动上限的目标价格和防止外部低价冲击的入境价格,以及制订旨在占领国外市场的低于国际市场价格水平的倾销价格,等等。

(二)消费政策

消费政策是指国家权衡某一时期国民经济综合状况和矛盾特点,根据本国各具特色的经济发展道路原则,以实现经济健康发展为前提,确保城乡居民收入、消费水平稳步提高的经济目标,而作出的决策选择和采取的具体措施。消费政策是包含着宏观消费政策、微观消费政策。本书此处所指为微观消费政策,包括消费引导、消费教育、消费信用、消费者权益保护等。

(三)信贷政策

信贷政策是国家一定时期经济政策在信贷资金供应方面的体现。它由贷款供应政策和贷款利率政策两部分组成。贷款供应政策规定贷款的投向、规模、支持重点、限制对象,以及促进国民经济发展的总目标;贷款利率政策规定贷款利率的总水平和差别利率的原则。两者互相联系、互相补充,共同发挥作用。现阶段我国的贷款政策是:重点支持能源、交通企业的发展;优先支持轻纺工业生产名优产品和各种适销对路的产品;积极支持农副产品采购和扩大商品流通;大力支持生产出口创汇率的产品;支持企业开发试制新产品,进行技术更新、技术改造和引进先进技术;支持科学技术为生产和商品流通服务,促进科学技术迅速转化为生产力;支持集体和个体企业的发展。对经营性亏损企业,产品成本高、质量差、无销路的企业,对处于关、停边缘的企业,贷款必须严加控制,督促企业认真处理积压物资,直至压缩和停止贷款。

(四)就业政策

就业政策是指政府和社会群体为了解决现实社会中劳动者就业问题制定和推行的一系列方案及采取的措施。就业政策是使失业人员和新生劳动力就业的根本手段和政策手段。

三、微观经济政策对创业的影响机制

（一）微观经济政策是激发创业动机的原生动力

创业动机是创业者愿意承担各种风险去创立新的企业或拓展原有企业业务的激励因素，因此创业者将要面对的风险和维持现状的收益之间的比较是创业者创业动机是否能够被激发的关键因素。基于此，创业微观经济政策可以通过多种政策手段鼓励居民创业行为，通过创业文化环境的构建、创业教育的普及等手段，使得对创业缺少了解或者缺乏创业动机的居民通过对创业认知的增加，有效降低创业风险，产生积极的创业动机，促进全社会创业的增加。

（二）微观经济政策是创业孵化的有机组成

创业孵化是为初始创业者提供共享服务空间、经营场地、政策指导、资金申请、技术鉴定、咨询策划、项目顾问、人才培训等多类创业的服务，它是一个包含有形资本、无形资产、人力资本、制度政策等在内的有机系统。其中，微观经济政策是创业孵化各有机组成部分的纽带，创业孵化的有效运行需要微观经济政策的有效指导和串联，其他有机组成部分需要在创业微观政策的指令下运作。

（三）微观经济政策对创业的促进最具有针对性

与宏观经济政策和产业经济政策不同的是，微观经济政策的手段更为多样灵活，包括信贷优惠、创业补贴、商务支持、创业教育、创业孵化器等手段在内的灵活多样的政策工具，可以为各种类型、规模的创业提供有针对性的激励。同时，地方政府还可以针对本区域创业企业的特征，制定执行区域经济政策，如北京市的《促进中关村科技园区产业技术联盟发展的实施办法》《中关村科技园区产业发展资金管理办法》等针对数字产业的创业政策，南京市的《南京市企业技术装备投入普惠性奖补实施办法（试行）》《南京市打造新能源汽车产业地标行动计划》《南京市打造集成电路产业地标行动计划》等针对智能制造的创业政策，都是针对本区域的产业特征和创业实际的区域性政策。

思考题

1. 宏观经济政策的目标是什么？如何影响创业？
2. 产业政策的内容是什么？对创业有何影响？
3. 请收集你所在城市的创业微观经济政策，并分析其利弊。

材料分析

大学生创业政策

　　我国大学生创业政策是依托国家创业政策体系而缘起和发展的。1978年以前在计划经济体制的背景下,我国并不存在严格意义上的创业政策,伴随着十一届三中全会后的改革开放,特别是市场经济体制的确立,我国开始重视创业并出台了一系列支持自主创业的政策。初期创业政策的功能是解决失业人员的就业问题。20世纪90年代中期,随着国家"科教兴国"发展战略的实施,国家开始重视和推进高新技术领域的创业活动,并相继出台了一系列鼓励创办高新技术企业的政策和法律。在这一背景下,我国大学生创业及相关政策开始启动和发展。一般认为,我国大学生创业发端于1998年清华大学举办的首届清华创业计划大赛,次年由团中央等部门联合举办了首届"挑战杯"中国大学生创业计划竞赛,进一步扩展了创业活动在高校的影响,创业成为高校大学生的热门话题,并以此为载体兴起了从校园走向市场的大学生创业活动。随着大学生创业规模的不断扩大及其社会经济效益的日益显现,政府开始制定相关政策引导和鼓励大学生创业。

　　2012年党的十八大报告提出:"引导劳动者转变就业观念,鼓励多渠道多形式就业,促进创业带动就业。"2013年国务院办公厅做出指示,要求各地区、各有关部门对高校毕业生自主创业进一步放宽准入条件,降低注册门槛,按规定给予小额担保贷款及贴息、税费减免等政策扶持。财政部进一步完善了小额担保贷款的贴息政策。随后,党的十八届三中全会通过的《中共中央关于全面深化改革若干重大问题的决定》要求健全促进就业创业的体制机制,完善扶持创业的优惠政策,形成政府激励创业、社会支持创业、劳动者勇于创业的新机制。2014年5月,国家提出实施经济发展的"新常态"战略,创新与创业成为新常态下的重要引擎。在此背景下,人力资源社会保障部等九部门联合发布《关于实施大学生创业引领计划的通知》(人社部发〔2014〕38号),提出2014—2017年实施新一轮"大学生创业引领计划",即通过提升大学生的创业意识和创业能力,完善政策制度和服务体系,促进创业良好机制的形成,力争实现2014—2017年引领80万大学生创业的预期目标①。

　　结合以上材料,请思考创业政策与创业政策环境的区别与联系。

---

　　①　摘自《我国大学生创业政策:演进逻辑及其趋向》,载于《山东大学学报(哲学社会科学版)》2015年第3期。

第九章 创业投融资

案例导入

从创业融资
到债台高筑

"周辙东,王纲坠。"公元前770年,烽火戏诸侯的周幽王姬宫涅[shēng]在犬戎之乱中丢了西周,其子平王姬宜臼迁都洛邑,开启了春秋战国时代;公元前315年,皇位传到了东周第25任、也是最后一任君王赧[nǎn]王姬延手里。这位新王看着祖宗留下的八百年基业只剩下王畿[jī]这一小块,连自己居住的地方都是西周公封地,不由得热血沸腾,发誓要复兴那个"天下共主"的大周王朝。遗憾的是,赧王的爷爷显王姬扁在位那会儿,秦国就已经是西戎霸主,公元前306年秦昭襄王嬴稷继位后,更是在白起、范雎[jū]等名将的辅佐下攻城掠地,令东方六国闻风丧胆。做了58年的超长心理准备,周赧王的满腔热血早就凉了半截,但历史跟这位老人开了一个天大的玩笑,让他在公元前257年亲眼见证了魏国信陵君窃符救赵,打破秦军不败的神话。恰巧此时,楚考烈王遣使节劝说周天子联合六国抗秦并担任总指挥,复兴梦瞬间涌上心头,赧王当即决定——创业!

周赧王要创的业可不是什么企业,而是江山永固的伟业,此时的赧王要钱没有、要人五千,拿什么跟秦国抗衡呢?西周公向赧王提出了一个债权、股权结合的创业融资方案。一方面,向洛邑的巨商富贾借债,承诺会在凯旋后以秦国的割地赔款偿还,利息给得挺高,此为"债权融资";另一方面,派使臣去东方六国游说,劝说六国出钱出人、合力抗秦,当然这属于投资性质,打败仗的风险得与赧王共担,此为"股权融资"。方案一经提出,立刻被热血老年周赧王积极采纳,进入向商人借钱的阶段。债权融资异常顺利,洛邑的商人们从没听说过天子借钱,觉得是一本万利的机会,这让赧王热泪盈眶,相信得道多助、民心所向。

股权融资的道路可就艰难了许多。除了楚国不忘初心派大将景阳领几万将士加入联合国军外,只有燕国在心有余而力不足的窘境中仍派出大将乐闲。赵国经历了长平之战,邯郸又被围困了三年,重创难愈;齐国复国不久、元气大伤,配合着秦国的远交近攻政策不敢造次;韩国国力孱弱,刚被秦国夺取阳城、负黍,实在无可用之兵;而最有可能出兵的魏国却陷于魏安釐[xī]王对信陵君魏无忌功高盖主的猜忌之中,不愿投身历史的滚滚洪流。五万楚燕联军陪着周天子等了三个月还不见大军集结,而秦国已派出大将嬴摎[jiū]领十万精兵在函谷关外等候,周天子深知大势已去,兵戎未见便班师回朝了。

仗没打成,但账还得还。当初借钱给天子的商人们发现以主权信用作保的债权根本无法兑现,愤怒的群众直接将赧王逼上了"避债台",这便是成语"债台高筑"的出处。东方六国和东西两周公迅速与周赧王划清界限,胸怀周国梦的赧王郁郁而终,东周灭亡,再没有姬家子孙为他撰写"先帝创业未半而中道崩殂"的优美赞歌了。

创业需要资金。当缺少支撑创业的足够资金时,创业者可以通过金融市场融入一定数量的资本,这一过程被称为"创业投融资"。正如毛泽东同志在《必须学会做经济工作》中说的那样:"我们希望有外援,但是我们不能依赖它"。创业资本家不是慈善家,他们谨慎挑选优质的创业企业和项目,以投资收益最大化为目标进入和退出。只有创业投融资的当事人充分了解创业投融资的理论发展和市场规律,创业企业才能获得最好的发展,创业资本才能获得最恰当的运用。在本章中,我们梳理创业投融资的产生和发展,介绍创业投融资的理论基础,探讨创业资本的融通渠道和退出方式。

第一节 创业投融资的产生和发展

一、思想的萌芽

创业是创业者基于自身的人力资本优势,在现有社会条件下识别、创造商业机会并承担相应风险,以创造新价值的过程;但创业者所拥有的人力资本优势常与实现特定商业价值所必需的土地、资金、设备、知识产权或制度许可等其他资源并不匹配,迫使创业者为把握商业机会而对稀缺资源进行发掘、重组和融通。

早在四千多年前,创业投融资的思想便伴随金融市场的产生而萌芽。德莱海姆(Drehem)遗址出土的一系列档案泥板记录了乌尔第三王朝(Ur III,约公元前2100年)一群奶牛在10年间的数量增长趋势和基于奶牛数量的牛奶、乳酪的产量增长情况;耶鲁大学教授威廉·戈兹曼指出,铭文采用了一些不符合现实的假设(如没有牛死亡、每对牛每年均产下一头幼崽等),可见德莱海姆泥板[①]并不是贡牲中心的真实

---

① 德莱海姆泥板由楔形文字书写,罗伯特·英格伦教授领衔翻译,现藏于法国卢浮宫。

记录，而是一份以融资为目的的"商业计划书"。

我国著名的经济学典籍《管子》对政府在创业投融资中的重要作用进行了精辟的伦理分析。"礼崩乐坏"的春秋时期（公元前 770 年至公元前 476 年），高利贷市场已相当成熟，时任齐国国相的管仲（约公元前 723 年至公元前 645 年）提出"富而能夺，贫而能予"[①]的改革思想，认为政府应主动给予歉收农户更多的补贴，使其具备再生产的能力，而不必依赖高利贷，正所谓"无本者予之陈，无种者予之新"[②]（缺少本钱的农户，国家借给他陈粮作为本钱；缺少种子的农户，国家借给他新粮作为农资）。

二、领跑的美国

学界普遍认为，现代意义上的创业投融资诞生于 1946 年，以约翰·惠特尼（J.H. Whitey）成立全球第一家私人风险机构为标识[③]。传奇创业者惠特尼在一生中为 350 余家企业提供过创业资金，是以共享股份方式进行创业投资的第一人，由其发明的 venture capital（VC）一词沿用至今，并被我国从业者广泛译为"创业投资"（创投）或"风险投资"（风投）。

第一家现代投资公司则诞生于 1946 年晚些时候，哈佛商学院教授、"现代风险投资之父"乔治·多里奥特（Georges Doriot）和波士顿区域联邦储备银行主席拉尔夫·弗兰德斯（Ralph Flanders）合作创办了美国研究开发公司（American Research Development，ARD）。这是一家封闭型投资公司，由职业金融家管理。到 1947 年底，ARD 已投资 6 个初创企业和 2 个已成立公司；但 ARD 自身作为创业企业，在较长时间内都难以获得稳定的资金支持。直到 1957 年，ARD 向初创的美国数字设备公司（DEC）投资 7 万美元，并于 1968 年获得超过 5 亿美元的回报，ARD 所提出的创业投资模式才获得业界的普遍认可。

对 venture capital 这一概念的最早阐述来自 1973 年美国创业投资协会。该协会认为"创业资本"是由专业机构提供的、投资于极具增长潜力的创业企业，并参与其管理的权益资本。不难看出，这一阐述主要针对初创企业，并未包含日后逐渐成熟的、通过并购与重组实现二次创业的重整期企业，因此也被称为经典创业资本（classical venture capital）。此后，业界倾向于将创业投资的范畴向私募股权投资（private equity investment）扩展，从而覆盖企业在上市前的完整创业周期。1996 年，经济合作与发展组织（OECD）在《创业投资与创新》中修订了 1983 年对"风险资本"的早期定义，认为创业投资是投资于未上市的新兴创业企业并参与管理的行为，其价值由创业企业家和创业投资家通过资金和专业技能共同创造。

---

①　语出《管子·揆度》。
②　语出《管子·轻重丁》。
③　也有学者认为 1945 年成立的英国"3I 公司"是最早的现代创业投资基金，但由于该公司对创业投融资模式的影响力较小，本书仍将其视为萌芽，而非真实意义上的起点。

三、全球化浪潮

经过 30 年的探索和发展,创业投资于 20 世纪 70 年代迎来了第一次高潮。1972 年,唐·瓦伦丁(Don Valentine)创立红杉资本(Sequoia),先后投资苹果(Apple)、甲骨文(Oracle)、雅虎(Yahoo)等著名创业企业。同年,日本首批 3 家创业投资公司成立,即著名的日本创投界"御三家"KED、NED 和 NVC,并与 1973 年至 1974 年成立的 JAFCO 等 5 家创投企业合称为日本第一代创业投资机构。

20 世纪 80 年代,欧洲的创业投融资开始起步。时任英国首相的撒切尔夫人尖锐地指出,"欧洲在高新技术方面落后于美国,其原因并非欧洲科技水平低下,而在于欧洲创业投融资落后于美国"。90 年代,英、法、德等欧洲国家相继出台创业投融资鼓励政策,促使欧洲逐渐成为全球第二大创业投融资发展地区。以创业投融资市场相对繁荣的 2008 年为基准,创业投资基金规模约 814 亿欧元,其中英国占 58.8%,法国占 13.7%,德国占 3.0%;创业融资规模为 541 亿欧元,其中英国占 41.6%,法国占 16.2%,德国占 13.1%。

近年来,创业投融资浪潮已席卷全球,成为世界经济最为核心和具有前景的议题之一。根据 CBInsights 发布的《全球公司创业投资(CVC)报告》统计,2018 年中国企业获得 CVC 投资的数量和金额分别是 2013 年的 12 倍和 36 倍,印度企业获得 CVC 投资的数量和金额分别是 2013 年的 4 倍和 18 倍;2018 年亚洲获得 CVC 的企业数占比首次超过北美洲。2013 至 2018 年各洲 CVC 投资案例数占比如图 9-1 所示。

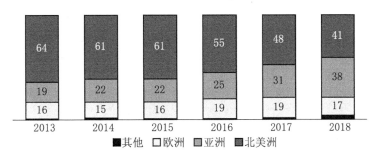

图 9-1　2013 至 2018 年各洲 CVC 投资案例数占比[①]**(单位:%)**

四、中国的实践

1985 年 3 月,中共中央《关于科学技术体制改革的决定》(中发〔1985〕6 号)首次提出创业投资概念,明确"对于变化迅速、风险较大的高技术开发工作,可以设立创业投资给以支持"。但清晰界定风险投资概念却是 14 年之后的事情;1999 年 11 月,科技部联合七部委成立"创业投资机制研究课题组",在《关于建立风险投资机制的若干意见》(国办发〔1999〕105 号)中将创业投资定义为"向主要属于科技型的高成长性创

---

① 数据来源:根据 CBInsights 2018 年全球公司创业投资(CVC)报告数据整理。

业企业提供股权资本,并为其提供经营管理和咨询服务,以期在被投资企业发展成熟后,通过股权转让获取中长期资本增值收益的投资行为"。2005 年 11 月,国务院颁布《创业投资企业管理暂行办法》(发展改革委第 39 号令),以法令形式规范了创业投融资的机构设置、投资运作和政策扶持。一般认为,我国的创业投融资实践以上述 3 个重要文件的颁布为节点,经历了三个主要阶段:

(一)第一阶段:创立(1985 年至 1998 年)

《关于科学技术体制改革的决定》出台后半年,中国新技术创业投资公司获批成立;但受制于国家科技产业发展体制不够完善、产业结构不够合理,政府支持下的大量创业投资基金流入房地产市场和证券市场,1998 年该公司因长期亏损而被清算。

(二)第二阶段:探索(1999 年至 2005 年)

1998 年,时任民建中央主席成思危在全国政协九届一次会议上提交的《关于尽快发展我国风险投资事业的提案》(史称"一号提案")直接引发七部委成立联合课题组,下半年新成立创业投资公司 43 家,2000 年新增 102 家,北京、上海、深圳等经济发达地区的政府创投基金、创投协会也在两年内部署完成。同时,国际资本也关注到中国市场的前景,软银(ソフトバンク)、红杉资本(Sequoia Capital)和凯鹏华盈(KPCB China)等国际著名创业投资公司携基金进入中国。

(三)第三阶段:规范(2006 年至今)

经过 2004 年中小板过渡性推出,2005 年 A 股股权分置改革和 2006 年 IPO 重启,我国创业投融资的退出机制已趋于完善,但仍存在较多法律障碍。2005 年和 2006 年,我国连续修订了《公司法》《证券法》和《合伙企业法》等一系列法律法规,明确了创业投融资在经济活动中的法律地位。随着国际股权投资进入和影响国内市场,我国创业投融资的组织形式向国际主流的基金管理型转变。

五、互联网泡沫

1994 年我国接入互联网后,商机涌现,出现了中国黄页(马云,1995)、搜狐(张朝阳,1996)、网易(丁磊,1997)、3721(周鸿祎,1998)等第一代互联网创业公司,风险投融资的重要作用受到政府和市场的高度重视。1999 年被誉为创业"黄金年",OICQ(马化腾)、阿里巴巴(马云)、百度(李彦宏)和盛大(陈天桥)等一大批互联网企业凭借创业投融资的东风蓬勃而生。

2000 年,美国互联网泡沫破裂并波及国内市场,创业投融资与互联网的结合模式受到广泛质疑。业界开始认识到,绝大多数创业企业并不能在经营过程中盈利,甚至根本不具备长期可持续经营的能力,其存续周期完全由创业融资规模和资金燃烧率(burning rate)决定。但互联网泡沫的破裂迅速而强硬地纠正了市场对创业投融资评价体系的认知,也迫使美国证券交易委员会(SEC)规范大型投资机构的经营行为;我国大量创业企业在用尽创业投资后破产,存活下来的 BAT 等企业均在日后成为中国互联网服务市场的中流砥柱。

经过 10 年的发展,我国创业投融资在互联网行业中的份额远远超过其他行业,互联网与创业投融资的深度结合为我国创造了一系列科技奇迹,使我国的互联网行业发展全球领先。2015 年我国创业投融资市场一级行业投资分布如图 9-2 所示。

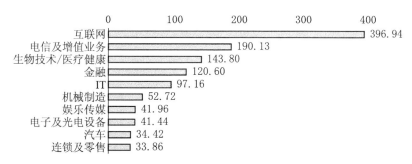

图 9-2　2015 年我国创业投融资市场一级行业投资分布①(单位:亿元人民币)

六、资本的寒冬

资本寒冬,通常指创业投资机构收紧资金,导致创业企业生存困难的经济现象;按行业覆盖范围划分,资本寒冬分成资本层寒冬和行业层寒冬两类。资本层的资本寒冬表现为创业资本的风险承受能力在经济下行周期中普遍下降,无法或不愿扩大创业投资规模,所有初创企业均受到影响;而行业层的资本寒冬则表现为创业资本调整对特定行业的市场看法,造成某一行业或行业链条中的创业企业无法获得创业投资。

21 世纪初,全世界经历了第一次资本寒冬。Nasdaq 指数从 2000 年 3 月的 5 048.62 点一路下跌至 2002 年 9 月的 1 172.06 点,77% 的市值蒸发促使整个市场重新审视对初创企业价值的评估机制,所有投资机构均审慎面对这一全新市场形势。然而,回顾这一历史就会发现,真正导致这场资本寒冬的导火索是美国总统克林顿和英国首相布莱尔在 2000 年 3 月 13 日联合宣布,生物技术公司有义务公开并允许公立研究机构无偿、自由使用人类干细胞胚胎研究的相关成果,以提高全球研究效率。生物行业的寒冬引发了互联网行业的海啸,最终导致了资本层的寒冬,无数初创企业和投融资机构在这两年中凋零死去。

虽然“凛冬将至”的观点充斥市场,但恢复理性的创业者和投资者都接受了 Nasdaq 与世界经济同步缓慢增长的现实。2003 年 12 月携程网在 Nasdaq 上市后,电商和团购概念不断吸引创业资本,多家著名的国际创投基金在 2005 年前后进入中国,中国已成为创业投融资全球化格局的重要组成部分。因此,当 2008 年全球发生经济危机,国内的创业投融资市场迅速进入资本的寒冬,对初创企业影响巨大。

2010 年以来,物联网、云计算、区块链、人工智能等一系列创新推动了“互联网＋”交通、餐饮、教育、娱乐等行业变革,迫切需要创业投融资市场的支持,而经历过两次外源性资本寒冬的创业投融资市场已经学会保持谨慎观望态度。2015 年以来,初创企业融资越来越难,多轮融资间隔越来越长,创业资本退出越来越果断,表现出

---

①　数据来源:http://www.chyxx.com/industry/201609/451838.html。

供给侧、结构性的自我调整。每一次资本寒冬都倒逼创业投融资机制不断升级和完善,因为"市场永不遗忘"。

第二节　创业投融资的理论基础

一、马克思的创投思想

参照《资本论》中将商业资本从产业资本中分离出来的逻辑,刘志阳(2005)认为创业资本也具有独立化的职能资本形态,即独立的资本人格化身(创业资本家)和独立的盈利目的(获取创业利润),因此创业资本的自行增值有可能获得超过产业平均利润的创业平均利润。因此,马克思将创业经济视为技术发展进程中由私人权益结构调整引致的全新生产关系。马克思1846年致信帕维尔·瓦西里耶维奇·安年科夫时指出,"人们在发展其生产力时,即在生活时,也发展着一定的相互关系;这些关系的性质必然随着这些生产力的改变和发展而改变"。

事实上,马克思辩证地看待这一问题:一方面,正是因为"任何生产力都是一种既得的力量",马克思并不将生产力作为研究对象,他认为创业资本的介入不是也不会成为提升社会生产力的决定性因素。无论是生存型创业经济还是机会型创业经济,创业资本的贡献均在于将缺乏资本积累的企业接入更为复杂的生产关系之中,使企业具备实现先进生产力的资本环境。另一方面,马克思在信中明确写道,"随着新的生产力的获得,人们便改变自己的生产方式,而随着生产方式的改变,他们便改变所有不过是这一特定生产方式的必然关系的经济关系",创业投融资正是通过向创业企业注入新的生产力的方式,主动改变生产方式,继而在更大范围内影响到生产关系。

根据马克思的资本积累理论,在社会劳动生产率不变的假设下,企业只能通过增加劳动量来实现外延式扩大再生产;而创业企业则具备马克思内涵式扩大再生产的条件,即提高劳动生产率、提高生产设备利用率和节约使用劳动对象等(统称为技术进步)。因此,创业投融资的盈利中介是创业型生产,而非扩大再生产,创业企业的可持续发展依靠的是内涵式的扩大再生产机制;创业资本注定在取得超过产业平均利润的创业平均利润后退出,转而投资其他初创企业。同理,当初创企业获得创业资本后不再进行内涵式发展,转而以扩大生产场所、雇佣更多劳动力的方式进行外延扩大再生产,其融资的创业属性便消失了。

二、现代资产组合理论

1952年之前,金融界对风险的认知还停留在经验分析层面,空有分散风险的想法,却不知道如何去操作。正在芝加哥大学攻读博士学位的哈里·马科维茨(Harry M.Markowitz, 1927—　)提出以年收益率的标准差作为风险的度量,通过对收益率均值和方差的分析,简洁而严谨地定义了投资人的偏好均值-方差模型,如图9-3所示。凭借这一开创性的贡献,马科维茨在 1990 年与威廉·夏普(William F.Sharpe)、默顿·米勒(Merton H.Miller)分享了诺贝尔经济学奖[①]。

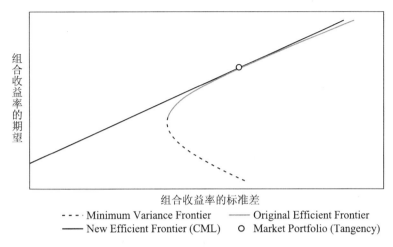

> 组
> 合
> 收
> 益
> 率
> 的
> 期
> 望
>
> 　　　　　　　组合收益率的标准差
>
> - - - - Minimum Variance Frontier　　——— Original Efficient Frontier
> ——— New Efficient Frontier (CML)　　○ Market Portfolio (Tangency)

图 9-3　均值-方差模型

如图 9-3 所示,我们用年收益率的标准差来衡量风险,考虑所有可能的收益率期望,可以绘制出一条最小方差前缘,上半部分被称为有效前缘,而从横轴为 0、纵轴为无风险收益率的点出发、并与有效前缘相切的这条资本市场线,可以通过切点所代表的市场投资组合与无风险资产按一定比例来构造。现代资产组合理论揭示了风险与预期收益率之间的关系,并用数学模型说明将不同风险的资产进行组合能有效降低投资的总风险。

向初创企业投资的风险较高,因此市场对创业投融资的预期收益率也远远高于一般投资;但即便考虑到投资人对规避风险的需求,高风险-高收益的创业投资仍应被纳入理性的资产组合中来。

三、MM 理论

1958 年 6 月,美国经济学家弗兰科·莫迪利安尼(Franco Modigliani)和默顿·米勒(Merton H.Miller)合作提出了著名的 MM 理论。一般认为,MM 理论经历了三个主要发展阶段:

(1)在不考虑税收的早期模型中,MM 理论认为企业的整体市场价值不受资本结构的影响,即负债企业的价值等同于无负债企业价值,无财务杠杆效应,该结论被称为“经典 MM 理论”。此时,负债企业的权益资本成本等同于相同风险等级的无负债企业的权益资本成本与财务风险溢价之和;当企业债务杠杆增加,剩余权益的风险将增加,从而权益资本成本增加,抵销债务成本较低带来的收益。

(2)在考虑企业税的条件下,由于债务利息可抵减应纳税额,而股利和留存收益

[①]　诺贝尔经济学奖是瑞典国家银行为纪念阿尔弗雷德·诺贝尔而设立的奖项,也称瑞典银行经济学奖。

并不能抵扣,因此高负债企业的价值会高于低负债或无负债企业,该结论被称为"税盾效应"(Modigliani & Miller,1963)。此时,负债企业的权益资本成本等同于相同风险等级的无负债企业的权益资本成本与风险报酬之和,风险报酬取决于资本结构和企业税率。

（3）在同时考虑企业税和个人所得税的条件下,个人所得税将降低企业支付债务利息的节税程度,因此第二阶段模型高估了负债企业的市场价值。该结论由默顿·米勒于1976年提出,但其对最优资本结构的推论并没有变,即认为100%负债的企业具有最大的市场价值,该结论被称为"米勒模型"。

克莱因克内希特(1991)的调查显示,10—19人的企业中有58.7%认为缺乏资金严重影响到企业创新,重要性高于其他因素,而500人以上的大企业中只有26.8%持同样看法。MM理论深刻揭示出创业企业与普通企业的融资竞争关系。缺乏政府扶持的条件下,由于创业企业违背了MM理论的假设前提,具有较高的交易成本(信息不对称),因此获得债务性融资的难度较大,资本结构的杠杆率较低,可供抵扣的税收项也较少,创业企业的发展迫切需要创业投融资这类权益型资本的参与。而当企业逐渐成熟,交易成本下降,能够获得更多来自金融机构的外源信贷,创业资本即可退出企业经营,使税盾效应发挥作用。

四、创业资本周期理论

前文所述格雷纳(Larry E.Greiner)的五阶段企业成长模型认为,企业成长一般要经历5个阶段:创新成长期、扩张成长期、成长准备期、多样化成长期和成熟期。与初创企业成长阶段相对应,创业资本同样具备生命周期。美国经济学家保罗·冈玻斯(Paul Gompers)和乔舒亚·勒纳(Joshua Lerner)于1999年提出创业资本周期理论,该理论认为一个创投周期以创业企业家获得创业资本为开端,创业资本经过对创业项目的管理和增值,在可持续增值时退出该项目,将创业资本返还给投资人,以投资到其他更新的创业项目中。当创业企业家有可行的创业想法但缺乏正规信贷所必需的抵押品时,创业资本家也在寻找、定位、评估和选择创业项目,创业资本给创业企业提供的远不止资金,更与创业企业家建立合作伙伴关系,在企业成长中起到积极的管理和监控作用(R.Silviera & R.Wright,2007)。

创业资本周期理论从资本周期和企业周期的不一致性角度,较好地解释了创业资本家与创业企业家之间的矛盾和平衡。格巴尔指出,软预算约束对创业投资至关重要,创业企业家的个人利益占比越高,创业项目失败的概率就越大。因此,创业资本在投资初期(订立合同时期)就应明确完整的创业资本周期和管理-退出条件,哪怕能带来平衡的治理结构具有一定的剥削性(Vermeulen, et al.,2014)。但创业资本周期理论也有明显的缺点,即无法解释对创业企业的直接零散投资行为,特别是近年兴起的创业项目众筹;零散投资不以创业投资家为媒介,不参与创业企业管理,不明确投资退出的机制和条件,也不关心创业企业家的个人利益,具有一定特殊性。

五、信息不对称理论

20 世纪 70 年代,乔治·阿克罗夫(George A.Akerlof)、迈克尔·斯宾塞(A.Michael Spence)、约瑟夫·斯蒂格利茨(Joseph Eugene Stiglitz)等 3 位经济学家先后得出经济市场信息不对称的观点。未获得完整或必要信息的交易方会对交易失去信心,造成交易成本的上升。

创业企业家与创业资本家之间的不完全信息博弈是当前研究的重点。一方面,创业投融资双方具有不稳定的合作关系。在实施投资前,创投机构会通过建立更加完善的创业企业和项目评估体系来降低投资风险(Tyebjee & Bruno,1984;Fried & Hisrich,1994),减少道德风险和逆向选择的发生。而 Bachmann 和 Schindel (2006)的调查显示,创业投资机构在参与创业企业管理(特别是新技术研发)的过程中也有可能窃取创业企业的科技成果、商业机密等,造成创业企业长期利益受损。另一方面,经过有效设计的投融资契约能在一定程度上消除信息不对称所带来的风险。例如,采用可转换债券(Sahlman,1990;Gompers,1995)或分阶段投资(Repullo & Suarez,2000)的办法,建立创业企业家和创业资本家一致或相近的经营目标,用激励控制和信息披露的办法减少双边短视行为和道德风险。

信息不对称理论也解释了创业企业在传统金融渠道中的融资难问题。创业企业无法提供产品、项目和企业家才能正向影响长期经营绩效的证明,也无法通过将大量资金投放到广告宣传市场的方式提升企业声誉,造成金融机构对创业企业缺乏必要的了解。针对小微企业的研究表明,关系型借贷模式可在一定程度上代替交易型借贷模型,增加对企业非财务信息的了解;但由于创业失败的非财务因素比重远高于普通小微企业,因此相关研究结论尚无法运用到创业企业中。

六、委托-代理理论

早在 1776 年,亚当·斯密(Adam Smith)便在其名著《国富论》中提出委托-代理问题,"在钱财的处理上,股份公司的董事为他人尽力……要想股份公司董事们监视钱财用途,像私人合伙公司伙员那样用意周到,那是很难做到的。……疏忽和浪费,常为股份公司业务经营上多少难免的弊端"。1932 年,伯利(A. A. Berle)和米恩斯 (G.C.Means)在其著作《现代企业与私人财产》中研究了 200 家美国企业的控制权,发现占企业数 44%、资产数 58% 的企业都是由无企业股权的经理人控制,得出"企业所有权与控制权相分离"的结论(也称"伯利-米恩斯命题"),为研究企业经营管理提供了激励视角。

20 世纪 70 年代,信息不对称理论的诞生极大拓展了委托-代理理论的研究范畴。在委托人与代理人利益相冲突、信息不对称这两条经典假设下,莫里斯(1974)通过一阶化方法建立了标准的委托人-代理人模型,指出(1)在任何满足代理人参与约束和激励相容条件下、使委托人的预期效用最大化的激励机制或契约中,代理人必承担部分风险,(2)若代理人风险中立,则最优激励来自代理人承担全部风险的制度设计。罗宾斯坦(1979)等学者将动态重复博弈引入委托-代理模型,指出实现委托人和代理人之间风险分担和激励的帕累托最优需建立在长期稳定互信的合作关系基础之上,因此,在长期合作关系下,委托人既能够识别代理人的努力程度,也可以在制度设计中免除代理人风险。但弗得伯格(1990)证明了在委托-代理双方具有相同的资本市场条件时,长期合约会被一系列短期合约取代,因此不存在真正长期稳定互信的合作关系。

怀特(Wright)等学者于1997年指出,创业投融资的本质是创业投资人—创业投资家—创业企业家三者形成的双重委托-代理关系。其中,创业投资中介因参与创业企业管理而具备信号传递优势,委托-代理矛盾并不突出;原始投资人(资金供给者)和创业投资机构(基金)之间的委托-代理关系是研究的核心和重点。一般认为,声誉是原始投资人评价创业投资中介的主要指标,即在任何投资阶段下,原始投资人都无法获得投资绩效管理信息,只能通过投资的最终收益评价投资中介的努力程度。基于委托-代理理论的创业资金过程化管理对我国创业投融资市场尤为重要,特别是政府创投引导基金和产业定向创投基金的有效管理。

七、相机治理理论

相机治理理论是创业资本周期理论和信息不对称理论的结合,主要研究实现信号的动态有效传递方式。雷普略和苏亚雷斯(1998)提出将融资模型视为两个阶段:初创阶段利润率未知,扩展阶段利润率已知且有正现金流,但无法被证实。因此,模型的最优合约是,当初创阶段利润率较低则投资者不获利,利润率较高则获得固定比例企业股份。与之类似,康纳利和约沙(2003)认为,分阶段投资将激励创业企业家操纵短期利润,使短期利润看上去高于实际利润,以获得下一阶段的融资,此时,应采用可转换债券消除创业企业家的短视激励。

2017年7月,证监会发布《关于开展创新创业公司债券试点的指导意见》,明确了非公开发行的创新创业公司债可以附可转换成股份的条款,可转债正逐渐成为创业资本相机治理的主要金融工具。而为了避免可转债带来的股权稀释问题,创业投融资合同应谨慎制定反稀释条款,明确后投资者单位投资的权益不能超过先投资者;对创业投融资中可转换债券和反稀释的研究仍非常前沿和热门。

八、实物期权理论

实物期权(real option)由麻省理工学院教授梅尔斯(Stewart Myers)于1977年提出。传统的现金流定价方法认为,投资人对未来现金流没有选择权,经典的净现值(NPV)方法即以无风险利率对未来现金流进行贴现以获得投资回报情况。但现实中,投资机会中往往隐含一些选择,比如扩大投资的权利、放弃投资的权利或推迟投资的权利等等。当管理者面临未来市场的不确定性时,有权且有能力调整管理决策,则称管理者具有一定程度的"管理弹性"(managerial flexibility)。净现值法无法体现管理弹性,而根据管理弹性的不同,实物期权又可以被划分为放弃期权(abandonment option)、扩大期权(expansion option)、缩减期权(contraction option)、推迟期权(option to defer)和延期期权(option to extend life)。

对普通企业或项目的价值评估常采用市盈乘子(P/E multiplier)和当前盈余的乘积表示;但这一方法对创业企业和创新项目并不友好。初创期和研发期需要大量的资金投入,账面利润常常为负,但这并不代表企业或项目经营不善。在当前阶段投入大量资金进行科技创新、占领市场、培养受众,有助于提升投资的未来回报。此时,通过寻找能反映现阶段企业价值的特殊因子(如成本、流量、销量等)建立不确定性条件下实物期权模型,再通过蒙特卡洛模拟等方法求出未来利润和现金流的期望,以此估计企业或项目的真实价值。需要特别注意,实物期权中的实物并不特指具有实物形态的厂房、土地、设备等生产资料,也包括知识产权、商誉、企业家才能等非实物形态资源,这些因素均会造成投资具有不确定性。

第三节　创业融资渠道

一、创业贷款

创业贷款是创业企业最重要的融资渠道之一。改革开放前,我国创业企业资金主要依赖财政拨款,因此自主创业企业数量极少(鲍英善等,2017);1984 年"拨改贷"政策出台,明确指出"新开工项目需在设计任务书中提出项目经济效益资料",各级计委"征求同级建设银行的意见后,在审批设计任务书时予以确定"[①],创业项目或创业企业与商业银行的业务联系逐渐紧密。

创业贷款是具有生产经营能力或正从事生产经营活动的个人,因创业或再创业需求而向商业银行提出融资申请,经银行认可有效担保后发放的一种专项贷款。其特点是目标客户为创业者个人,信贷额度较小(一般不高于 50 万元),利率具有激励性质(利率较低并可享受贴息优惠)。创业贷款能够部分解决未建立企业的个人创业者规划创业思路、构建创业团队、搜集创业资源等方面的资金需求;但由于创业本身的风险较高,商业银行对创业项目的识别能力较低,因此创业贷款需要抵质押品,所贷数额也往往不能满足创业企业需求,创业企业信贷难仍是创业市场的普遍问题。

而民间借贷也是重要的借款来源,很多创业者是依靠来自亲戚朋友甚至高利贷等民间资金开启创业之路的,业界称之为 3F 融资(founder, family and friends)。一方面,民间借贷具有高度的便捷性。创业者凭借个人名誉或与债权人的亲友关系而较易获得"品德认可",在不需要抵质押品或担保的前提下就能借入一定数量的资金。著名企业家车建兴就是依靠从亲友处借来的 600 元钱,与几名木匠合伙创办青龙木器厂,经过几轮再创业终于建立了中国家居第一品牌"红星·美凯龙",个人身家近300 亿。而另一方面,民间借贷又具有高度的危险性。由于债务人(创业者)与债权

---

① 1984 年,原中华人民共和国国家计划委员会、财政部、中国建设银行总行发布《关于国家预算内基本建设投资全部由拨款改为贷款的暂行规定》,明确"拨改贷"并根据行业设定指导利率。

人的亲缘关系较为密切,创业融资中民间借贷占比较高的创业企业往往无法获得正常的破产清算,对创业者及时调整创业思路和二次创业具有超出经济规则的破坏力。部分民间资本以欺诈、哄骗甚至暴力手段诱导融资,对创业市场造成了极为不良的影响。

二、互联网融资

P2P 和众筹是近年来兴起的互联网创业融资渠道,其特点为借贷双盲、线上匹配、风险分散、流程简单。

P2P,即 Peer-to-Peer Lending,意指个人对个人的信贷模式。借贷双方分别到 P2P 平台登记个人信息和投融资需求,由平台按一定条件进行撮合成交并提供标准化合约和相关法律文件。P2P 模式的诱人之处在于债权人可以将投资分散至多名债务人,通过构建资产组合的方式降低风险。按照平台承担风险的程度,P2P 可分为 Prosper 模式、Zopa 模式和 Kiva 模式。其中,Prosper 模式仅提供单纯的借贷中介服务并抽取信息服务费,完全不承担借贷双方的信用风险;Zopa 模式为借贷双方提供金融媒介服务,作为做市商对客户进行分级、对产品进行报价,承担必要的信用风险;Kiva 模式主要针对发展中国家的小微企业,要求审核企业家信息和项目信息,是较为典型的创业型 P2P,往往与当地金融服务机构合作控制风险。2015 年 12 月,原银监会联合多部门出台《网络借贷信息中介机构业务活动管理暂行办法(征求意见稿)》,明确了我国 P2P 的网络借贷信息中介身份,不允许提供信用担保或设立资金池,但目前我国 P2P 平台引入第三方担保的做法已成常态,仍需进一步规范。2013 至 2017 年我国 P2P 网络借贷成交额如图 9-7 所示。

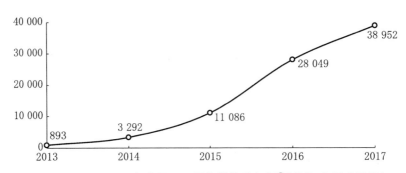

图 9-4 2013 至 2017 年我国 P2P 网络借贷成交额①(单位:亿元人民币)

众筹是以项目或任务为融资标的的网络借贷模式,是项目导向的特殊 P2P。奥达里尼等(2013)较早给出完整的众筹定义,即通过网络集聚大众及其财力,以群体力量投资或支持他人发起的项目,众筹的投资者就是消费者。赫默(2011)将众筹划分为预售式(奖励式)、捐赠式、赞助式、债权式和股权式,ENE《2019 互联网众筹行业研究报告》将众筹划分为股权型、权益型、物权型、公益型和综合型等 5 类。其中股权众筹作为基于互联网的私募股权投资,已由《股权众筹融资管理办法(试行)》(征求意见

---

① 数据来源:观研天下数据中心《2018 年中国 P2P 网贷市场分析报告》。

稿)明确了证监会对其所具有的管辖权,2015 年 8 月确定股权众筹"公开、小额、大众"的特征,2018 年 12 月出台《股权众筹试点管理办法》。众筹作为一种新兴的创业融资手段,正在政策指导下不断地完善和规范,积极融入我国创业经济市场。2016至 2018 年我国各类型众筹机构数量如图 9-5 所示。

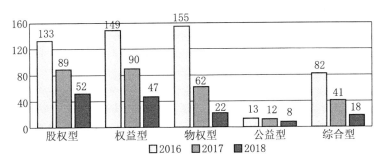

图 9-5 2016 至 2018 年我国各类型众筹机构数量①(单位:个)

三、合伙融资

合伙制是由两个或两个以上个人共同拥有企业的组织形式;通过寻找拥有资金或更易获得资金的合伙人加入企业而获得融资的方式被称为合伙融资。对创业企业而言,合伙融资具有明显的优势:第一,合伙融资制度对合伙人具有经营激励,有助于提升资金管理和企业运营效率。很多著名的创业企业在种子阶段都经历过针对创始员工的合伙融资,在获得创业资金的同时为员工提供创业激励机制。第二,较之其他权益类创业融资渠道,合伙融资所酬资金的退出难度更大,在退出过程中对企业造成的损失需另行清算,因此合伙融资的稳定性较高,适合需要大量前期投入、短期内无法实现盈利的初创技术型企业。

合伙融资要求合伙人共同投资、共同劳动,在制度上规避了资本对创业企业经营的过分干预,因此对于很多正处于经营转型、二次创业或事业创业的成长期、成熟期企业而言,合伙融资也具有非常大的吸引力。2014 年,万科宣布实行事业合伙人制度,万科集团内部的 1 320 名高端员工②"自愿"组建"盈安合伙",通过一部分出资和大量融资分 4 次从二级市场上买入万科股票 12.44 亿元,并承诺在返还公司的或有义务解除前,以及融资的还本付息完成前,不兑付到个人。万科通过该举措暂时地控制了委托-代理悖论、高端人才流失和股权分散③等问题。

四、天使投资

天使投资(AI)起源于美国。狭义的天使投资是指,具有一定财富的个人为尚未

---

① 数据来源:易烯《2019 互联网众筹行业研究报告》。

② 第一类为集团董事会成员、监事以及高管和地方公司高管,第二类为集团公司总部一定级别以上的雇员,第三类为地方公司一定级别以上的雇员。

③ 事实上,经过 2014 年 5 月 28 日—29 日的 4 次股票买入,盈安合伙已超过原最大个人股东刘元生而成为万科第二大股东。

获利的创业者提供资金支持,并通过资本在未来增值而获利的权益投资行为。据现有资料分析,亚历山大·贝尔(Alexander Graham Bell)于 1874 年接受天使投资创办了贝尔电话公司(AT&T 公司前身);亨利·福特(Henry Ford)于 1903 年接受 5 位天使投资人的 4 万美元创办了福特汽车公司。而广义的天使投资则包含一切在创业者处于创业困境时提供支持的投资行为。文艺复兴时期著名的政治家马基雅维利、艺术家达·芬奇、科学家伽利略等名人都接受过美第奇家族(Medici)的天使投资并最终获得事业上的成功。

如图 9-6 所示,创业企业在种子期和初创期会经历一个需要大量投资却在短期内较难获利的"死亡之谷",对处于这一阶段的企业进行投资并不符合大多数投资机构的风险要求[①]。而天使投资的主体是个人,其投资行为受风险偏好、社会责任、市场判断、社会网络等因素的影响,因此有较大比例的天使投资人愿意承担高于一般投资机构的风险。特别是在如今的互联网时代,市销率、市场份额等指标较市盈率、营业收入更能体现企业的未来综合价值,天使投资加速了新思想、新事物的诞生和市场化,通过吸引流量来重塑某一行业的盈利模式。天使投资往往仅凭创业者的一个优质理念便提供数额不菲的投资,待商业计划书和市场可行性报告出炉便可追加投资;其灵活性、试错性、便捷性和循环性来自创业经济本身稳定的高风险-高收益结构。因此,越来越多的创业资本开始压缩天使投资的投资阶段,而天使投资人也组成天使投资团队、基金、俱乐部、协会和孵化器,以加快对创业项目的发掘、甄别和投资。

五、创业投资

本节所称"创业投资"为狭义概念,即由专业投资经理人管理的、为投资人寻找具有较大发展潜力的企业作为投资对象的中长期投资。与天使投资不同,创业投资较少以个人为主体,一般以基金、团队、管理公司等形式进行组织;所用投资资金来自投资人群体,创投机构提供投资管理服务并抽取佣金和少量资本增值;投资对象以成长准备期前后的创业企业为主,较少涉及尚处于种子期的企业。

合伙制创业投资基金的运作需要两类合伙人:第一类以个人投资、退休基金、保险公司和捐赠进入创投机构,这一群体出资但不管理,被称为有限合伙人(LP);第二类以企业内部员工为主体,管理但不出资[②],被称为普通合伙人(GP)。创投基金寻找、识别优质的创业企业和创业项目并达成创投协议,通过跟踪管理监控投资收益并实现资产增值,向有限合伙人募集资金以追加对市场反应较好或有较高预期回报的项目投资。

就创业企业而言,创业投资(VC)覆盖的创业企业生命周期最为宽泛,往往不能通过单次投资实现对创业企业的长效管理,大多采用多轮投资的形式,随时进入或撤出创业企业和项目。马森(2002)统计了不同内部收益率下创业投资的回报率,不同

---

① 创业投资机构往往是投资中介,需要对投资人的收益负责,对规避风险的要求会高于天使投资人。

② 内部员工可以兼具有限合伙人和普通合伙人身份,即既出资又参与管理。

性质和定位的创业投资机构会选择具有不同 IRR 的创业企业和项目进行投资。创业投资回报率细分如表 9-1 所示。因此,以单一创业企业为视角,会观察到企业接受从 A 轮、B 轮开始的一系列阶梯式投资;而以创投机构为视角,会观察到创业资本对每个企业或项目的不同阶段进行独立评估,以决定追加投资或退出投资。需要特别注意,虽然国内创投市场常称种子期获得的天使投资为种子轮或天使轮融资,但其内涵并不同于创业投资的 A/B/C 轮,不可混为一谈。

表 9-1 创业投资回报率细分

内部收益率(IRR)	创业投资基金回报率	非正式创业投资基金回报率
negative	64.2％	39.8％
0—24	7.1％	23.8％
25—49	7.1％	12.7％
50—99	9.5％	13.3％
100＋	12.0％	10.2％

六、私募股权投资

私募股权投资(Private Equity,PE)是指以私募形式向非上市企业提供权益资本并最终出售股权获利的投资行为[①]。私募股权投资以普通股、可转让优先股和可转换债券为主要投资工具,在上市决策中具有一定表决权。私募股权投资与购买上市公司股票并没有本质的区别,通过 PE 就成为非上市企业的股东或权益人,其差异仅在于私募股权无法在交易所流动,从投资到退出往往需要 3—5 年时间,因此具有较高的流动性风险。由于 PE 投资于非上市企业,PE 与 AI、VC 的核心区别在于投资目标企业处于不同阶段,PE 倾向于投资进入成长期或成熟期的优质企业,在细分行业内具有领先地位,有上市规划或已进入上市筹备阶段(pre-IPO)。创业企业获得 AI、VC、PE 阶段示意图(J 曲线)如图 9-6 所示。

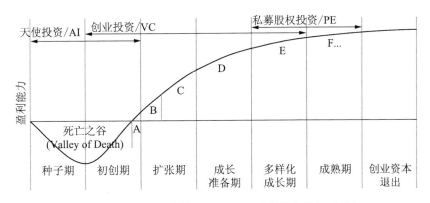

图 9-6 创业企业获得 AI、VC、PE 阶段示意图(J 曲线)

① 私募股权投资除了可以投资于非上市企业股权外,还可以不经过二级市场公开交易渠道而投资于上市企业的股权(而不是股票),本节为简化表述,仅涉及非上市企业。

私募股权投资为被投资企业提供的远不止资金,更为重要的是机构投资者在上市进程中的风控、合规经验。一方面,机构投资者能够帮助企业完成重组,规避境内企业在境外上市的法律问题,提供成本更低的 IPO 方案;另一方面,机构投资者能够提供基于 IPO 风险的激励方案,促进被投资企业在上市后仍具有较好的发展势头,以便 PE 在较好的市场环境下退出。举例而言,2002 年至 2003 年,摩根士丹利、鼎晖和英联等 3 家机构投资者在境外设立公司,为蒙牛乳业完成企业重组,实现境外投资人间接控股,先后注入折合约 5 亿元人民币的股权投资,并提供可换股文据进行 IPO 业绩对赌,并最终于 2004 年蒙牛乳业上市后获得超过 26 亿元人民币的回报,实现 PE 与企业管理层双赢。

其实就国内创业投融资市场而言,天使投资(AI)、创业投资(VC)和私募股权投资(PE)的界线并不如图 9-6 般明朗,仍处于探索和规范阶段。根据 CV Source 统计,2018 年内天使投资(含种子轮和天使轮)案例数量占比约 31.22%,A 轮融资(含 pre-A、A 和 A+轮)案例数量占比约 46.86%,可见国内创业投资仍偏好创业企业早期发展阶段。而 PE 市场明显处于发展与扩张阶段,2018 年内 91.23% 的融资案例和 48.89% 的融资金额都集中在战略融资方面,IPO 和 pre-IPO 占比较小。

七、信托融资

信托是历史悠久的金融服务,即委托人将资产交给专业的受托人管理,允许受托人代为保存、投资、记录和分配。受托人可以是企业、银行或律师事务所,但以信托公司的专业性和灵活性最为突出,市场占比也最大。与商业银行所受监管不同,信托受到的投资限制较少,可以在金融市场中构建更为复杂的投资组合。部分信托投资公司采用自有资金和长期信托资金直接参与投资,承担风险并获取被投企业经营成果的分配权。就全球信托融资市场而言,具有高风险和高收益的创业企业是重要的投资对象之一。

信托融资以项目(而非个人)为对象。创业者需提供经过包装和设计的项目书,经信托机构审核后决定是否投资。与创业投资(VC)所提供的商业计划书不同,信托项目书要求创业企业对标行业案例,重点估计项目的风险结构,而这一步往往需要借助商业银行或专业咨询机构完成。一方面,信托融资的利率和手续费高于银行贷款,一般作为其他渠道融资不足的补充,部分信托对抵质押品的要求非常高,造成创业企业获取信托融资同样不易;另一方面,信托融资合约可以由借贷双方协商订立,就融资期限、还款方式、融资承诺等方面进行定制,以适应创业企业的融资特征。

八、政府支持

1492 年和 1519 年,西班牙国王出资支持航海家哥伦布(Christopher Columbus)和麦哲伦(Ferdinand Magellan)的航海探险计划,被誉为创业史上的第一笔政府投资资金。1984 年,原国家科委(现科技部)科技促进发展研究中心成立"新的技术革命与我国的对策"课题组,提出建立创业投资机制以促进国家科技发展。1985 年,中共中央《关于科学技术体制改革的决定》(中发〔1985〕6 号)发布后不久,国家科委和中国人民银行获批成立我国第一家创业投资机构"中国新技术创业投资公司",其中国家科委占 40% 股份,财政部占 23% 股份。经过十多年发展,地方政府在创业投资中的积极作用凸显出来,1999 年上海市政府批准成立了国有独资的"上海创业投资公司",并逐渐设立与高校、企业国外投资主体合作的子基金项目,开启了地方政府引导创投的新时代。2002 年,北京市中关村管委会设立"中关村创业投资引导基金",首次将"引导"作用放在政府创投基金的名称中。

2005 年 11 月,国家发展和改革委员会联合多部委发布《创业投资企业管理暂行办法》,明确了"国家与地方政府可以设立创业投资引导基金,通过参股和提供融资担保等方式扶持创业投资企业的设立与发展",并于 2007 年设立"科技型中小企业创业投资引导基金"。这是我国第一个国家级政府创业投资引导基金。目前,我国政府引导基金的种类已经非常丰富,在广义上涵盖了政府设立的政策性基金、产业引导基金、PPP 基金、创业引导基金和科技型中小企业创新基金等类型。据私募通数据显示,截至 2018 年末,我国共设立 1 636 支政府引导基金,目标规模总额 9.93 万亿人民币,已到位资金规模 4.05 万亿人民币。举例而言,南京市江宁区于 2002 年成立科创投集团,设立了区政府引导基金,累计投资创新创业项目 100 多家,投资额 10 亿多元,投资项目中 85% 以上获得了两轮以上融资,引导社会资本跟投 50 多亿元,"政府引导"的杠杆作用便在于此。

政府对创业投融资的支持远不止建立政府引导基金。1978 年,美国国会将资本利得税率从 49.5% 降到 28%,促进了 80 年代 VC 的发展;而我国政府对创业的政策优惠则主要表现在税收减免、行政费用减免、创业贷款担保贴息、培训补贴、风险评估、免费广告等多个层面,对减轻创业者资金压力具有重要意义。

第四节　创业投资的退出方式

一、首次公开发行

首次公开发行(initial public offerings,IPO)是指股份制企业第一次向公众出售股份以获得融资,也成为首次公开募股。需要特别强调,IPO 与上市并不是同一概念:第一,IPO 是股份制企业在一级市场中融资的行为,上市是股份制企业在二级市场(交易所)中流通股份的行为,前者由证监会审核管理,后者由交易所审核管理;第二,IPO 是上市的一种形式,在一级市场中出售的股权可申请在二级市场中流通,但 IPO 并不是上市的唯一途径,因此暂停 IPO 并不意味着暂停上市;第三,监督管理部门对企业 IPO 和上市的要求是不同的,IPO 之后选择在不同的二级市场中上市的要求也是不同的;第四,因 IPO 与上市具有紧密的关联,证监会对 IPO 的审核会充分考虑上市因素。截至 2018 年 9 月,发审会审核通过(过会)、但未拿到证监会核准发行批文的 IPO 共 31 家。

　　IPO 是创业投资最好的退出方式。第一,IPO 使创业投资能够以最高的价值退出,从而获得最高的资本增值;第二,IPO 的成功为创业企业带来市场声誉,拓宽融资渠道,获得资本溢价;第三,IPO 能够有效分散经营风险。但与此同时,IPO 也具有明显的缺陷:第一,IPO 需要较长的准备期,耗费大量人力、物力、财力;第二,上市后企业的信息披露等级更高,增加了企业的合规成本;第三,IPO 稀释了创始股东权益,易造成创业企业经营决策权旁落。

　　对很多创业企业而言,从获得第一笔创业投资开始便盼望 IPO;但真正能获批公开募股并成功上市的小微企业并不多见。创业资本在创业企业 IPO 并上市之前的流动性非常差,如果进入 IPO 辅导但最终失败就会声誉受损,导致无法以原价值进入其他退出方式。著名的乔丹体育于 2011 年 11 月 25 日 IPO 过会,但至今未获得 IPO 批文,无法进入上市程序。近年来,选择在联交所或 Nasdaq 上市的创业企业增多,上市机制日趋成熟,新三板也开发了"新三板＋H 股"辅导通道。随着我国创业投融资市场不断完善,创业企业 IPO 将具有更多机会和选择。

二、借壳上市

　　借壳上市(back door listing,BDL)是指非上市企业通过向某家价值较低的上市企业注资以获得该企业控制权,并借助该企业上市地位间接使非上市企业资产上市的行为。其中,原非上市企业被称为借壳企业,上市企业被称为壳企业。根据借壳企业获得壳企业控制权方式的不同,借壳上市一般分为 4 种基本形式:第一,股份转让,即借壳企业通过与壳企业股东签订协议或在二级市场中收购股票的方式获得壳企业的控制权;第二,新股增发,即壳企业向借壳企业定向增发新股票,增发规模大于原第一大股东持有规模而获得企业控制权;第三,间接收购,即壳企业的母企业以所持壳企业的上市股权出资,与借壳企业合资成立新公司并由借壳企业控股;第四,资产重组,即在壳企业进入破产清算程序后,借壳企业以优质资产负债置换壳企业原有资产负债以获得控制权。

　　从已上市的壳企业角度看,所谓借壳上市也可被理解为壳企业自身的重大资产重组或融资,因此长期以来借壳重组规则仅向 IPO"趋同",导致大量企业规避证监会 IPO 限制并造成市场混乱。2013 年,证监会发布《关于在借壳上市审核中严格执行首次公开发行股票上市标准的通知》(证监发〔2013〕61 号),明确了借壳上市与 IPO 具有同等的市场规则;2016 年,证监会修订了《上市公司重大资产重组管理办法》(中国证券监督管理委员会令第 109 号),借壳上市的难度大为增加;2018 年,证监会在《关于 IPO 被否企业作为标的资产参与上市公司重组交易的相关问题与解答》中更是强调了"对于重组上市类交易(俗称借壳上市),企业自中国证监会作出不予核准决定之日起 6 个月后方可筹划重组上市"。虽然证监会对借壳上市的态度是趋于严格的,但对创业企业而言,借壳上市的难度远小于 IPO,因此部分企业仍选择绕过证监会和交易所的相关规定而在二级市场(尤其是创业板)借壳上市。

三、并购

并购(mergers and acquisitions,M&A)是兼并(M)和收购(A)的合称。原则上,兼并和收购是两种经济行为:兼并是指两家或以上的企业经过协商合为一体,也称为吸收合并,表现为 A+B＝A plus,B 公司失去法人资格;收购是指买方企业从卖方企业处购入资产或股票以获得对卖方企业的控制权,表现为 A+B＝A plus(＋B′),B 公司保持法人资格。不难看出,兼并和收购的定义非常接近,在实际操作中边界也较为模糊,因此业界习惯以并购(M&A)一词笼统称之。但需要特别注意,企业合并与企业并购存在较大差异,合并后的企业并不是合并前企业中的任何一家,而并购后的企业一定是并购前企业中较为强势的一家。

对创业企业而言,并购的优势非常明显:第一,并购意味着创业企业获得行业认可,融入行业领导企业的整体市场布局;第二,创业企业解除融资压力,进而提升生存和长期发展的可能性;第三,创业企业借助行业领导企业的管理架构,有效降低交易成本和融资成本,提升管理经营效率。对行业领导企业而言,并购同样有利可图:横向并购消除了行业竞争,以较低价格获得新产品、新工艺、新技术,巩固本企业的行业地位和定价优势;纵向并购构建了产业链(网)中的上下游一体化格局,有助于稳定产供销规模、成本和质量。然而,并购对创业企业的伤害也同样存在。一些优势企业通过并购消除竞争对手,在并购创业企业后并不进行扶持和培育,限制长期发展,同时对创业企业家和原始员工进行打压、排挤,否定其管理思路,造成创业企业在很短的时间内瓦解或趋于平庸。

并购还是 IPO? 很遗憾,这一长期困扰着创业企业和创业资本的艰难选择并没有标准答案。对创业资本而言,并购和 IPO 都是能够被接受的较好选择。第一,虽然并购的估值往往低于 IPO,但实现估值的周期短,受到创业资本家的欢迎;第二,IPO 主要面对证监会审核批准,影响 IPO 的非经济因素较多,而并购虽然也会面对证监会审核,但主要是市场行为;第三,并购需要交易双方反复磋商,撮合进程漫长且随进程逐段产生成本,而 IPO 则有规定时限,其成本主要由投资银行垫付。除了IPO 审核阶段外,并购和 IPO 可同时进行,特别是对审核未通过的 IPO 项目,应考虑委托投行进行并购重组。

四、管理层收购

本节所称管理层收购(management buy-outs,MBO)是指采用管理层收购方式实现创业资本的退出,即投资方与创业企业的管理者或经理层签订协议,在一定条件下由企业赎回创业资本在创业期企业中所占的股份(或投资份额)。一方面,MBO对创业企业家及其管理团队具有一定吸引力,处于初创阶段的企业常以较高比例的股权换取创业投资,当企业融资需求降低并进入正常经营后,创业资本所占股权将对企业控制权造成较大影响,因此管理层会考虑回购该部分股权以实现所有权和经营权的统一;而另一方面,如前文所述,上市和并购才是创业资本的最佳退出方式,创业资本以管理层收购方式退出所能获得的收益大约在20%至30%之间,远低于IPO和并购,因此创业投融资双方常协定MBO以上市或并购失败为条件①。

我国的MBO仍处于起步阶段。与国外案例相比,我国创业企业MBO的管理层控股比例较小,主动性较弱,常与创投基金的假股暗贷关联。虽然管理层收购有助于创业企业经营者自我激励,但《公司法》中明确规定,公司董事、监事、高级管理人员在任职期间每年转让的股份不得超过其所持有本公司股份总数的百分之二十五,所持本公司股份自公司股票上市交易之日起一年内不得转让,离职后半年内不得转让其所持有的本公司股份,相关规定有可能降低管理层收购的积极性。

五、股权转让

本节所称股权转让(trade sale)是指创业资本将所持有的创业企业股份让渡给他人,从而退出创业企业的行为。绝大多数创业企业都无法达到主板或二板(创业板、科创板)的上市条件,因此股权转让是创业资本重要的退出机制之一,可实现创业资本的快速退出。股权转让退出方式约占美国创投市场退出方式的15%,目前在我国的比重较小,但随着证监会对IPO上市愈发严格,股权转让的市场价值逐渐凸显。与此同时,股权转让的缺点主要表现在流动性差、收益率低,对创业企业的长期稳定发展有负面影响。

《公司法》规定,股东转让其股份,应当在依法设立的证券交易场所进行或者按照国务院规定的其他方式进行。对非上市的创业企业而言,股权转让的形式非常灵活,如通过新三板(全国中小企业股份转让系统)或新四板(区域性股权交易市场),两者均为非上市创业企业实现股权转让的重要渠道。但相关市场仍处于建设和完善阶段,对投资者准入、交易规则等方面的限制仍不明晰,仍需加大政策扶持力度。

六、破产清算

破产清算是指创业企业经营终止,对其资产、债务和债权进行清理处置,创业资本退出。虽然创业风险较高,但获得创业投资后破产清算的企业并不多。第一,创业企业已经过资本市场的选择,获得创业投资意味着投资人或创投基金认可创业企业或项目的未来发展,企业或项目的质量明显高于行业平均水平。第二,根据著名的创业学教授威廉·拜格雷夫和乔佛利·蒂蒙斯在1992年的测算,不同退出方式的投资回报倍数差距较大(IPO1.95倍,并购0.40倍,回购0.37倍,清算-0.34倍),破产清算为创业资本带来的收益远小于其他方式,因此创业投资机构会向创业企业提供咨询管理服务,尽可能引导创业企业向具有更高收益的退出方式发展。第三,创业资本意识到创业企业前景不佳便会及时规划退出,较少陪伴创业企业完成整个衰退周期。

根据JingData(鲸准数据)统计,2018年上半年创业项目退出方式如图9-7所示。

---

① 广义的管理层收购也会发生在已上市企业的股权结构调整中,这一行为远远超出了本教材的讨论范畴,不再赘述。

其中,IPO 在 AI/VC 和 PE 退出中均占据市场主导地位;并购在 PE 退出中的比重较高,与国际趋势相一致;新三板退出在早期创投退出中的比重较高,也正是股权转让市场的发展,使创业投资在更多的退出阶段中拥有更丰富的退出机会;真正通过破产清算退出的创业投资极少。

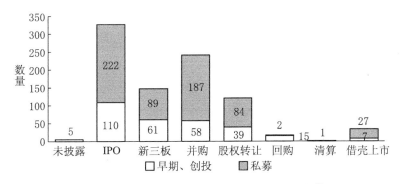

图 9-7　2018 年上半年创业投资退出方式分布①

思考题

1. 简述我国创业投资市场的三个发展阶段。
2. 简述创业投资的双重委托-代理关系。
3. 简述创业融资渠道及其特征。
4. 简述创业投资退出方式及其特征。

材料分析

与创业资本博弈的 ofo

曾几何时,南京邮电大学的校园里充满了小黄车(ofo 共享单车)。学生们骑着小黄车去上课,老师们骑着小黄车回家,保安大叔无时无刻不在摆放小黄车。身在其中的人们,总以为小黄车和青春都会长久。2019 年 6 月,ofo 供应商天津富士达自行车工业有限公司向天津市高级人民法院申请执行 ofo 运营主体东峡大通(北京)管理

---

① 　数据来源:JingData(鲸准数据)《2018 中国创投白皮书》。

咨询有限公司所欠的 2.498 亿元款项。根据规定,ofo 向法院提交了企业资产报告——无房产、无土地使用权、无对外投资、无车辆、银行账户全部被冻结或无余额。小黄车从创意到辉煌再到一文不值,只用了短短 5 年。

共享单车是一个极具创意的新发明,曾被央视以中国"新四大发明"之一进行宣传和吹捧。2014 年,创始人戴威和几位联合创始人提出共享单车的概念并创办 ofo 公司。2015 年 3 月,ofo 获得唯猎资本的数百万天使投资并于北京大学发放 2 000 辆共享单车。此后,ofo 经历了 pre-A 轮(900 万)、A 轮(2 500 万)、A+轮(1 000 万),一时风光无二。此后,ofo 又经历了多轮融资,总金额高达几十亿美元,但 ofo 与投资者之间的摩擦愈发明显。2016 年 4 月,ofo 最强有力的竞争对手摩拜单车在上海市上线,A、B 轮融资均参与的金沙江创投有意促成 ofo 与摩拜合并,但遭到了 ofo 创始人戴威的拒绝。金沙江创投将股权转让给阿里巴巴得以退出后,阿里要求 ofo 下线微信登录页面,只保留支付宝接口,这一要求同样遭到了 ofo 的拒绝。参与 C、D、E 轮投资的滴滴出行有意收购 ofo,3 次与 ofo 洽谈却总在关键环节遭到戴威的一票否决。

纵观 ofo 的创业史,就是一部创业者与创业资本博弈的战争史。有人说,ofo 的失败来自创业者将个人理想置于企业利益之上;有人说,ofo 的失败来自创业资本只关心退出而不在乎企业的长远发展。个中曲折,就留待 1 600 万未退回押金的忠实用户含泪诉说吧。

以上述材料为基础,试回答以下问题。

(1) ofo 希望保持长期独立运营而拒绝了阿里的绑定要求,哈罗单车却在阿里的资本支持下发展良好。创业者应如何处理创业理想和资本目标之间的关系?

(2) ofo 多次拒绝滴滴的收购,摩拜单车却以 37 亿美元被美团收购后艰难存活。收购会对创业企业造成哪些影响?

第十章　创新与创业经济

案例导入

交通事故定损原来还能这么简单

　　如何能在交通事故发生3～8分钟内，不需要交警和保险人员到场，实现交警定责处理、保险公司快速定损？搭载具备车道级（亚米级）的北斗高精度网联智能后视镜、行驶记录仪终端及UBI北斗高精度网联智能车载终端，可同时连接交警云服务平台、保险云服务平台、北斗高精度车主服务云平台，从而实现交警和保险的联动线上快速处理。在第三届中国"互联网＋"大学生创新创业大赛四强争夺赛上，武汉大学学生左文炜利用5分钟，详尽介绍了北斗"即时判"到底是如何即时处理交通事故的。当安装有"即时判"的车辆发生道路交通事故时，该系统可实时将记录的事故现场视频图像和北斗高精度定位汽车行驶轨迹的车道级信息数据（亚米级），自动上传至交警和保险公司道路交通事故在线处理平台，实现快速定损、快速理赔，从而使得事故车辆能在3～8分钟内快速撤离事故现场。

　　作为武汉大学北斗研究院的产业化平台，推出该服务的六点整北斗科技有限公司现已获相关投资机构10亿元股权投资，且将用于北斗智慧车险产业基地建设。"北斗'即时判'作为汽车行业的新服务，市场前景非常广阔。"左文炜介绍，这一智能车载终端目前已在宁波、武汉、南京、无锡及济南等地得到批量成功试用。

　　通过上面的案例，我们发现作为武汉大学的学生，左文炜敏锐地发现了市场存在的创业机会，充分整合政策资源，利用武汉大学产业孵化资源，发挥自身的技术优势，分析社会需求，利用北斗导航系统与现代信息通信技术相结合，对于传统交通事故的查验、定损、定责等问题的处理模型，进行颠覆式创新，极大地提升了交通事故的处理效率，在为社会创造价值的同时，实现了自己事业的迅猛发展。在这个创业过程中，技术创新、业务创新与创业者的机会识别、资源整合等被有机地结合起来。那么在这个过程中创新与创业过程之间的互动关系是什么？如何才能将创新与创业过程有机结合起来？这是值得人们深入思考的问题。

北斗"即时判"的迅速发展应用,与其通过技术创新满足了社会的新需求有着密切的关系。创新对这家企业而言可能只是创业的起步,要想取得创业的成功,这家企业还需要不断地进行技术创新、业务创新、管理创新,以更好地发现、整合、利用好企业的内外部资源。本章一方面从宏观的视角,分析创新与创业的联系与发展状况,阐述创新在创业经济中的宏观作用;另一方面从微观视角,阐述企业创新创业过程中,创新与创业者、商业机会、资源整合之间的作用机制。

第一节　创新与创业经济的关系

创新和创业是一对既不完全相同又紧密相关的概念。因此,对于创新与创业经济的关系,需要进行辩证分析。

一、创新与创业

从某种程度上讲,创新的价值就在于将潜在的知识、技术和市场机会转化为现实生产力,实现社会财富增长,造福人类社会,否则,创新也就失去了意义,实现这种转化的根本途径就是创业。通过创业实现创新成果的商品化和产业化,将创新的价值转化为具体、现实的社会财富。创业者可能不是创新者或发明家,但必须具有能发现潜在商业机会并敢于冒险的特质;创新者也并不一定是创业者或企业家,但科技创新成果则必须经由创业者推向市场,使其潜在价值市场化,创新成果才能转化为现实生产力。历史上每次划时代的创新成果往往都是通过创业进入市场,进而催生出一个或若干个庞大的产业部门,为社会、企业和创业者带来巨额财富。如 1876 年发明的电话成就了全球通信产业和诺基亚、摩托罗拉、贝尔、朗讯等一大批跨国公司;1885 年发明的汽车造就了通用、福特、戴克等一批世界级汽车业巨头;1903 年发明的飞机开创了波音、空中客车等公司辉煌的业绩;1946 年制造出来的第一台计算机使得 IBM 和英特尔成了 IT 界的霸主;个人 PC 机诞生于 1981 年,催生了成长业绩惊人的微软、戴尔等世界级企业后起之秀;1995 年前后电子商务投入市场,亚马逊书店、阿里巴巴等一批网络企业应运而生。

双创活动和初创企业,特别是拥有自主知识产权的高科技创新企业,是构成一个经济体国际竞争力的重要元素。用不同的权威机构各自发布的创新指数、创业指数和全球竞争力指数做比较分析,也很容易看出三者之间的强正相关关系:双创越活跃的经济体,国际竞争力越强。

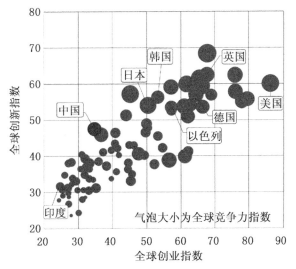

图 10-1 创新指数、创业指数和全球竞争力指数的关系

数据来源：GEDI "Global Entrepreneurship Index 2016"；Cornell/INSEAD/WIPO "The Global Innovation Index 2015"；World Economic Forum "The Global Competitiveness Report 2015—2016"。

创新指数、创业指数和全球竞争力指数的关系如图 10-1 所示。目前中国的创新创业活动水平在全球处于中间位置，与发达经济体相比仍然有一定的差距，但整体的国际竞争力并不弱。在世界经济论坛发布的最新一期全球竞争力报告中，中国在所有 140 个经济体中列第 28 位，比双创水平类似的其他经济体排位高出不少。

二、创新与创业经济的宏观关系

创业经济的类型按照创业目的可以分为生存型创业经济和机会型创业经济。第一种经济类型中，创业是为了生存需求，发现市场上的存在的商业机会，基于自身在经验、能力、区位、技能等方面的优势，进行创业。这种类型的创业，技术创新水平往往并不高，创新往往以发现新市场、提供新服务、创造新模式等形式存在，其典型代表是以个体户形式为载体的创业。而第二种经济类型中，创业是由科学和技术的创新所驱动的，有着较高的科技创新程度，新的科学技术带来了新的市场、创造新的需求，或者从根本上改变了原有的供求关系，降低了生产成本，等等，其典型代表是以企业形式为载体的创业。

两种创业类型的省份分布水平如图 10-2 所示，其中实心的柱状图表示机会型创业水平，阴影柱状图表示生存型创业水平，图中按照机会型创业水平从高到低进行了排序。图中可以发现，机会型创业水平较高的地区以东部沿海地区为主，这些地区也正是我国创新和创业能力都比较强的地区。但是观察两种类型的创业，发现二者的走势并不一致，机会型创业水平高的地区，其生存型创业水平反而并不高。两种类型的创业并不是一种正相关的关系。

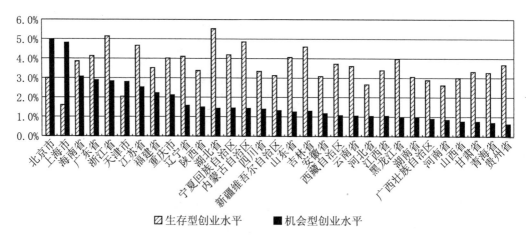

☑生存型创业水平 ■机会型创业水平

图 10-2 两种创业类型的省份分布

注:创业水平指标生存型创业采用个体户数占 2014 年末人口的比重,机会型创业采用私营企业户数占 2014 年末人口的比重。

根据各个地区的创新指数,可以计算出各个地区的生存型创业和机会型创业与创新之间的关系。

机会型创业与创新的关系如图 10-3 所示。机会型创业与一个地区的科技创新之间存在密切的关系,科技创新水平高的地区,有着更多的可能性进行机会型的创业,因而图中存在一条斜率为正的趋势线,表明科技创新与机会型创业之间是一种正相关关系。

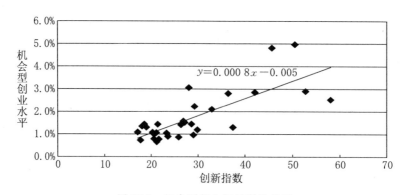

图 10-3 机会型创业与创新的关系

生存型创业与创新的关系如图 10-4 所示,图中的点散布无规律。生存型创业与一个地区的科技创新之间不存在密切的关系,科技创新水平与生存型创业之间并没有一个显著性的关系。这与生存型创业的特点有关系,生存型创业更多地依赖于个人的技能、经验等,不需要太多的技术创新。

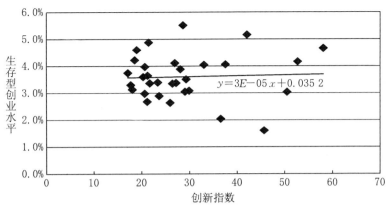

图 10-4　生存型创业与创新的关系

第二节　创新与创业者

在创业过程中,创业者能够对创业过程的资源获取及组织、机会识别及开发、组织产品的生产及运营等核心环节起到主导作用,因此,处于核心地位,是引领创业价值产生并推动创业活动不断向前发展的人。

一、创新与创业动机

(一)拉动型创业动机者更容易进行创新型机会开发

具有被动动机的创业者受诸如职场人际关系冲突、失业以及事业重挫等不利因素推动而进行创业,此种情境下,创业者似乎除了自我创业没有更好的机会选择。从创业动机与机会选择的关系来看,拥有主动动机的创业者显然拥有更多的机会选择,能够承担较大风险,同时也更有可能去开发与现有组织的业务和市场完全不同的新领域、生产全新性能的产品、开辟新的服务模式。相反,拥有被动动机的创业者没有更多的机会可供选择,与现存组织的业务和市场没有太大区别的机会也许是他们从事创业活动的最便捷选择。

(二)资源创新诱导创业动机产生

创业资源可以分为人力资源、经济资源和社会资源。人力资源包括接受文化教育和职业教育、为创业参加过专门的学习和培训以及工作过程的经验积累等;经济资源主要指创业所需要的资金和物质资源,包括工作积攒的资金、家人朋友的资金支持以及通过其他途径获得的创业资金;社会资源是通过社会关系获得创业所需的资源,包括创业者工作积累的或通过社会关系获得的客户或订单、政府鼓励创业的政策带来的机会以及当地发达的交通和信息网络带来的各种信息资源等。在这三项资源尤其是人力资源方面的创新会诱导创业动机产生,比如,通过多年的工作经验积累发明一项新技术并申请了专利,将会诱导该员工产生利用自己的技术创办自己企业的冲动。但是,创业资源并不是创业活动的根本动因,只是起催化作用的诱发因素。那些无意创业的人即使掌握了创业资源也会无动于衷,而萌发创业动机的人会想方设法谋求创业资源,此时丰富的创业资源就起到了促进作用。

二、创新与创业者

创业者区别于一般管理者的关键要素,是创业者所独有的一些特质。影响创业的不仅包括环境特点和机会特点,还包括个性特质,而个性特质在创业过程中影响创业者决策的制定。

创业在本质上就是一种创新创造行为,只有产生了新产品、新技术或者新的商业模式,才能被称为创业。许多学者认为,创业者本身就具备这种创造力的特质,这些创业者善于通过开发新技术和新产品、进入新的市场、引领新的商业模式等来推动事业的发展。创业导向的重要构成维度之一就是创新性,创新对于创业企业的发展具有重要的影响。创业者的创新性代表着一种对于解决顾客需求与问题的倾向性,具备创新性的创业者往往更愿意积极寻找新的方案来替代市场中现有的方案,许多研究显示创业者相对于非创业者具有更强的创新动力,创新性是引导创业企业走向成功的重要路径,只有不断进行创新创造才会产生企业的核心竞争力,从而可以引领市场、技术的发展。创业者是创新的发掘者、利用者。

前文中讲到,环境因素(创业资源)对于创业行为具有促进作用,但是如果没有创业的意愿,即使创业资源丰富,主体也不会选择创业。所以,创业者往往是能够主动发掘、充分整合利用创业资源的人。创业者无法在各个创业资源方面都有所创新,但是创业者(尤其是拉动型创业者)往往能充分利用资源促进创新,包括技术创新、产品创新、品牌创新、服务创新、商业模式创新、管理创新、组织创新、市场创新、渠道创新等。主体一旦选择创业,其往往会进行创新性行为或者想方设法获取创新性创业资源,如聘用创新型人才、购买专利等。

第三节　创新与商业机会

创业源于识别、发展和利用机会。机会开发是识别、创造、确认、评估和利用机会的一系列过程。机会开发的过程就是创业者或创业企业通过对资源和市场的洞察,创新性地发现可获益的特定市场和可利用的特定资源,然后针对新的市场寻求策略来规划出切实可行的方针和方法来确保机会实施,有效地利用机会带来的价值,降低个人或企业的可能风险。

一、商业机会来源

目前,两大主流的创业机会来源观是以柯兹纳为代表的机会发现观和以熊彼特为代表的机会创造观。

(一) 商业机会的发现观

商业机会的发现观认为,机会是独立于创业者而客观存在于创业活动之前的,等待具有警觉性的创业者去发现;创业者的创业过程是呈线性的,是按照机会发现、机会评估、机会开发的过程逐步展开的。

商业机会的发现观强调商业机会的识别。机会识别是从意识过渡到创造的手段,首先是创业者意识到市场需求和资源未被完全利用;进而对其进行发掘,找到可切入的特定市场,将市场需求与存在的未利用的特有资源进行关联;最终利用市场资源,生产产品或服务,满足市场未满足的需求,也使得创业动机变为现实。

(二) 商业机会的创造观

商业机会的创造观认为,机会不是存在于创业活动之前的,而是在创业过程中形成的,是创业者逐步创造出来的;并指出是技术创新和制度变革打破了市场均衡,从而导致了机会的创造。发现观强调外生资源的影响,创造观则重视创业者的内生力量。

相对于机会识别而言机会创造又是一个相对的过程,它包括对机会的分析、评估和确认。机会分析是对不清晰的未被现实检验的机会可能进行猜想,使之变得明确、可行、有实际价值。机会评估与机会确认则是通过所有可用的方法来证实机会的可行性,能够相对准确地判断其是否能为企业带来经济效益。

二、创新与商业机会识别

商业机会的识别过程本身就是一项创新的过程。影响商业机会识别的因素主要包括两类,机会本身的属性和创业者的个人特性。机会和个人是相互作用的,即最终被创业者识别的机会是客观因素与主观因素共同作用的结果。

(一) 创新与创业机会识别能力

创业能力是创业者机会识别的基石。有研究发现,90%的创业者认为创新能力对商业机会的发现至关重要。创新型创业活动始于创业者对创新型机会的识别,创业者对机会特征的认知和对风险的感知各不相同,大多数创业者识别的是模仿型机会(包括复制型和改进型机会),只有少数人能够发现和利用极富创新性的商业机会。这是因为创业者的个人素质在很大程度上决定了识别商业机会的几率。对创业者而言,他们倾向于从现有的市场中寻找商机。一方面,创业者能够接触与生活密切相关的场景,从而更真切地感受到潜在的市场机会;另一方面,因为现有市场上的需求很难完全获得满足,所以从这些市场中发现商业机会可以有效地减少创业者的搜寻机会成本,增加创业成功的概率,降低创业的风险。

在识别创业机会过程中,创业者主体要经历相互联系的准备阶段、沉思阶段、洞察阶段和评估阶段等四个阶段。在准备阶段,创业者准备机会识别的知识和技能。创业者的背景、工作经历、成长经历、爱好以及社会网络都有可能成为创业机会识别的知识和技能的来源。在沉思阶段,创业者对商业机会进行创新构思。对商业机会的创新构思并不是指创业者有意识地解决问题或系统地分析商业机会,而是指创业者对创业机会的各种可能性进行无意识思考。在洞察阶段,创业者对机会的识别并非由自己思考得出,而是经他人提点,从潜意识中冒出的点子被创业者所感知,这类似于解决问题的领悟阶段,可以用"豁然开朗"一词来形容。在评估阶段,创业者评价和推断商业机会的价值和可行性,创业者的评估方式包括初步调查市场以及考察创业机会的商业前景。

识别商业机会的上述四个阶段包括四种不同的创新。知识和技能的创新是指创业者需要不断提高自己的知识与技能,增加与识别商业机会有关的经验,提高获取机会识别信息的能力,并且建立起一定的社会网络,以便在识别创业机会的初期做好准备。创新构思的创新,指的是创业者在无意识的条件下,产生大量有关识别商业机会的观点,并对各种选择进行大量的调查,不在乎创业者对商业机会判断的准确性。在创意领悟阶段的创新,创业者要对自己之前的知识技能与创新构思产生一定的洞察力,产生独特的创意,并加深对商业机会的理解。评估判断的创新,指的是创业者需要对创业机会进行多方面的判定,需要评估商业机会的可行性以及明确商业机会可以带来的价值。与缺乏创业经验的新手相比,经验丰富的创业者更容易识别机会。准备阶段、沉思阶段、洞察阶段和评估阶段这四个阶段的创新相互影响,相辅相成,共同为提高创业者的机会识别能力奠定坚实的基础。知识和技能的创新、创新构思的创新、创意领悟的创新与评估判断的创新共同构成了创业者机会识别过程的创新。

（二）创业环境建设

能敏锐地感知社会大众需求的变化,并能够从中捕捉市场机会的成功创业者仍旧是少数。这主要是因为机会识别的成功不但涉及创业者的创业愿望和创业能力,还与创业环境密切相关。其中,创业环境对机会识别的影响最为关键。创业环境指的是在创业过程中,与政府政策、社会经济条件、创业人才、创业信息共享等相关的一系列信息。一般来说,具有浓厚创业氛围的环境有助于创业者发现创业机会,比如,社会整体能够宽容对待创业者的失败,国家对创业者的创业行为具有一定的资金支持,或是国家建立了比较完善的创业服务体系,整个创业产业有丰富的技术支撑。

鉴于以上分析,为了提高创业者识别机会的能力,政府方面有必要为企业搭建好创新的"平台"。创业机会的平台建设主要包括以下几个平台建设,分别为政策平台建设、资金与服务平台建设、人才与技术平台建设、信息平台建设等。

为创业者提供市场机会,首先需要政府为创业者搭建政策平台。只有在有利的政策平台的支持下,外界社会才有可能向创业者提供资金与服务支持或是人才与技术支持。这主要涉及两个方面:一是通过不断推动学术研究交流,高校和科研院所更有可能与创业者在相关创业项目上达成合作。此外,通过这种方式,不同的创业者之间也可以进行技术合作和人才交流。二是商业银行或其他第三方投资人由于受到政府政策的影响,可能会自觉提供对创业型企业项目有用的资金和服务帮助。同时,为了实现资源共享,逐步减少企业间的信息不对称,除了建立政策平台、资金和服务平台、人才和技术平台外,政府等有关机构应进一步利用现代物联网技术,形成由政府主导、多方协同、联合搭建的信息平台,支持创业机会。当然,在为企业家创业提供支持时,政府及其政策还需要考虑其他问题,如在涉及高校、科研院所、其他相关企业、银行等的利益回报问题时,应当如何整合利用各方的优势资源以维护和扩大各方利益,这都是政府部门急需思考与解决的关键问题。

三、创新与商业机会创造

商业机会创造与商业机会识别的最根本差异就在于对创新作用的强调。创新意味着出现新的产品、服务或是工艺等,通过新的技术、新的管理模式、新的商业模式为市场提供附加值更高的产品或服务,从而形成创新型创业。商业机会的创造需要不断跨越已有的范式,转换思维模式,把握和利用各个维度的变迁机会,在客户行为和潜在竞争者等相关信息比较有限的情况下进入一个新市场或者是未完全建立的市场,对识别到的创新型创业机会进行开发。

(一) 创新型创业模式

创新就是机遇,创业机会的创造形成了创新型创业。创新型创业需要创业者建立新的市场和顾客群,突破传统的经营理念,通过自身的创造性活动引导新市场的开发和形成,通过培育市场来营造商机,不断满足顾客的现有需求及开发其潜在需求,逐步建立起顾客的忠诚度,增强顾客对企业的依赖。创新型创业是对经济社会的全面进步提供巨大原动力的一类创业模式。大量创业实践表明,创业成功的关键不仅仅在于生产技术和产品本身,更为重要的在于创业者突破传统思维限制,主动应对环境变化,整合组织内外部资源,实施技术创新、管理创新、体制创新、品牌创新、市场创新等战略,创造出新的经营模式。新的经营模式主要包括两类:技术驱动型创业和创业驱动型创业。

技术驱动型创业是创业者以自己拥有的专业特长或已有的技术成果为核心竞争力来进行的创业活动。创业者具备某一专业(技术)特长,或研制成功一项新产品、新工艺,同时发现潜在市场或利润空间,将拥有的专长或技术发明发展成创业企业,并将其成功推向市场。也可以说,技术驱动型创业是创造市场价值的机会型创业。但技术驱动型创业的难点在于组织创新,风险投资的支持非常重要。

创意驱动型创业是创业者根据全新的运营理念或创新构想,探索新经营模式的创业活动。此类创业模式属于所有创业模式中难度最大的一类,但是一旦成功将拥有先发者优势。如果在创业过程中相关互补性资源迅速跟进,可以使企业成为新辟市场的领导者,拥有标准和价格制定权。此类创业是一种开创性价值创造型创业,需要创业者具有敏锐的市场眼光、独特的个性特征和旺盛的创业欲望,善于洞察商业机会并敢于冒险。

(二) 商业机会创造应遵循的原则

在信息社会和知识经济发展的过程中,创新型创业越来越重要,商业机会的创造需要遵循以下几个原则:

1. 以满足和开辟顾客需求为首要任务

顾客需求是任何创新和创业活动的根本要求和动力,没有需求的创新和创业活动都是没有价值的。创新型创业活动,一方面可以从当前市场角度出发,通过一系列的技术创新,为顾客提供质量更高、性能更好的产品;另一方面,也是特别重要的一个方面,知识经济拓展了工业经济时代人类需求的范围,新的需求不断衍生,创新型创业的重要实现途径之一就是顺应时代潮流,积极探索和开辟新的需求。

2. 创新型创业强调不断创新,善于把握和利用机会

创新型创业与传统创业最根本的差异就在于创新。正因为创新,创新型企业为市场提供的产品或服务的附加值更高,具有更大的市场成长性。但是,创新是永无止境的,新的技术、新的管理模式、新的商业模式会不断诞生、不断升级换代。所以,通过创新型创业实现事业的不断壮大,必须不断跨越已有的范式,转换思维模式,还要善于把握和利用各个维度的变迁机会。

3. 创新型创业不仅要注重技术创新,还要特别关注非技术创新的商业模式变迁

新的业态不断诞生,这些新业态的诞生不仅仅来自技术的进步,人类社会文明的进步和财富的积累对于创造新的需求更为关键。新的需求可能来自已有技术、产品和服务的组合,创新型创业的成功要求创业者具有全新的思维模式和资源组织能力,才能实现开辟全新的蓝海市场的梦想。

第四节 创新与企业资源整合

创业者需要整合企业内外的资源,包括资源的确定、筹集和配置。企业家创造资源属于投入产出体系,即资源投入以及产品和服务产出,创业的过程就是不断地投入资源以连续提供产品与服务的过程,以最小的投入获得最大的产出,使得企业具有竞争力并盈利,是衡量创新活动成效的标准之一。

一、企业资源构成

创新企业是一个新的法人实体。创业者在不确定性的环境中,抓住商机并有效整合创业资源,通过提供有效产品或服务来赢得生存和发展,这是一个从无到有、从简单到复杂的创新性经济活动。创业资源就是创业企业在筹建、创立和发展过程中,为了实现创业目标,所拥有、控制并能利用的企业内外部所有有形和无形资源的总和。资源基础观认为,企业拥有难以效仿和替换的、稀缺的、异质性的价值性资源,就具备了获得竞争优势和取得良好绩效的可能,企业拥有的资源是企业保持持久竞争优势的基础。对创业企业而言,资源的作用更加明显。创业资源可分为以下三类。

(一)智力资源

智力资源可以说是企业最重要的资源之一,因为它是企业知识资源和教育资源的整合。众所周知,教育是人们获取知识的最主要和最基本的方式。因此,企业中对教育培训的重视程度与企业员工获取信息的能力和效率是密不可分的。在这个意义上,智力资源也可以被理解为人力资源,因为智力最终是需要借助人的媒介来发挥作用,企业自主创新活动源于人类活动,是人力资源储能的释放。

就企业内部来说,公司可用的人才资源包括:首先是组织和管理人才。他们敢于冒险、开拓、创新,有能力充分整合劳动力、土地、资金等要素。他们在形成企业创新行为和创新文化氛围中发挥着重要作用,是企业内部实现高效运营的重要保证,因

此,该组织在企业创新活动中发挥着主导作用。其次是专业技术人员。作为企业内部自主创新活动的具体运营者,此类专业技术人才需发挥各自专业所长以获取创新成果。就企业外部而言,企业拥有的人才资源包括:区域内各类高等院校,以及各种研究组织机构中的专业人才;通过项目合作、技术提供、成果转让等渠道引进的专项人才。

(二) 资金资源

资金资源是企业自主创新的基本前提。众所周知,对于企业而言,其创新成果最终是需要加以商业化,投入市场,获取其市场价值,而这一系列环节无不需要投资与支持。企业自主创新资金来源主要包括内源性融资以及外源性融资。

内源性融资包括:企业专门为产品研发以及技术提升所设立的资金投入;企业的市场化融资,主要包括银行贷款、证券购买、基金设立等方法。

外源性融资主要是指政府的财政扶持,包括税收减免、项目支持等。

(三) 信息资源

企业自主创新所需的信息资源主要分为技术信息和市场信息两方面。技术信息主要包括企业内部技术创新项目所在领域的研究状况、最新研究成果及最近研究进展等信息。这主要是指高校和科研院所提供的资源,它的生产、转移和传播也是由高校和科研院的人员完成的。此外,高校也是培养创新人才的摇篮,产学研合作模式也是提高公司创新能力的重要保证。

市场信息主要来自竞争对手、顾客,以及供应商。虽然目前的市场竞争异常激烈,但这并不意味着就必须要把竞争对手当作敌人。竞争对手之所以被当作企业资源,主要是因为企业可以通过与竞争对手的合作互补,实现双赢。另外,对于一个优秀的企业来说,客户也是一个很好的资源,并且还是为企业所独有的一项资源。这是因为,顾客一旦与企业建立起长期合作关系,并对企业产生了好感、认同感和归属感后,当业务环境发展变化时,客户资源不会改变。所有企业的自主创新活动都是在特定的制度和政策许可范围内进行的,其主要包括市场体系、市场秩序、市场准入等宏观政策制度环境;在微观层面还包括相关的产品项目政策、技术研发政策、人才管理政策和各种政府支持政策等。作为企业的外部资源,政府在企业自主创新活动中起决定性作用。

二、企业资源整合的内容

资源整合主要包括以下三个方面。

(一) 信息资源整合

整合企业信息资源的过程,是繁琐且痛苦的过程。在前期的资源识别和获取中,信息是资源组织的重要影响因素之一。尤其对于创业企业来说,信息更不对称。创业企业获取信息能力较低,缺乏资源所有者信息,需从海量的信息中过滤有用信息,才能帮助企业获得所需资源。现在许多企业虽然建立了信息系统,信息资源仍然分散,独自运转,消灭信息孤岛已是众多企业资源组织的目标之一。建立一个信息资源组织平台,使信息结构化、统一化,将企业信息资源高效整合与利用,能够提高信息系统综合效能。信息是企业生存的基础,运用信息整合,建立快捷高效、交互贯通的信息传送系统,才能达到资源最优配置。平台功能可分为识别搜集、管理同享、服务整合等。在一定领域里构建完善的资源信息库且对其详尽分类,能够给组织创造一套全面的专业资源数据体系。

(二)社会资源整合

社会网络关系是影响企业资源组织的重要因素,网络视角下组织的内外部关系协调,有助于企业实现有效的资源组织,对于企业利用社会网络中的资源尤为关键。通过社会网络汲取企业所需的外部资源进行整合与运用,能够有效地改进企业资源匮乏等问题。生产资源组织可以通过建立一个动态、开放和灵活的网络系统实现。

(三)人力资源整合

企业资源与能力之间存在着密切的关联。企业能力水平决定了资源组织的效率与质量,是影响资源组织的关键因素;企业要全面提高组织管理能力、研究开发能力、组织整体学习能力等,这对于企业资源组织有着尤为重要的影响。团队能力要素对不同创业阶段的企业都有影响。对于一个企业来说,竞争力主要来源是资源组织,而对资源组织能力的有效施展还需要考虑企业能力的关键作用。人力资源是企业抓住竞争优势的关键因素。企业的发展与人才的成长相辅相成,不可分离,加强企业人力资源组织,能够推动人员和企业向同一个目标前进。资源组织过程中最灵活的因素是人,人才的高效配置能够提升资源组织效率。从某种意义上说,人力资源要素常存在于企业间的较量中,优质的人力资源通常会给企业带来较强的竞争优势。企业生存成长的关键就是人,只有人才能够把握资源组织的技术和方式,进一步对资源进行管理。因此,整合内外部人才资源,优化人才资源配置极为关键。

思考题

1. 创新与创业到底是谁决定谁的关系?
2. 在创业的不同阶段,企业的创新有什么不同的特征?
3. 请阐述创业者进行内外部资源整合过程中,企业的内部交易成本会如何变化。
4. 请用宏观数据,分析中国的创新与创业水平之间的逻辑关系。

材料分析

华为的创业路程

　　1987年,43岁的任正非集资2.1万元,在深圳创立了华为公司,开始创业代理销售生产用户级交换机(PBX);通过模仿和吸收国外较为先进的大型程控交换技术,于1989年实现自主研发;并且针对农村市场对产品技术和质量要求不高的特点,于1992年推出单一且便捷的农村数字交换解决方案,这种操作简单且受众无须过多培训便可掌握的技术产品很快在农村市场普及起来。随后,华为在满足乡镇以及二三线城市的技术要求的过程中不断完善自身产品性能并提升技术等级,于1997年突破省会城市范围,成为国家骨干网络设备供应商,进而于1999年后逐步进军印度和欧洲等市场。

　　在华为步入自主研发并积极开展国际合作的快速发展阶段,华为分布式基站技术和终端手机产品技术已趋于成熟和完善。此阶段,华为频繁在国际范围内寻找产品更新技术源,通过跨国研发合作、购买第三方技术、建立海外研发中心等方式获取国际技术和资源,并深度参与国际标准的制定。在华为技术逆向扩展至发达市场方面,华为采取了类似于农村包围城市的市场开发与技术获取战略,选择先从电信业基础设施发展比较落后以及产品技术需求不高的发展中国家切入,并在当地建立研究所(如1999年在印度班加罗尔和俄罗斯莫斯科、2009年在土耳其伊斯坦布尔等地区),然后等到该区域技术和市场都比较成熟时再扩散至周边新兴市场及发达市场。

　　2011年至今,以建立诺亚方舟尖端技术实验室为标志,华为开始涉足更基础和更尖端的技术研发,并与国际伙伴进行深度联合研究,在部分技术领域已处于国际领导者地位。例如,华为海思2014年推出位居业界领先技术水平的八核手机芯片,几乎成为中国芯片行业仅存的硕果。当然,华为通信设备及终端手机产品在国内市场乃至全球市场的成功,离不开其集中力量于技术突破的"强压原则"。华为坚持对电信基础网络、云数据中心和智能终端等领域持续加大研发投入,不但每年将销售收入的10%以上投入研发,使得其申请的大量国内和国际专利技术连续多年位居世界专利申请数量前5名,而且华为有45%以上的员工从事创新、研究与开发工作。2014年华为的研发投入比A股400家企业的总和还多。2017年华为研发费用高达897亿人民币,大大超过苹果和高通。

　　以上述材料为基础,试对以下问题谈谈你的看法。

　　(1)华为的创业不同阶段所进行的创新形式有何不同?

　　(2)华为是如何整合内外部资源的?

　　(3)华为这些年不断发展壮大背后的动力是什么?

第十一章　互联网创业

案例导入

昙花一现还是颠覆市场？

几乎在一夜之间，一个叫瑞幸咖啡(luckin coffee)的咖啡品牌进入了一二线城市白领的视野。怎么做到的？瑞幸咖啡首席营销官杨飞从"互联网＋"的角度给出了解释。

第一，打通营销端。把所有用户打上标签，对用户进行非常清晰的画像。对营销而言，拥有精准的用户画像，才能做更精准的数据库营销，这是传统零售行业不可能做到的。瑞幸咖啡营销组织非常有序，知道在什么地方做广告投放，什么样的用户需要关怀发券，什么样的用户需要拉新激活，什么样的用户需要提高消费品质。瑞幸咖啡的客户推广方法其实非常简单：注册就送一杯免费咖啡，推荐朋友注册，还会再送一杯。这种十分老套的手段直接使得瑞幸咖啡得以在朋友圈里频繁出现，营销效果相当显著。

第二，打通物流。瑞幸咖啡外卖主要是跟顺丰进行深度合作，如果配送超过30分钟，CRM系统会主动给用户推送一张免费券。因为超过30分钟用户体验会变差，所以瑞幸咖啡会主动"自罚一杯"。

第三，打通后端供应链。开1家店、开100家店和开500家店，其实最大的挑战都在于供应链。需要多少的咖啡豆、咖啡机？需要多少员工？员工拿多少薪酬？……能不能把这些信息全部数据化？从第一天开始，瑞幸咖啡就做了一个很"重"的决定——做APP，而不是做微信小程序。APP前端是用户购买，后端是复杂的供应链、物流、财务管理系统。所有的信息都是数据可视化的，并且逻辑性很强。

从上面可以看出，瑞幸咖啡能够在短短的时间内成功挑战由星巴克建立起的咖啡帝国，在于借助了互联网的帮助，注重用户体验，注重互联网建立起的社会网络关系,通过大数据节约客户营销成本,通过信息技术整合产业链,等等,可以说互联网已经深刻融入这个企业的创业过程中。这种基于互联网的创业模式,使得新的市场参与者能够在短时间内迅速挑战在位者的市场地位,促进了市场竞争,将三五十元一杯的咖啡价格拉低到二十几元的水平,形成庞大的用户群体,从而可能实现盈利。可以说没有互联网,就没有瑞幸咖啡的迅速扩张。

截至2015年6月,中国已有6.68亿网民和5.94亿手机用户,互联网正深刻影响着消费者、传统企业,甚至整个商业模式。发展迅猛的互联网和移动互联网技术,成为创业活动强有力的技术支撑,更带动了相关产品服务、管理模式的创新,也形成了规模庞大的消费市场,进而创造了更多的创业机会。那么,我们不禁要问,互联网在创业中到底起到什么作用?互联网为什么能够推进创业?互联网创业的模式有哪些?

从瑞幸咖啡的例子我们可以看出,这家企业迅速扩张的背后,除了资本的力量以外,互联网以及基于互联网的数据分析、营销、业务模式等,均有着不可或缺的地位。如何去更好地理解互联网、使用互联网,是创业企业必须解决的课题。本章主要介绍中国的互联网以及互联网创业的发展历史与阶段,阐述互联网创业背后的经济逻辑,讲解互联网创业中的典型模式。

第一节　互联网创业的发展

互联网创业是指利用包括互联网在内的计算机网络及其他电子网络通信设备,发现和捕捉新的市场机会,提供新的商品或服务,以创造新价值的过程。目前,互联网正成为影响企业发展和国家创业创新战略的重要实践因素,成为中国产业升级和未来发展的重要引擎,对整个国民经济发展起至关重要的作用。

一、中国互联网创业的发展阶段

(一) 创业的浪潮

中国互联网创业先后经历了三次热潮。在不同阶段,创业资源的供给体系也在不断演化。当下,我们正处于以"互联网+"为特色的阶段,创业者已经从过去的赤手空拳打天下的创业状态中跳了出来,参与产业生态资源分享成为最新最热门的需求。

第一阶段是市场化程度较高的互联网创业。互联网创业自1998年渐入高潮,以风险投资为代表的市场化服务出现。2000年左右,风险投资在国内开始发展起来,为政府投资模式打开了突破口,丰富了创业公司融资的途径,降低了创业的门槛。

第二阶段是移动互联网创业。自2009年开始,以移动互联网创业为龙头,出现了创业要素协同。投融资和媒体营销推广服务开始出现在创业服务机构的平台上。创业服务机构逐步演化为聚合办公场所服务、投融资服务、媒体服务等多种服务形态的平台。新的创新服务产业包括2009年年末成立的创新工场、2010年腾讯推出的开放平台、2010 年问世的创客空间和氪空间、2011 年相继成立的车库咖啡和 3W 咖啡等。这些新兴的平台提供多要素、平台化的服务,使得服务更具深度和广度。它们拥有更强的资源共享特征,致力于为创业者提供更低成本、更高效率的服务。"众创空间"的雏形就此诞生。

第三阶段是"互联网+"创业。2015 年开始,创业出现产业生态资源共享的新需求。互联网渗透到社会各个领域,与传统行业资源深度融合,成为实现线下发展的基础设施。创业项目急需对接互联网产业生态资源,中国的互联网创业开始逐步渗透到经济社会的各个层面。

(二) 产业的发展阶段

互联网创业浪潮已有二十多年。从创业公司上市的情况来看,自 2000 年来,已经产生了五次高峰,几乎三年一次。每次上市高峰后,创投资本就会大量退出股市,进入新的创业项目中。随着时间推移,创投资本的规模也越来越大,一次比一次更有力地推动了创业活动的发展。中国互联网公司上市情况如图 11-1 所示。

在 2000 年到 2004 年这段时期,中国互联网逐渐走出寒流,迎来了上市的小高峰。大量的资本退出股市后涌入到创业项目中,催生了更大规模的创业高潮。根据腾讯研究院的数据,2010 年共有 13 家互联网公司上市,创下了中国互联网公司上市数的历史新高。2011 年之后,每年上市的互联网公司数量开始爆发,5 年间出现了58 家上市公司,超越了前十年之和,并在 2014 年达到了史无前例的高度。

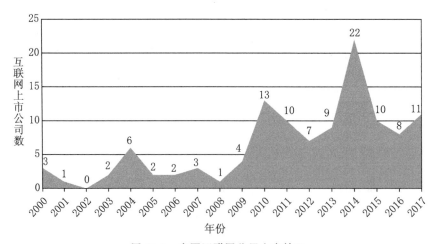

图 11-1 中国互联网公司上市情况

注:数据来源于腾讯研究院,2017 年数据根据《第 41 次中国互联网络发展状况统计报告》计算。

从 2015 年开始,行业迎来了第四次创业潮。这一年的投资数据显示,全球创新创业投资规模创出新高。据 KPMG 统计,2015 年全球有创投支撑的创业企业共获得 7 872 笔投资,总金额达到 1 285 亿美元。同时,与投资金额剧增相应的是估值超10 亿美元的"独角兽"大量涌现。2015 年,全球共有 72 家创业企业加入了"独角兽"的行列。根据中国互联网络信息中心的数据,到 2017 年底互联网业务收入占到营收比重 50％以上的互联网上市公司达到了 102 家,中国的互联网上市公司规模日趋扩大。2017 年互联网创业市场规模迅速扩大,互联网创业形式日趋多样,以共享单车、网约车、共享汽车、共享民宿等为代表的共享经济创新创业不断涌现;由于人工智能与电子终端和垂直行业的加速融合,涌现出了智能家居、智能汽车、可穿戴设备、智能机器人等人工智能产品,全面重塑家电、机器人、医疗、教育、金融、农业等行业。

二、互联网创业的特征

(一) 用户为导向

根据工信部的统计数据,2013 年 8 月中国移动互联网用户已经超过 8 亿,移动互联网接入流量达到 8 亿 G,中国的互联网渗透率已经超过 60％,人们生活的各个方面都被深刻地影响着。主要的改变来自信息获取和传播的成本较互联网产业兴旺之前大大下降,搜索引擎和社交媒体极大方便地拓展着人们的认知边界。相对于传统的广播、报纸、电视、杂志等媒体,互联网已经逐渐成为人们获取信息的主要途径,比如,中国搜索行业的龙头百度自 2000 年创立以来,2013 年收入就达到了 320 亿元。SNS 社交服务的出现,让人与人之间的直接传播变得更加高效,社交信息平台中微信的用户就超过了 6 亿。消费者对产品和服务的判断力和影响力也和过去是截然不同的,现在消费者越来越拥有话语权和主动权。在互联网行业发展的关键在于用户的体验,只有将用户体验做到极致的公司才可能在市场上存活下来。

互联网与最新技术紧密相连,目前,大数据可以帮助生产者捕捉消费者的消费习惯,生产出符合消费者心理预期的产品或服务。生产者进行精准营销,瞄准目标用户,充分发掘消费者习惯,并重组核心技术,始终把用户放在第一位。消费者通过互联网直接向生产者提供自身的个性化需求,生产者根据消费者对产品各方面的要求生产出相应产品或服务,使得消费者成为产品或服务生产的出发点,与生产直接联系在一起,这促进了消费者个性化趋势。

(二) 创业主体多元化

随着互联网的普及,其主体也在发生着巨大的转变,由一元走向多元,互联网创业主体从技术领域的 IT 人才扩展到社会大众。互联网经济也逐渐变为人与人之间的互联网、物体与物体之间的互联网、行业与行业之间的互联网。

互联网行业本身变化迅速,创业风险非常高,通常成功率都是低于 30％,且无论是在美国还是新兴市场的中国,互联网行业都是资本市场追逐的对象。因此,创业成功的收益非常诱人,吸引了大批人士在互联网行业创业。在资本市场,互联网行业的创业企业只要有有效的用户积累,即可达到非常高的估值,有盈利能力的互联网企业则更加受到市场的欢迎。互联网行业属于拥有 know-how 的产业,不但很多传统行业通过互联网思维进行转型创新,拥有想法和技术的年轻创业者也纷纷加入进来,而且从社会规范、媒体宣传、公众认知的角度,互联网新贵从美国到中国都几乎成为人们眼中的明星。因此,互联网行业中的创业启动的阻碍很小,没有传统创业领域的家庭阻力、经济阻力、社会资源阻力等。

（三）商业模式多样化

传统行业思考的只是产品的创新，但是互联网行业还要考虑商业模式的创新，需要不断开拓新的商业模式。通过多样化的商业模式，消费者、用户可以和创业者的想法进行直接接触，从而更好地满足用户体验。

互联网创业企业并不一定会拥有竞争力，这样的例子比比皆是。很多互联网创业企业在创业初期往往抓住用户痛点，快速占领市场，从而得以迅速发展，甚至部分互联网公司可以彻底颠覆传统商业规则，使大部分行业变得透明化、层级扁平化。但低创业门槛带来的大量进入者必然会降低成功率。大多互联网企业的生存能力和盈利能力很低，如果没有模式的持续创新，往往在市场上都是昙花一现，很难维持。随着互联网行业不断地快速发展，创业的技术门槛和对商业模式的市场要求越来越高，创业难度也越来越大。

（四）互联网创业成本低

市场推崇的互联网思维刺激着很多人开始尝试使用互联网工具来颠覆原有行业的规则和格局，正是因为这样时代的机会，互联网行业中的创业者越来越多。不再那么强调创业所需要的资源和环境政策的支持，在互联网行业也许仅仅一个绝妙的想法就可以创造出一个给市场带来极大冲击的企业，互联网创业者在其中发挥着极大的作用和影响力。

互联网企业家只要有创新项目，就可以通过互联网找人才、资金、物力等，组建专业团队，大幅度降低创业成本。互联网缩短了企业家与用户之间的距离，加快了创新步伐。互联网公司往往都是轻资产运作，流动比率和速动比率非常高，货币资金在企业不同的发展阶段呈现双向极端化，要么是严重短缺，要么是相当充沛。互联网公司很少有存货，固定资产占比很少，单笔交易金额都比较小，但客户数量是巨大的，所以总体的营业额也是巨大的。互联网公司的成本相对比较低，但费用中营销费用会占比非常大，毛利率在 70% 到 90%，净利率也大部分在 30% 以上。正因为这些特质，互联网行业对于创业者来说是相对好的选择。

（五）产业衍生性强

互联网产业与传统产业有广阔的合作空间，"互联网＋"就是"互联网＋各个传统行业"，是将信息通信技术与传统行业进行深度融合，进而改造传统产业的生产方式、产业结构等内容，帮助产业升级。

2012 年中国的第三方支付市场就已经超过了 10 万亿元，其中互联网支付就近 7 万亿元。根据中国互联网协会的报告，2013 年中国全年网络零售交易额就达到 1.8 万亿元，占社会消费品零售总额的 10% 以上。

娱乐产业也随着互联网快速发展，细分产业包括游戏、电影、动漫、电视剧、在线视频、音乐等都是娱乐产业的主要组成部分，2013 年仅网络游戏市场就达到近 900 亿元的市场规模。

公共云平台的低成本和智能终端的高效率，使得企业级 IT 市场发生着变革，企业的 IT 应用建设也逐渐转向移动平台。通过互联网技术的提升，企业的生产效率和管理水平都有机会得到全面的提升。

大数据技术推动着供应链产业进入实时协同时代，传统的信息流、资金流和物流都开始互联网化，行业内部的供应链体系都在发生变革，跨行业的商业行为也借助互联网大数据的技术变得可以实现实时协同。随着互联网推动着整个价值链的各个环节，互联网商业通过共享实现更大的商业价值。

第二节　互联网创业的经济逻辑

创业理论中，信息和社会网络被认为是决定企业生存与成功的重要因素。信息的不完全和不确定导致了创业企业的交易成本，同时，社会网络关系到企业的社会资本，关系到企业经营中可以动用的社会资源。因而本节从交易成本和社会网络的角度分析互联网创业背后的基本经济原理。

一、交易成本与互联网创业

"交易成本"一词最早由科斯提出，他认为市场的运行是有成本的，通过组织能够节省一定的交易成本，于是企业得以形成。在后期的研究中，他进一步阐释了企业存在的必要性，即通过费用较低的企业内部交易替代费用较高的外部交易，实现交易成本的节约。此外，企业规模也取决于边际交易成本。而威廉姆森在此基础上对经济组织的研究也大大地推进了交易成本经济学的发展，并且对交易成本的大小进行了衡量，深化了交易效率的内涵。创业的结果往往是新创企业或组织的产生，也必然会权衡交易成本的大小。

一般认为，创业环境的不确定性及创业机会与创业企业的复杂性会导致创业的高风险性，具体的风险可划分为技术风险、市场风险、生产风险、管理风险等。引发创业风险的主要因素包括金融资源获取的有效性、市场定位的准确性以及产品开发设计的潜力。另外，创业企业的规模及其类型也是影响创业风险的重要因素。而创业决策本身就意味着风险。创业者所选择的创业行业不同，那么由不同的行业特性所表达的创业风险也有所不同。创业需要一定的前期资源投入，包括人力资源、物质资源和社会资源等。有些行业可能有更高的进入门槛，前期需要投入更多的专用性资产（如生产制造业），对交易活动产生"套牢"效应，一旦失败，前期投入则变成沉淀成本，给创业者带来巨大的损失。有些行业的生产周期比较长，或者交易量比较少（如农业），整个创业过程的管理成本较高，导致退出代价也较高。总之，创业中的风险与成本都可以纳入交易成本的范畴中。交易是分析经济活动的基本单位，而交易成本是机会成本，是经济主体之间知识、信息不对称的结果，是利益冲突与调和过程中损耗的资源，是无法避免的。

市场交易的整个过程可能会产生以下四种交易成本：①交易前的信息不对称所导致的成本。一般主体最容易掌握的是自身信息，因此，企业存在产品的信息优势，而客户存在自身偏好的信息优势。②交易过程中的策略性讨价还价所导致的成本。为了获取对方信息,可能会耗费双方大量的时间和精力。③交易后长期合同的风险和锁定风险所导致的成本。前者指的是当市场情况发生变化,使某一方受损,另一方得益;后者指的是当某一方为对方进行了某专项投资,却有可能招致对方的压价。④众多分散的顾客在面对垄断市场力量时也要承受价格或者质量的不平等待遇。这对顾客而言也是巨大的市场交易成本。

在交易成本制度经济学中,从交易的可观测属性来测度交易成本,即从资产专用性、交易的不确定性以及交易发生的频率三个基本维度来分析交易行为。交易与治理结构是相匹配的,都是追求交易成本的最小化,相应地去选择制度安排、组织形式、组织结构,等等。因此,下面利用威廉姆森的交易成本理论对互联网创业进行分析。

(一)资产专用性弱,创业进退门槛低

资产专用性指的是所投入的资产的专用性程度,也就是将专用性强的资产重新配置到其他用途可能会导致低效率,有损其生产价值。根据资产内容的差异性,可以将资产专用性划分为六大类:地理专用性、实物资产专用性、专项资产专用性、人力资本专用性、时间专用性资产、品牌资本专用性。创业是一种风险性投资,大部分创业者面临的风险是创业失败成本,如财务成本、情绪成本、社会成本、专家成本等。

一般而言,资产专用性对于创业成本的影响是很大的。创业者不同方向与数量的专用性资产投入使得新创企业能力的异质性得以保证,具有更好的资源与能力,形成市场竞争力。比如,创业领域为制造业,那么就需要有一套专门生产某种产品的流水线,购置成本较高,而且由于设备本身具有专门的用途甚至是唯一的用途,很难转移到其他用途之上,因而如果创业者在创业过程中改变创业方向或者遭遇失败,那么创业的初期投入将变成沉没成本,会给创业者带来很大的财务损失。对于交易而言,与交易相关的资产的专用性越强,则越要求交易关系能够长期维持,因此,创业者越容易被"套牢",从而影响未来可能发生的交易。

然而,互联网创业的前期投资中的专用性资产较少。互联网创业的客观条件是四通八达的网络通信。目前,一般的网络公司规模都不大,并且具有虚拟组织的特点,对前期所需要投入的人力资本、生产与服务设备等都要求不高。从最基本的项目开始,或许在有互联网通信的环境下,一个人就能够调动资源,将事业运营起来。因此,互联网相对较低的资产专用性程度,一方面降低了进入门槛,使得一般大众能够依靠自身能力或者进行资源整合参与到创业当中;另一方面,也不会给创业者造成退出壁垒,能够进一步提高大众互联网创业的积极性。在互联网创业中,由于很多资源的可共享性,很容易汇聚资源而产生富集效应,并且由于存在利益分摊机制,资源主体更有积极性参与到交流渠道的整合中,并可能开创出新的销售渠道,从而创造出更多的价值,获取更多的客户。

(二)交易不确定性低,创业执行监管成本低

交易的不确定性是指与交易相关的内外部条件的不确定性。不可预测的不确定性容易演变为风险。根据来源,可以将不确定性分为三类:一是初级不确定性,即自然环境的随机变化以及消费者偏好变化所引致的不确定性;二是次级不确定性,即人的有限理性、信息不对称引致的不确定性;三是行为的不确定性,即机会主义行为。交易的不确定性要求创业者有足够的调整能力和适应能力。

在创业活动中,农业创业的风险是公认较高的,存在的不确定性太多,包括自然风险、市场风险、技术风险和体制风险等。自然风险的产生是因为农业是一种自然生产行为,受到外部环境与气候的影响,例如,水产养殖业难以抵御台风的干扰,畜牧业难以抵御瘟疫病害的风险。另外,基于"蛛网理论",农产品的市场价格容易因为农户"随大流"的行为而下降,增产不增收,存在市场信息不确定的风险。相对而言,互联网创业的不确定性偏低。由于互联网行业信息传播广泛、信息量大、资源可共享性强,依托于目前的互联网大数据的发展,市场发展行情以及未来预测都可能实现,因而市场不确定性比较小,在交易中的信息不对称的程度相对较低。而且由于客户能够及时反馈意见,并且平台终端能够及时解答处理,而且对系统本身的任何意见都能直接在系统中进行反馈,所以初级、次级不确定性也偏低,进而降低了交易成本。关于机会主义行为,一是针对创业中的团队队员以及员工的监督而言,二是针对客户而言。由于互联网创业的团队规模或者公司规模不大,相应的监督管理成本较小,而客户一般也需要登记个人信息,更何况还能通过互联网技术进行客户跟踪,及时更新信息,所以在交易中机会主义行为的概率也会有所降低。而且在营销方面,互联网创业更多的是利用社会化网络媒体进行营销,如利用网站、微博、微信等在线社交工具来进行自我表达与宣传。对比于一般的传统营销,如电视广告、报纸传达等单向传播宣传途径,社会化网络营销不仅不需要支付巨额的广告费,还能够与客户公开交流、双向互动,最终通过良好的互动以及对客户问题的及时解决,拉近客户与商家的距离,更容易提高客户的忠诚度以及依赖程度,增添商家的信誉。这样的互动交流能够更有效地促进信息的有效流动,减少交易双方的不确定性,从而降低交易成本。

(三) 交易频率高,信息共享与资源整合程度高

交易频率指的是单位时间内同类交易重复发生的频繁程度,也就是单位时间内的交易次数。如果交易频率很大,那么有必要设置针对交易的专门规制结构。而且,交易频率越大,其相对于专门规制结构的经济性就越明显。也就是说,交易频率可以通过影响相对交易成本而影响交易方式的选择。通常而言,经常发生的交易比一次性交易更容易补偿交易的规制结构的运营成本,从而有效降低交易成本。交易频率的影响因素是复杂的。一方面,交易频率受到产品或服务本身特性的影响,例如,不利于保鲜贮藏的蔬菜,消费者可能一天进行一次采购,而大米就很少会每天买。基于生产者的角度,菜农的交易频率基本上大于粮农的交易频率,因为蔬菜的生长周期短。另一方面,由于信息优势有助于消费者在交易中获利,为了获取更多的信息,消费者可能更愿意投入时间去搜集信息而不是急于达成交易,因此,消费者在交易中存在获取信息的时间成本,这将减少一定时间内的交易次数。

与传统创业活动相比较,互联网创业呈现出开放性、无边界性等特点。基于互联网平台的资源整合,不受时空限制的交易模式,使得整个互联网运作平台更容易实现范围经济。在互联网交易中,互联网平台给消费者提供了太多的选择,即便是同一款产品或同一项服务,也有很多的商家平台同时供给。尽管难以计数的同质性商品与服务给消费者设置了选择难题,但是由于互联网信息的公开与共享性,即便事先没有产品或者服务的体验,也可以依赖于其他客户的评价与反馈信息,对不同商家的信誉与服务进行对比和评价。因此,客户对创业者的信任度并不仅仅依赖于其未出现欺骗等不良行为,还与其交易频率所表征的声誉情况相关。

互联网创业如果是进行产品开发,那么它的另一个优势是新增用户的边际成本很低,甚至为零。因此,相对的"免费模式"能够低成本地赢取海量用户,获取更多的商业价值,为增值服务提供庞大的市场。互联网创业更重视用户体验和挖掘客户的真实需求。互联网公司销售商品并不是仅仅在于产品本身,而是从长远来考虑,尽可能给予客户参与其中的平台,以便满足其需求。例如,依据顾客需求来设计和生产产品,让客户由被动接受变成主动搜寻,更多地参与到产品的设计与传播中去。而客户的体验式消费也能使创业者获取更多的市场以及消费者信息,提高交易频率,达到实际交易的结果。

二、社会网络与互联网创业

社会网络为创业者提供了广泛而有价值的资源去帮助他们实现目标。其中,重要的资源有:信息资源(可见的或不可见的、多样性的或单一的)、资金资源、知识、技能、建议、社会合法性、名誉和公信力。尽管当前测量社会资本存在一些困难,但人们普遍认为社会资本是由社会网络产生的价值。资本可以分为三种类型:人力资本、资金资本和社会资本。人力资本是人类的知识和能力,资金资本是人们口袋中的钱,社会资本就是社会网络中产生的价值。社会网络影响创业机会识别、创业意愿、创业领域方向以及创业者的决策。

(一) 社会网络与创业意向

社会网络与人的地位和成就的关系,主要集中在以下三个方面:①社会网络影响人们的重要行动;②人们的原始地位会影响到从社会网络中获得资源的性质;③人们关系的强度会影响到从社会网络中获得资源的性质。研究表明:处于成功创业者社会网络中的人更倾向于创业,家庭成员在商界有关系或者看到有朋友成功创业的人更有机会去成为一名创业者,社会网络的嵌入性凸显无疑。

(二) 社会网络与创业市场

互联网创业的一个重要特征是企业通过网络面对整个市场,而用户通过网络横向联系起来。传统企业面对的市场中,用户是相对独立的一个一个的个体,当然这种独立也是相对的。用户口碑在传统企业中是需要长时间才能够形成的,但是在互联网企业中,借助互联网的优势,用户口碑的形成和传播效率得到了极大提升,且口碑的好坏经过网络舆情的发酵会通过网络进行放大和传播。在虚拟环境中,买卖双方主要通过交易平台进行互动,利用即时聊天工具、e-mail、电话等方式进行沟通,这与传统面对面的生意网络明显不同;网络越来越显示出社会性的特点,买卖双方不仅在网上交易,还花大量的时间在网上聊天、交友、交流信息、增加感情和信任,形成所谓的虚拟社会网络,其中可以动员的资源被称为在线社会资本;社会资本丰富的电商可以为更多的消费者所知悉和认同,形成较好的在线口碑,最终有可能提高销售绩效。在线下环境,企业的社会网络通常无法被消费者直接观察到,消费者口碑的形成与企业的社会网络没有直接关系。电子商务和在线社会网络的兴起,使得社会资本不但与在线口碑发生直接关联,而且可能对电商的销售绩效有重要的影响。

(三) 社会网络与企业资源获取

企业的创业是企业内部和外部资源整合的过程。机会导向的创业企业将以多种途径寻找和开发商业机会并获取需要的资源。而资源的获取主要分为三个途径,内部获取、市场获取以及网络获取。其中内部获取资源的优势在于企业整体的控制力度,但低效以及高成本是这个途径的劣势。市场获取资源是企业获取外部资源的主要途径,然而前提是企业必须对所需资源有接触到的可能。企业创业的关键是获取外部资源,但是传统的企业创业研究常常忽视外部资源的作用。传统的企业创业研究主要针对企业内部问题的解决,如大企业如何激发内部资源、打破内部资源的壁垒、企业如何激励员工提高独立使用资源的能力等。随着经济环境日渐复杂以及技术进步,企业的内部资源已经不足以支持复杂的企业创新过程,就算是大企业也需要加入不同的企业网络中去使用互补资源,以此来创建企业创业机制,所以获取资源越来越成为企业创新的关键因素。小企业的内部资源更加有限,所以他们的创新更多地依赖外部资源,即使企业集群可以补充创业企业资源禀赋的不足,但资源的有效利用才能提高小企业的竞争优势。

社会网络可以帮助初创企业在起步阶段的发展,帮助企业处理信息。社会网络对企业成长会有一定的正向直接影响,如可以帮助创业者产生高质量的决策。创业者个人的社会网络资源可以帮助其接触更多开发商业机会的必要资源,这些资源对于企业成长也非常重要。

第三节　互联网创业的基本模式

创业模式主要是指创业者为实现自身的创业理想与权益,对创业过程中的各种要素进行合理配置的范式。中国已进入"互联网＋"时代,互联网业务新潮涌现,互联网业务具有独有的技术特色和特殊的商业模式,与传统产业相比有很多不同的业务。互联网创业首先是互联网产业的创业,其次才是基于互联网的创业。

一、互联网产业的创业

互联网产业是以现代新兴的互联网技术为基础,专门从事网络资源搜集、互联网信息技术的研究、开发、利用、生产、贮存、传递和营销信息商品,可为经济发展提供有效服务的综合性生产活动产业集合体,是现阶段国民经济结构的基本组成部分。互联网产业的创业模式可以分成不同的种类,主要有如下几种:第一,提供互联网信息服务的企业,有新浪、搜狐等,这些企业将信息通过互联网平台进行发布,为广大用户提供各种信息服务,包括新闻视频、音乐流媒体等一系列服务。第二,为广大用户提供交易平台的企业,如阿里巴巴的淘宝,借助互联网平台为用户提供商品交易的场所,有效地打破了传统的百货市场交易模式,让用户能够更加方便快捷地不受地域限制购买所需商品,即将百货商场搬到了互联网上,通过物流和第三方支付将商品交易简单化。第三,互联网的发展不可避免地涉及社交服务,目前社交服务应用最广的两大软件分别是腾讯公司开发的 QQ 和微信。这种创业模式就是利用互联网平台建立虚拟社交区,让在不同时间、地点的用户可以跨时空进行交流,从最初的文字图片到如今的视频聊天,不断刷新改变着人们的社交方式。第四,借助互联网的快速发展,通过互联网进行提供娱乐服务的企业也不在少数,如抖音、火山小视频、快手以及斗鱼等。这些企业就是借助互联网平台,开发可以集拍摄和直播于一体的小视频软件,专门为用户提供娱乐服务,并在此基础上横向以及纵向拓展相关业务,从而保持企业的可持续发展。

总体而言,中国互联网的快速发展,带动了中国互联网产业的创业热潮,并且根据目前移动互联网的技术,互联网产业创业逐渐开始并加大侧重于移动互联网创业。虽然互联网产业创业有着不同的创业模式创业分类,但是大体上互联网产业创业的本质和初心都是不变的,即都是借助互联网的平台和技术与传统产业相结合,为用户提供简单便捷的信息服务,改变人们的生产生活方式,使人们的生活更加简单高效。

二、基于互联网的创业模式

基于互联网的创业主要是在互联网产业发展的基础之上,基于互联网产业的某些功能,通过业务模式创新进行的互联网创业。

(一)传统电子商务创业模式

当互联网产业中的平台经济兴起后,企业基于互联网交易平台进行创业,即为电子商务模式。随着互联网应用领域的不断扩展和信息服务的不断创新,电子商务的商业创业模式逐渐成为互联网业务的重要模式。电子商务商业创业模式可分为六种类型:一是 B2C 模式,即企业与消费者之间的电子商务商业模式。这种商业模式以零售为主,企业主要通过网络开展销售活动。二是 B2B 模式,即企业与企业之间的电子商务商业模式。这种模式下企业可以通过互联网交换产品、服务和信息。三是 C2C 模式,即指消费者之间的电子商务商业模式。该模式为可以提供一个自由出价和交易的在线平台。四是 O2O 模式,即线下与互联网之间的电子商务商业模式。企业可以线上招揽客户,线下提供服务,这种模式有利于在线结算,快速扩大销售规模。五是 BOB 模式,指企业通过互联网运营商实现产品或服务交易的新型电子商务商业模式。六是 B2Q 模式,指采购方引进第三方技术服务提供的电子商务商业模式。企业可以作为第三方,通过提供销售、售后和维护服务来创业。传统电子商务商业模式的优势是无时空限制,扩大了消费市场,减少了商品流动环节,大大降低了货物流通和交易的成本。缺点是电子商务法律法规不健全,可能会导致网络安全、消费者售后服务质量等方面出现问题。

（二）"互联网＋传统产业"创业模式

2015 年,国务院通过了《关于积极推进"互联网＋"行动指导意见》,期望利用信息通信技术和互联网平台,使互联网与传统产业深入整合,创新发展生态。随着行动计划的提出,"互联网＋"正在成为新一轮产业革命的重要动力。越来越多的企业以互联网技术为平台,通过传统产业升级,把互联网接入相关产品和服务,在产品描述、服务提供商、技术应用等方面为客户提供相应的服务,获得相应的利润。"互联网＋传统产业"的商业模式主要分为以下几种:一是"互联网＋零售"模式。随着人民生活水平的提高和中国网络购物环境的整体提升,互联网零售额呈现同比增长态势。二是"互联网＋金融"模式。随着互联网零售业的发展,网络支付手段逐渐丰富。随着在线金融工具的增加,基于互联网的网络信息查询和交易服务逐年发展。三是"互联网＋旅游"模式。通过网络预订酒店、机票、门票等旅游服务逐渐普及。截至 2015 年 12 月,网上预订机票、酒店、火车票或旅游产品的互联网用户规模达到 2.6 亿户,比 2014 年底增加 3 782 万户,同比增长 17.1％。"互联网＋传统产业"创业模式具有将互联网优势与传统产业优势相结合的优势,能够培育新的经济增长点。缺点是没有形成一个更成熟的创业体系,大量创业企业缺乏生存能力,创业风险更大。

（三）基于物联网的创业模式

物联网被视为互联网应用的延伸,物联网通过智能家居、智能交通、智慧物流、智慧医疗等领域逐步成为新的商业模式。根据各方从属关系和客户价值不同,可以把物联网的商业模式分为以下几种:一是智能终端服务模式。这种模式是指在具体的垂直行业探索用户需求,并针对性地设计相应的硬件,为用户提供服务。二是云聚合模型。云聚合模式是基于以用户服务为中心的云端,根据现有的运营平台和目标市场的运营能力,与用户建立长期的互动关系,形成参与者共同创造价值的商业模式。三是智慧物联网模式。随着互联网信息技术的成熟发展以及物联网的兴起,智慧物联网业务逐渐成为智能城市应用的主流。依托物联网技术,通过对城市各种信息的全面性测量,配合各种应用系统的合作,实现城市管理目标。物联网业务可以应用于城市物流、制造、交通、市政、水域等领域,有利于实现"智慧城市"的目标。物联网的优势是以用户为中心,从行业的一些迫切需求开始,基于物联网的创业成功率较高。缺点是企业很容易陷入技术开发误区,另外,同类型的产品一旦被开发,创业者对产品的定位以及其持续创业能力将受到挑战。

第四节　互联网创业实践

在互联网创业过程中,面临的创业实践是形形色色的,形成了丰富多彩的创业实践。我们无法对这些具体的创业实践进行完整的列述,但是却可以拿其中一些典型的互联网创业实践案例出来，进行重点剖析。本部分选取了四个方面的互联网创业实践案例，这四个案例从不同的角度诠释了互联网创业的强大魅力。

一、豆瓣的线上创业

豆瓣网成立于 2005 年 3 月，其创始人叫杨勃，毕业于清华大学物理系，后又在加州大学拿到物理学博士学位，是个纯理工男，最后却创办了一个几乎汇聚了全中国所有文艺青年的网站。豆瓣网成立以来，注册用户和点击率迅速攀升。截至 2012 年 8 月，月度覆盖独立用户数已达 1 亿，日均浏览量达到 1.6 亿。"豆瓣"以其创新的模式，不仅赢得数量庞大的用户，更在互联网业界赢得一片赞誉，被称为"中国最优秀的 web2.0 网站"。"豆瓣"的原则是没有主编，没有网络编辑，所有用户都是平等的。这里所有的内容、分类、筛选、排序都由用户产生和决定的，完全是自动的。豆瓣不鼓励转载，相比于阳春白雪式的职业评论，其更愿意听到每个读者不工整但特别真实的声音。

豆瓣网从上线开始，其创始人就将其口号确定为"萝卜青菜，各有所爱"。不管是主流还是非主流的书，都能在豆瓣找到共同爱好的人，并主要通过 blog 来相互推荐。豆瓣最开始是书评网站，因后来增加了"小组""同城"等功能而被赋予"SNS"属性。事实上，豆瓣上有各种各样的稀奇古怪的小组和活动，有些小组和活动参与人数众多，会在全国各地掀起各式各样的潮流风。比如，2008 年国货回潮，很多人开始用百雀羚、郁美净，吃大白兔和喝健力宝，而这股潮流最开始就是从豆瓣的"经典国货"小组酝酿并蔓延。除此之外，诸如"定格、快闪""在晚上暴走"等风靡全国的活动都是从豆瓣上发端蔓延的。

豆瓣一直没有宣称自己是什么样的网站，但是其创始人却说："豆瓣的价值在于怎样让客户去发现更有价值的东西，至于豆瓣的属性却不怎么重要。"豆瓣表面上看上去是一个评论网站，但实际上它却提供了书目推荐和以共同兴趣爱好交友的多种服务功能，更像是一个集 blog、交友、小组、收藏于一体的新型社区网络。通过"价格比较"菜单将有购买意向的客户链接到当当、亚马逊等网站，用户通过链接发生消费后，豆瓣就能够得到 10% 的回报，这是目前豆瓣网主要的收入来源。从某种程度上讲，豆瓣是以为用户服务为导向，并通过用户的口碑传播来实现营销的。现在大家都知道，买书、看电影、听音乐之前，一定要去"豆瓣"先查看一下相关的书评、影评或乐评，这样才能保证自己买到的书、看到的电影、听到的音乐，不仅是当前最热门的，还是口碑最好的。

豆瓣网的这种创业模式就是一种典型的纯互联网产业的创业案例。以搜狐、新浪为代表的互联网早期创业者为用户提供的是一种新闻资讯信息；而豆瓣网通过向用户提供独特的文化信息服务，为广大读者提供了一个信息交流共享的平台，通过不断深挖用户需求，让用户互相创造并提供信息，实现了自身规模和影响力的不断扩张，成为中国互联网行业的重要一员。

二、苏宁易购的"线上＋线下"创业

苏宁易购,是苏宁云商集团股份有限公司旗下的"线上＋线下"整合发展的典型代表。除了线上购物网站的网络购物服务以外,线下实体店的发展也不断整合转型。苏宁易购从纯线下的南京交家电公司起步,在线上创业后,又对线下资源进行不断整合。截至 2017 年底,苏宁易购线下连锁网络覆盖海内外,包括苏宁易购广场、苏宁云店、苏鲜生、苏宁红孩子、苏宁极物、苏宁汽车超市、苏宁易购直营店、苏宁小店等业态,自营创新互联网门店和网点近 4 000 家,稳居国内线下连锁前列;苏宁易购线上通过自营、开放和跨平台运营,跻身中国 B2C 市场前三,且在主流电商中增速领先。

从 1999 年起,苏宁电器就开始了长达 10 年的电子商务研究,先后对 8848、新浪网等网站进行过拜访,并承办新浪网首个电器商城,尝试门户网购嫁接,并于 2005 年组建 B2C 部门,开始自己的电子商务尝试。从 2005 年苏宁网上商城一期面世到 2009 年全新改版升级,此次改版整合了全球顶级的资源优势,并携手 IBM 打造新一代的系统,建立了一个集购买、学习、交流于一体的社区,全面打造出一个专业的家电购物与咨询的网站,旨在成为中国 B2C 市场最大的专业销售 3C 产品、空调、彩电、冰箱、洗衣机等生活电器和家居用品的网购平台,并正式更名为苏宁易购。经过不断的优化升级,苏宁易购最终赢得了广大网民的好评。

2011 年,苏宁易购强化虚拟网络与实体店面的同步发展,不断提升网络市场份额。虚拟经济无实体店支撑很难发展起来,苏宁 B2C 的优势在于可以把实体经济和虚拟经济结合起来,共同发展。苏宁有丰厚的资金实力,可以满足正常的经营运转,已经形成了较成熟的盈利模式和较高的运营效率。线下实体店的商品定位属于中高端,商品陈列严格遵循品类丰富、品牌适度、品相优化的原则来满足消费者的购物需求。线下不仅有 80 余个中央配送中心、区域配送中心、60 多个转运点、850 多家门店的强大仓储能力还有 400 多家售后网点支持全国的售后服务,以及零售方面丰富的配送经验和配送能力,可以覆盖到中国各地。

线上苏宁拥有很强的技术团队,加上与行业内技术水平领先的合作伙伴 IBM 构成了完整的 B2C 平台开发团队,这个团队已为 B2C 平台开发提供了强大的技术支持和服务,其中包括 SAP 系统、邮件平台、B2B 系统、CRM 系统、BW 系统等系统。在虚拟经济中,品牌信誉有着非常重要的地位。2012 年苏宁品牌价值已经突破了 800 亿元,是消费者最值得信赖的品牌之一。苏宁品牌信誉度较高,除了与平面媒体合作外,在与网络媒体合作方面也有相当一部分的资源。正是苏宁在人才、资金、技术等各个方面都有着雄厚的资源,才使得苏宁能够线上线下融合起来发展,线上虚拟与线下实体相互支撑发展,极大地整合了资源,为消费者提供便捷周到的服务,同时这也为苏宁发展成为全国最大的 3C 类产品网购平台打下坚实的基础。

三、江苏沭阳的"互联网＋"淘宝县集群式创业

沭阳县是江苏省的三个省直管试点县之一,沭阳是传统苗木乡,白蜡、法桐、槐

树、紫薇、海棠、玉兰、红叶石楠等行道树和花灌木品种众多。2006年,新槐村(由新河村与桐槐村合并而成)返乡青年张超创办了第一家淘宝网店,销售自己种植的月季苗,由此新河镇开始走上"淘宝镇"之路。2009年以后,沭阳淘宝店迎来爆发式发展,看到前期创业者赚到钱以后,示范效应使得周围的村民开始竞相模仿,沭阳县的网店数量迅速增加。

2016年在江苏沭阳召开的第四届中国淘宝村高峰论坛上,江苏沭阳县凭借3个淘宝镇、32个淘宝村跻身全国五大淘宝村集群之一。2017年在山东菏泽举办的第五届中国淘宝村高峰论坛上,沭阳跻身"2017年十大淘宝村集群",也是其中唯一以农产品为特色的淘宝村集群。截止到2017年底,全县共有淘宝镇4个,淘宝村41个,实现淘宝村全覆盖乡镇2个。和全国其他地区相比,沭阳最大的特点不是淘宝村数量多,而是以其"三农合一"的特点,即"农民+农业+农村",全面拥抱互联网。

由于农业互联网化以及网络消费者的需求结构的复杂性,当前,绝大多数淘宝村销售的主营产品都是非农产品,例如家具、服装、玩具等。真正依托农业产业发展成为淘宝村的案例并不多见,沭阳就是典型的依托"三农"的"互联网+"的创业模式。截至2015年,全县电商突破4万家,其中约有80%的电商从事花卉苗木的销售,电商交易额达70亿元,快递发货量6 000万件,平均每天超15万件。也就是说,平均每一秒钟就有两件快递从沭阳发往世界各地。沭阳模式是一种以特色农业产业为依托,以保持农村原有机理和风貌为前提,由广大农民通过电子商务创业创新实现农业产业升级,并在政府的合理引导下形成农村电商生态体系,促进人与土地和谐发展,实现"农民富、农业强、农村美"的"互联网+三农"县域电商发展模式。沭阳走出了一条充分体现互联网与农民、农业、农村三者全面融合、同步融合、深度融合的县域电商发展路子,是"互联网+"淘宝县集群式创业最经典和最成功的案例。

四、"小人物"的网上创业

创业不仅仅是拥有高新技术的"大人物"的专利,而只要有一技之长,能够为社会提供需要的服务,"小人物"也可以进行创业,增加收入改善生活。借助于互联网平台的基于C2C模式的"到位"服务就为普通民众的小规模创业提供了契机。

"到位"服务平台是北京邻家科技有限公司旗下的一个B2C加C2C服务平台。消费者可以发布服务需求,用户可以通过到位找寻身边可上门的服务,可选择的服务包括家政、按摩、外卖、保洁、洗衣、厨师、汽车保养、美容、美发、摄影、幼教等服务。服务者可以发布服务,设置服务内容及费用,通过提供服务来赚取服务报酬。提供服务的可以是机构也可以是个人,即用户既可以充当服务提供者,发挥自己的特长,也可以享受个性化服务,让人帮忙排队、买东西等等。

只要有一技之长,每个人均可以成为生活服务提供者,基于"到位"服务这种创业,更多的是一种改善生活型的创业,通过"到位"提供服务的人群有着一技之长,基于地理信息的这种服务模式,虽然难以使得服务提供者通过提供大规模的服务来获取大规模报酬,但却是可以为服务提供者们提供一个增加收入的机会。

思考题

1. 互联网与创业之间的关系是什么？
2. 互联网创业与非互联网创业有什么不同？
3. 为什么互联网创业可以实现规模经济？
4. 为什么中国的互联网创业能够迅速发展起来？

材料分析

人人车的互联网创业

人人车成立于 2014 年 4 月，以其首创的二手车 C2C 交易模式为入口，现已发展成为集二手车交易、新车交易、金融服务、售后等为一体的综合型汽车交易服务平台。

人人车有着天然的互联网基因，其创始人李健曾在百度工作 7 年，其他联合创始人也有着在大型互联网企业工作的经历，互联网所能够提供的 C2C 模式成为了人人车一开始就坚持的模式。二手车交易方面，人人车为车主提供免费上门估值检测、代卖、置换等服务。为了严格把控在售车源质量，人人车通过自建专业评估师团队、设立 249 项检测标准和双重检测机制，保障二手车质量。同时，针对买家，人人车提供 14 天可退车、一年（2 万公里）核心部件质保、两亿元保障金等一系列售后保障，引领了行业变革。人人车打出"不赚差价"的口号，只收取车价 3‰ 的交易费，通过与腾讯合作，发展大量的潜在互联网用户群，为二手车交易买家和卖家提供了交易场所，提高了买卖双方匹配的可能性。低廉的交易费用，庞大的用户群体，使得人人车具备了迅速发展的基础。

公司成立两年后，人人车的规模从几十人达到三千多人，并完成 2.6 亿美元融资。人人车初创 C2C 模式时，在业内不被看好，一度被质疑可行性。尽管一直发展顺利，但一直到 2015 年人人车拿到腾讯投资，质疑声才最终烟消云散。随后，人人车也加入广告战，以一当十地追平了瓜子二手车的广告战绩，广为普通消费者所知，一举跃入二手车电商第一阵营。目前，人人车已经快速成长为行业最具代表性的创业公司，成为国内领先的二手车 C2C 交易平台。

以上述材料为基础，试回答以下问题。

（1）人人车是一种什么样的互联网创业模式？

（2）人人车为什么能够以那么低廉的价格提供二手车交易服务？

（3）人人车所提供的核心服务是什么？

综合案例分析

案例一　马云与他永远的"少年"阿里①

2019 年 11 月 12 日,天猫"双十一"购物节当日交易额为 2 684 亿元,创历史新高。2018 年"双十一"交易额为 2 135.5 亿元,2017 年为 1 682 亿元。"双十一"购物狂欢节,从 2009 年淘宝商城促销活动发展到今天已满十周年。十年来,"双十一"早已成为中国电子商务行业的年度盛典,并向全世界蔓延。2018 年,在零售电商领域,阿里巴巴占据了中国近 60% 的市场份额。阿里巴巴集团在 2019 年中国工信部联合发布的中国互联网企业 100 强榜单中,排名第一;在 2019 福布斯全球数字经济 100 强中位列第 10 位;在 2019 年《财富》全球未来 50 强榜单排名第 11 位。马云和他的创业团队如何在这个飞速发展的互联网时代从天方夜谭逆转为创业神话?

时光倒转 20 年,创业故事才刚刚开始。1994 年,还在当翻译的马云到美国出差,第一次见识到互联网,在 90 年代中期,在中国互联网还是个新兴事物。回国后,马云立刻投身互联网行业,1994 年到 1998 年底,马云和他的创业团队先后在杭州、北京创办了中国黄页和对外经贸部网站。但这些电子商务网站,很快淹没在互联网江湖中。

1999 年年初,以马云为核心的 18 人创业团队开始了新一轮的创业,他们要创建一个纯粹的为中小企业服务的电子商务网站:阿里巴巴。阿里巴巴意为"芝麻开门",寓意为小企业开启财富之门。马云在创业初始就表示:"我们所有的竞争对手不在中国,而在美国硅谷。我们要把阿里巴巴定位为国际站点,不要做成国内站点,我希望阿里巴巴在 2002 年能够成为上市公司。"这些超前的概念,在当时有种天方夜谭的违和感。在其他互联网企业抢占市场之际,阿里巴巴在湖畔花园开始了 6 个月的闭关修炼,马云一度被风险投资拒绝了 37 次,没有人相信他这个故事。

变化要从一个加拿大华裔蔡崇信讲起。1999 年,负责瑞典银瑞达集团亚洲投资业务的蔡崇信来到阿里巴巴与马云洽谈投资项目,最终谈判未成,但阿里巴巴却吸引了这个国际人才,1999 年 10 月,高盛联合富达投资等首轮投资阿里巴巴 500 万美

---

① 资料来源:阿里巴巴官方纪录片《造梦者》。

元,二个月后,阿里又获得了日本软银 2 000 万美元的投资。几个月后,蔡崇信正式加入阿里巴巴。在他的努力下,阿里巴巴正式开始了真正规范化的运作。当时人们对蔡崇信放弃高薪工作,加入阿里巴巴的举动感到不解,但蔡崇信给出了自己的答案:"当你从零做起,你达到了几百万你会很有成就感"。

2000 年伊始,全球互联网泡沫破裂,中国大量互联网企业面临生存困境。2001年阿里巴巴将发展战略由海外扩张转移到回归本土,在这一时期,阿里巴巴投资 100万元对员工与管理层团队进行了培训,这套培训制度被称之为"百年阿里"。因没有投资者追加,阿里巴巴需要尽快找到自己的盈利模式,马云下决心砍掉全线业务,回归中小企业的服务。2001 年 2 月,阿里巴巴推出了自己的第一个付费产品"中国供应商",当时的大部分中小企业愿意付费来获取真正有价值的信息。2002 年,阿里巴巴实现盈利,因为"中国供应商",阿里巴巴逐步走上正轨。

2003 年 7 月,阿里巴巴推出淘宝网,而早在几个月前国际电商巨头 eBay 正式进入中国的 C2C 领域,在外界认为,这是淘宝与 eBay 的公开竞争,许多媒体将这场竞争戏称为"蚂蚁战大象",淘宝网使得商家和消费者保持亲密的互动,所以出现了一个词叫"亲",它在意的是人与人之间的联系。马云认为"当你从一个素未谋面的人那里买了东西,你把包裹交给了一个陌生人,一个你从不认识的人将会把你的包裹送达,淘宝对中国社会最大的改变就是信任"。2004 年推出网络交易支付工具"支付宝"。到 2006 年,淘宝的交易总量市场占比由 9% 上升到 70%,同年 eBay 退出了中国市场,在淘宝诞生之初,eBay 曾占有 95% 的中国市场,仅来源于中国 1% 的网络用户,淘宝逆转的背后是飞速发展的互联网时代。

2009 年,在阿里巴巴十周年晚会上,18 位初创人员辞去创始人身份,2010 年 7月,阿里巴巴集团推出合伙人制度,以保存其使命、愿景及价值观。2008 年初,金融危机爆发,出口贸易递减,许多企业倒闭了,此时,阿里巴巴将中国供应商的价格下调六成,从五万变为一万九千八。阿里巴巴抗住了外部的经济压力,然而,内部风暴在此时出现了,这一年年初,中国供应商爆出了涉嫌欺诈客户的事件,在阿里巴巴的销售团队中有一批销售人员为了达到个人的业绩目标,签了一些资质有问题的客户,阿里巴巴 100 多位涉嫌欺诈的主管和销售人员被辞退。阿里巴巴尚未从 B2B 业务黑名单事件的阵痛中缓过神,下半年,淘宝又发生了十月围城事件。2012 年底,移动互联网的发展不可逆转,发展移动互联网已经意味着是否能够进入另一个时代,2013年阿里巴巴推出了无线 All IN 战略,此后,手机淘宝、支付宝钱包、来往、钉钉等无线产品依次出现。2014 年 9 月 19 日,阿里巴巴集团在纽约证券交易所正式挂牌上市。

如今的阿里巴巴已经是数字经济时代的电子商务巨头,它的每一步发展都备受瞩目,从阿里巴巴的创业发展中,我们得到以下启示:

第一,创业者的创业精神是阿里巴巴成功的动力源泉。马云的创业精神主要体现了如下几个特征:其一,创业者强烈的自我实现需求。马云用他的"让天下没有难做的生意"的使命,建立起一个以电商为核心的互联网商业帝国。创业伊始,马云说:"我们要办的是一家电子商务公司,我们的目标有三个,第一,我们要建立一家生存

102 年的公司;第二,我们要建立一家为中国中小企业服务的电子商务公司;第三,我们要建立世界上最大的电子商务公司,要进入全球网站排名前十位。"创业者身上的坚强意志也是成功的关键,在创办阿里巴巴之前,马云经历了创业的失败,然而他说:"就算失败了,我不后悔,至少我把概念告诉了别人,我不成功,会有人成功的!"创业的失败并未改变他的创业热情,随后,便开始了阿里巴巴创业。其二,机会发现的特征。马云在美国第一次见识到互联网的时候,在电脑中输入了一个单词"beer",发现搜索结果中有美国的啤酒、日本的啤酒、德国的啤酒,但是没有中国的啤酒,再输入"China",没有任何数据,回国后马云便立刻投身至互联网行业中,他意识到中国的互联网行业会有巨大的潜力和无限的可能性。其三,创新特征。阿里巴巴在创业及其发展过程中不断的创新其产品和理念,以适应不断变化的市场,在淘宝诞生之后,推出了第三方平台支付宝,注重人与人之间的联系;在移动互联网时代,推出无线 ALL IN 业务。

第二,创业投融资对阿里巴巴的发展有着深远的影响。阿里巴巴在创业之初的资金只有 50 万元,创业需要资金,当缺少支撑创业的足够资金时,创业者可以通过金融市场融入一定的资本。而创业资本家需要谨慎挑选优质的创业企业和项目,以实现投资收益的最大化。1999 年 10 月,由高盛公司牵头,美国、亚洲、欧洲等多家一流的基金公司参与,阿里巴巴集团从数家投资机构引入第一笔高达 500 万美元风险投资,此轮投资成为阿里巴巴首轮"天使基金"。2000 年 1 月,阿里巴巴集团从软银等投资机构融资 2 000 万美元。2004 年,阿里巴巴集团从数家一线投资机构融资 8 200 万美元,成为当时中国互联网届最大规模的私募融资。2014 年,阿里巴巴在纽约证券交易所挂牌上市,阿里巴巴 IPO 规模打破世界了纪录,成为美股史上最大的 IPO,融资额度超过 240 亿美元,市值估计达到 1 630 亿美元。互联网与创业投融资的深度融合为阿里巴巴发展创造了条件。

第三,社会分工、规模经济、市场力量是阿里巴巴外生成长的助推器。企业外生成长是指影响企业规模和生产效率的外生变量,如市场供需、技术变迁、成本结构等。阿里巴巴的外生成长与所处环境息息相关,从外部获取的物质资本、人力资本、竞争及其所处的飞速发展的互联网时代,是其外生成长的重要动力。其一,根据新古典经济学的解释,阿里巴巴所承担的 B2B、C2C 以及 B2C 的分工和规模经济的实现促进了阿里巴巴的外生成长。在规模经济方面。阿里巴巴的雄厚实力与不断扩张使得企业实现了规模经济。随着网络的不断发展,网络产品的开发、研制以及促销均需要大量的人力、物力,但一旦投入市场并被消费者接受,则额外生产一单位产品的边际成本会不断下降,实现规模经济对企业外生成长的正向促进作用。其二,外部经济环境的影响使得阿里巴巴的成长战略不断的调整。其三,根据波特五力模型的分析,阿里巴巴的市场力量可以归纳为买方、卖方、新进入者、竞争者和替代者,市场力量对阿里巴巴的外生成长有着重要的推动作用,2003 年,淘宝网成立之时,C2C 市场最大的竞争者是电商巨头 eBay,强大的竞争者是淘宝不断创新的推动力,淘宝必须在竞争中找到其差异化的模式,利用拉近人与人之间的联系,人与人之间的信任,赢得了这场外界本不看好的"蚂蚁战大象"之战。

第四,服务能力、多样化经营战略、技术创新是阿里巴巴内生成长的重要动力。企业内生成长理论重点考察了企业的内部资源、经营管理、创新等内生变量等。阿里巴巴内生成长的动力来源于企业内部,其资源、能力差异、成长阶段不同,创新程度不同,其成长方式也会有一定差异。其一,在服务能力方面,阿里巴巴为其企业和个人用户推出了一系列的服务,赢得了用户的好评和利润的回报,如建立的独立的第三方支付平台——支付宝。其二,在业务运营方面,阿里巴巴实施多样化与专业化结合的战略。阿里巴巴拥有多项业务,产品的多样化战略能够帮助阿里巴巴承受网络经济的快速变化,与此同时,阿里巴巴也专注于核心业务的发展。其三,在技术创新方面。阿里巴巴创业至今,从未停止创新的步伐,无论是无线 ALL IN 的业务还是阿里云计算的成立都是证明了创新是阿里巴巴的重要内生成长要素。2006 年 7 月,淘宝大学课程推出,向卖家和买家提供电子商务培训与教育。阿里巴巴注重技术投入,投入巨额建立电子商务研发中心,以业务需求为技术发展方向,快速跟进吸收国际最新技术并不断创新推出独具特色的服务项目,实现其内生成长。

案例二　大疆的极致创新之路[①]

2018 年《胡润百富榜》有一位 80 后进入前 50 名,这个人就是汪滔。作为一名新人,很多人都没听过他的名字,不过他的产品非常有名,这就是大疆无人机。

大疆的创业之路,与所有的创业故事一样,是十分艰难的。汪滔在一开始也如大多数年轻人创业一样,在一个简陋的出租房内研制自己的产品,身边只有两三个战友,本想多招聘一些员工,奈何没有人看好他们。由于资金十分短缺,汪涛他们最初研制的飞控系统只能在航模发烧友的小圈子里卖出去。最初的两三年,员工换了一波又一波,大疆还是个小作坊。

大疆的发展,在 2008 年终于迎来了转折点。得益于李泽湘导师的大力资助,汪滔开发出了 XP3.1 系统,实现了直升机模型的空中悬停。2010 年汪滔从同行的无人机产品中意识到,大量用户在使用无人机时需要一定的专业性,产品复杂难用,不符合更广大的消费群体。汪滔决定,大疆开始无人机整机的研发工作。正确的决策决定了大疆无人机开始起飞,仅仅几个月大疆就在市场上推出了大疆的无人机整机。本就竞争很少的无人机市场,迅速被大疆成熟的产品所征服。无人机热潮来临,甚至不需要大疆去做广告,使用无人机几乎成了一种时尚。截至 2018 年精灵 4 的发布,大疆已经占领了全球无人机消费级市场的 90%,在美国也是市场第一。同行业内没人是大疆的对手,曾经有美国的无人机公司准备与大疆竞争,在大疆精灵 4 面前不堪一击,最后不得不退出无人机市场,将市场份额完全让给大疆。大卖的产品使得大疆年收入超过 100 亿,大疆的估值一路高升。作为大疆创始人的汪滔自然也是身价倍

---

① 根据有关新闻资料整理。

涨,跨入百富榜前50,汪滔也被人们称为国内最会赚钱的年轻人。

回顾大疆的创业成功之路,利用本书的理论,有几点值得分析。

第一,是创业者极度专注的创业精神。创业企业的成功,与创业者极富创造力的创新精神以及专注密不可分。创业者的成功不仅在于挖掘市场机会,更在于异乎寻常的执著与专注。汪涛将自己的专注,称为"走窄门"。回顾大疆创业十年历程,汪滔觉得大疆做的事情很单纯,"就是埋头苦干,一门心思做出卓越的产品,踏踏实实地创造社会价值。"这种做法比较辛苦,要耐得住寂寞,很多人觉得是个"窄门",不愿意走。但从他的经历来看,将企业所有的资源都投入到无人机这一个领域中,确实是孤注一掷。相反,有不少创业的人喜欢赶风口、炒概念、投机取巧,这些做法"门"虽然宽,路虽然大,但无法带来实实在在的创新,既是对创新精神的误读,也是对创业环境的破坏。

第二,始终以创新作为企业的长期发展战略,引领企业的成长。大疆公司从成立之初,就具有强烈的"极客"精神,一群工程师组成的创业团队,对产品技术始终存在着异乎寻常的执著,是典型的科技型初创企业。因此大疆的发展战略就是以技术创新,产品迭代来推动企业的发展。

从成立以来,大疆一直保持产品的持续更新,每年推出创新技术或产品:2012年的第一代"大疆精灵",支持悬挂微型相机,失控情况下可实现自主返航;2013年的第二代"大疆精灵"可实现录影并实时回传,同时内嵌GPS自动导航系统;到2015年,第三代"大疆精灵"的高清数字图像传输系统可实现2公里内的图像传输,同时GPS保证平稳飞行。2014年,大疆创新发布Inspire1,可以360度无遮挡航拍。在消费级无人机保持市场占有率第一的时候,大疆又开发了植保无人机。他们把有限元仿真用在农用无人机的设计上;为农业无人机建立了一个空气动力学模型,来解决风场问题,使得药剂在更大喷幅下可以均匀分布;给无人机配备了其他无人机都没有的DBF雷达,用点云算法来解决智能绕障碍;甚至用AI实现智能喷洒。对产品技术的极致追求,带来的结果是无人机领域的无人能敌,很多需求甚至是他们创造出来的,因此也有人称他们为无人机中的"苹果"公司。

第三,深圳完善的产业链与产业环境,为大疆的快速成长提供了极佳的外部环境。深圳具有良好的产业环境,拥有当今世界最好的智能硬件产业链,加上完善的制造业链条以及低廉的生产成本,让深圳成为全球模型类产品的主要生产地。事实上,除了大疆之外,深圳还聚集了亿航等多家无人机企业。深圳仅在无人机产业中,就在飞控系统、导航系统、图传系统、动力系统等核心部件方面,形成了完整的上下游产业链。深圳在无人机产业上的集聚已经形成,任何想进入无人机产业的企业,都可以在深圳很方便地采购到无人机的零部件。随着无人机的小型化,无人机的关键零部件陀螺仪、GPS模块等,与智能手机的零部件具有通用性。深圳在智能手机产业上的集聚优势,将进一步惠及无人机产业。

第四,深圳拥有非常好的创业环境,这对于大疆这样的创新型企业的发展非常有利。创业环境对于企业的孕育成长,有着潜移默化的作用。这种环境既包括政府的政策环境、制度环境,也包括市场自发形成的竞争环境。我们可以发现,不仅是大疆,中国近年成长起来的独角兽企业,很多都诞生在深圳,比如柔宇科技、碳云智能等企业。从某些方面看,深圳是国内最像硅谷的城市,充满活力、多元化且具有包容性,这些往往是创新的开始和来源。

深圳的创业环境,可以在以下几点上体现出优势:一方面是营商环境,深圳成立之初就坚持小政府大社会,而且一直在政策上鼓励企业自由发展,这很适合民营企业发展;另一方面是毗邻香港的区位优势,深圳企业相较国内企业拥有国际化视野的先发优势;再者深圳充满市场竞争的活力,深圳的企业从诞生伊始就面临市场竞争,和国内同行比拼,和国际对手较量,成功者都是在激烈的市场竞争中脱颖而出的。可以想象,创业企业在深圳得以扎根成长,一片森林必然会长出几棵参天大树;最后从企业投融资环境方面来看,就风险投资对创新的支持能力和敏锐度而言,深圳的投融资环境可以跟硅谷媲美,不仅专业、投资能力强,而且在国际化某些方面甚至比硅谷做得还好。

总之,大疆的成功,是我国近年来科技创新型企业成功发展的缩影。创业者执著专注的创业精神,以创新引领的企业成长,深圳成熟的产业配套以及外部政策环境等,众多因素的共同作用造就了大疆这家独角兽企业的成功。

案例三 "京东帝国"的崛起之路①

京东是中国知名的自营式电商企业,旗下设有京东商城、京东金融、拍拍网、京东智能、O2O及海外事业部等。2013年正式获得虚拟运营商牌照。2019年9月,中国商业联合会、中华全国商业信息中心发布2018年度中国零售百强名单,京东排名第2位。2019年10月,在福布斯全球数字经济100强榜排第44位。其创始人刘强东担任京东集团董事局主席兼CEO,出任CEO至今,京东商城已经成为国内最大的B2C网站。

1992年,刘强东怀惴从政梦想,以高分考入中国人民大学社会学系。大学期间感觉专业不对口的他利用课余时间自学编程及软件技术,也因此赚了不少外快。大四时刘强东盘下学校附近的一间餐厅开始第一次创业,却因为疏于管理等原因餐厅不到一年就关闭了。亏欠20万元外债的他选择把压力化为动力,毕业后进了一家外企,从电脑信息化到物流采购,基本都接触过,积累了丰富经验。1998年,刘强东在中关村创办京东公司,代理销售光磁产品,凭借独特的营销方式,3年后京东成为了全国最具影响力的光磁产品代理商,几乎垄断了中关村80%的刻录机份额。2001年刘强东复制国美苏宁的模式,从代理商转型零售商,以低价横扫市场,到2003年已经开了12家店。此时刘强东的个人财富也首次突破了1 000万。

正当事业风生水起的时候,非典来了。很多门店被迫歇业,生意一落千丈。也是

---

① 资料来源:京东商城案例分析报告。

由于非典,迫使他只能通过网络进行宣传,但没想到一些忠实的老粉丝居然看到了自己的宣传,通过网络买货。刘强东脑筋一转,何不直接在网上开店?"歪打正着",刘强东开始了线上线下相结合的尝试。第二年,京东商城就正式上线了。最早的"京东商城"其实只是一个论坛,但结果发现,网上订单比实体店卖的还起劲。于是非典过后,刘强东力排众议,下定决心关闭所有线下门店,在2004年创办了京东多媒体网,并且在2005年彻底转型为一家专业的电子商务公司,将主要产品集中在3C和家电领域,这一战略决策让京东得以抓住了未来的消费趋势。2007年京东赢得今日资本的1 000万美元融资,京东多媒体网正式更名为京东商城,由此进入发展的快车道。随后到2014年上市前,京东成为资本宠儿,多轮融资总计融到27亿美元,这期间刘强东主要坚持两大战略性决策:一是向全品类扩张,从只做3C产品转为一站式购物平台,"只要是苏宁、国美、沃尔玛有的东西都要上",以挑战的方式完成布局,也就是我们常说的价格战了。二是决定自建仓配一体的物流体系,这是京东真正蜕变的开始。

电子商务的第一个十年抢市场份额,第二个十年拼创新和用户体验。消费者的成熟带来行业的成熟,这时比拼的就是用户体验。用刘强东的话讲,在当时用户投诉个案中,有80%来自物流体验。但是自建物流极其烧钱,刘强东再一次力排众议坚持了下来。现在很多用户上京东购物,其实也是看中了京东的物流体验。比如京东退货,北京地区退货当天或第二天京东就上门取货。京东物流实力得到了业内的普遍认可,亚洲一号仓库更是被认为是未来物流仓储技术发展的方向。据相关资料显示,京东目前在上海、广州、北京、武汉、昆山等9大城市均建设了亚洲一号仓,辐射范围覆盖全国。在不断的努力与创新下,2017年10月9日,京东宣布,位于上海的亚洲一号仓库正式建立起全球首个全流程自动化无人仓,更是全球首个正式落成并规模化投入使用的全流程无人的物流中心。这个仓库,从入库、存储,到包装、分拣,真真正正实现全流程、全系统的智能化和无人化。"亚洲一号"仓储总部,其规模目前世界上只有Amazon建过。然而Amazon在美国只有仓储,没有物流配送队伍,京东不光有仓储也有配送。京东物流采取了两种方式,在全国重要区域实现自营物流,对地处偏远、人口密度低的三四线城市,则与第三方物流公司合作。

对于管理方面,刘强东也有着自己的一套原则:"创造价值才能获得回报"是所有商业模式的基础。传统商业的价值和经济规律完全适用于互联网,任何一种互联网商业模式,如果不能够降低行业的交易成本,不能够提升行业交易效率的话,那么最后注定会失败的。而对于内部的员工管理,他会建立一个模式:"一托三"法则,即一支优秀的团队是基础,加上卓越的用户体验、低成本、高效率的运营,就能成就一个成功的商业模式。这样就能保证公司的正常运行,更能促进员工之间的沟通与竞争。

此外,企业文化也是一个公司不可缺少的部分,好的企业文化更是会影响到行业和客户。京东自2010年开始做文化梳理,其发展经历了四个重要阶段。

第一个阶段:发展初期的狼性文化、老板文化。2010年京东从一个3C垂直电商开始做全品类的转型,在这个过程当中新人不断涌入公司,京东的文化在被稀释,所以开始搭建企业文化平台。京东首先从一本内刊开始做起,叫《京东人内刊》,主要的一个任务是去梳理京东从成立之日开始它的文化发展脉络,以及过程当中沉淀出来的一些案例,因为历史文化梳理对一个公司的文化沉淀和传承具有非常重要的意义。京东的文化有一个很突出的特点,就是执行力非常强,刘强东的话语权非常强,所以在10年之前京东的文化,京东的文化是一个纯老板文化,基本上由刘强东一个人来主导,这也是狼性文化。

第二个阶段:封闭走向开放,文化氛围打造。2010年之后,公司的人逐渐增多,2010年年初的时候京东是3 000多人,但是到2010年9月份,京东已经7 000多人了,再到2011年的时候已经有1万多人,京东开始做一些文化氛围塑造的事情,包括员工俱乐部、员工生日会、家属开放日,这些比较具体的文化氛围营造的活动。京东的文化内涵不断丰富起来,它的文化的理念也经过了一定的改变,相对来讲京东文化比较开放,给了比较大的就是授权,能够让大家充分发挥自己的创新能力和自我的个人能力去做一些事情,发挥的空间非常大,产出也会非常多,包括业务的发展也非常快。

第三个阶段:以战略为核心,重塑京东文化。到2012年开始京东逐渐走向了精细化的道路,需要更加体系化地去梳理文化,从2012年年底开始,为了满足京东未来五年甚至更长时间的战略发展的需求,京东进行了一次企业文化的梳理,这样的项目京东引入了一家咨询公司来一起做。到2013年初产出了当时新版的核心价值观,起了名字叫一个中心。京东的文化一个最突出的特点是执行力非常强,零售起家在创新上面比较弱,但京东业务不断地发展,品类不断扩充,需要员工有这样的能力逐渐在业务上面做一些自我的创新。从2013年新版核心价值观发布之后,一直到2015年的年底都在做企业文化体系化的落地,包括在这个过程当中也开发了京东个性化的企业文化落地的方法论。

第四个阶段:搭建文化体系与机制,鼓励创新项目。从2015年开始,京东文化进入了一个创新的阶段,主要是文化活动创新型的项目出现,文化体系和机制的搭建已经比较完善了,那更多的就是想要用大家更喜欢的方式,去做文化,这是整个京东文化体系的发展路线。

"如果真心想成功,不用恐惧、不用迷茫,你只需要每天能够保持一直向前、一直向上、永不停止。"刘强东如是说。将员工放在第一位,以及京东完善的管理制度,领导者独到的眼光,成就了京东。正如他获得的《时尚先生》的推荐语所说:他是执着、敢拼的代名词,他做事的风格亦如名字强悍、直率,从中关村小柜台起步到成为中国收入规模最大的互联网企业的掌门人。正是不断地边界突破,才形成了"物流+互联网金融+全品类电商"的京东商城。他在互联网+的跑道上进行资本战略与远谋,他用事实证明,只有拼搏才能创造价值。刘强东说过:"世界上有很多赚钱的方式,如果你创业的动机没有超过对于金钱的向往,那我觉得你可能很难成功! 如果开始了创业,当你遇到挫折将要放弃的时候千万不要放弃,可能这个时候离成功很近了!"

那么,京东从线下小柜台发展成如今的电子商务巨头,又能给我们带来哪些启示呢?

第一,创业者不断连续创业的创新精神。创业者作为创业活动的发动机,是创业发展的"领头羊",而创业者能够审时度势、敢于创新、善于抉择、坚持不懈的创新精神更是企业走向成功的关键。刘强东作为京东创始人,在面临不确定前景时的创新能力和远见,主要表现在:其一,始终保持积极向上的精神。在大学自学专业课之外的编程技术,将所有积蓄投入到第一次创业,尽管后来失败了。其二,他敢于承担创业风险,在京东两次生死存亡之际,他都坚持己见,力排众议,使京东完成了惊人蜕变;其三,充分认识到创新精神在创业中的核心作用。如从网上商城到无人机仓库,搭建了配送最后一公里的有效方式;又如京东金融,把金融和科技相结合,大力支持产业创新;还有京东到家,打造高效便利的O2O生活服务平台……创新都是一个战略性要素在整个京东发展过程中发挥着重要作用。

第二,京东对企业成长阶段特征的敏锐把握。按照葛雷纳的研究理论,创业企业的成长一般要经历五个阶段,分别是初创企业的创新成长期、规模扩张成长期、企业的成长准备期、企业多样化成长期以及企业的成熟阶段。每个阶段都会出现不同的危机,只有正视和解决了危机,企业才能最终走向稳定成长。刘强东的第一次创业失败以至于到后来的成功,实质上是对于企业成长阶段过程中的"领导危机""自治危机""控制危机""官僚危机"以及其他危机的理解和洞察。刘强东明白一家企业仅仅有初心是不够的,成败往往在于你有没有用好人。这种想法在后来刘强东去日本企业任职时得到了验证,日本的管理系统非常清晰,在日本人眼里,正确就是正确,错误就是错误。怎么选人,怎么用人,怎么留人,怎么防止"企业病",保证信息通畅,减少部门扯皮,京东越来越重视企业成长阶段特征,也奠定了其成功。

第三,对互联网时代下创业模式的探索。中国已进入"互联网+"时代,互联网思维刺激着很多人尝试使用互联网工具来颠覆原有市场和行业的规则,比如互联网创业使得大部分行业变得透明化、层级扁平化,新的商业模式的探索需要快速准确的开拓。基于互联网的创业模式目前大体分三种:一是传统电子商务创业模式,二是"互联网+传统产业"创业模式,三是基于物联网的创业模式。京东是中国最大的自营式电商企业,于2004年正式涉足电商领域。刘强东对互联网的看法总结就是:任何一种互联网商业模式,如果不能够降低行业的交易成本,不能够提升行业交易效率的话,那么最后注定会失败的。对于京东而言,从拿到第一轮美金融资到决定自建物流,他们一直不为外界,甚至不为投资人股东所动。在刘强东看来,只要做的事情有价值,盈利一定不是问题。

案例四　投资潮涌下的共享单车[①]

"投资潮涌"是经济学家林毅夫教授提出的发生在包括中国在内的发展中国家在

①　资料来源:林玮,于永达.数字经济领域投资潮涌与产能过剩机制:共享单车案例[J].甘肃行政学院学报,2019(2).

特定发展阶段的经济现象,用以描述发展中国家在赶超发达国家的过程中出现的投资过热现象。出现"投资潮涌"的原因在于发展中国家在赶超发达国家的过程中,会在投资项目的选择中学习发达国家的成功经验,显然这种成功经验会成为发展中国家众多投资者的共识,在这种"共识"的推动下发展中国家极易在特定投资项目上出现过度投资,直至产能过剩。这一理论是在中国追赶西方发达国家产业技术的背景下提出的,而当前中国的产业发展已取得长足的突破,在某些领域已经开始扮演世界的引领角色,尤其是在互联网、云计算、人工智能等为代表的数字经济领域。中国企业在数字领域中可模仿或借鉴的国外经验并不多,要想走在世界前沿,必须开创新技术、新消费和新的商业模式,前赴后继地创业就成为我国数字经济发展的常态。然而在以创新为典型特征的数字经济创业中,却出现了与传统产业相似的投资潮涌和产能过剩,如大量资本在回报率为负的"互联网＋"出行或本地生活服务领域进行过度投资,造成了"千团大战、补贴大战、外卖大战、单车投放大战"局面,其中又以大量废弃单车于大街小巷的共享单车行业尤甚。

"共享单车"实际上是互联网分时租赁自行车业务,这种车辆的使用并非生活自用,而是以营利为目的的经营性用途。这一行业本身是重资产的,并且初始阶段就需要较为大量的一次性投放,以享受网络外部性带来的规模经济,故高额投入会造成一定的进入门槛。行业发展会很快从规模经济,到过度投放下的低使用频次、高维护成本,进而造成规模不经济。同时,该产业集中度很高,CR_2从初期便已超过 90%,这种寡头垄断本是成熟产业或有进入规制的特殊产业的特征。奇怪的是,在这种本可自发防止过度投资的产业经济学特征下,投资潮涌仍未停止。投资潮涌一方面体现在 2016 年下半年到 2018 年初,巨额资本涌入龙头企业,推动共享单车大量投放;另一方面体现在 2016 年到 2017 年上半年,大量初创共享单车公司如雨后春笋般突然出现,随后又在 2017 年下半年大量倒闭。该行业产能过剩也就对应地体现在两方面:龙头企业过度投资、过量投放、产能利用率极低;大量非龙头企业无效投资、无效投放、押金亏空。

统计数据显示,摩拜、ofo 两家公司三年间合计融资超过 310 亿元人民币,由于部分融资未披露金额,实际可能比该数据还要大得多。除了融资金额,平均融资间隔也是极短的,分别达到了 3 个月和 4.2 个月,这一方面体现了强烈的投资意愿、另一方面体现了产能扩张之迅速。除了两家龙头企业,2016 年以来更有大量资本扶持新创业者进入共享单车行业,并形成了数个小高峰,保守估算非龙头企业累计获投超人民币 50 亿元。共享单车行业的严重过度投放,造成企业普遍严重亏损。根据住建部统计数据,2017 年中国城区常住人口 4.1 亿,从中筛选出城区人口大于 200 万人的城市城区人口加总,并剔除地形因素不适合单车骑行的重庆外,适合单车覆盖的城区人口约为 1.5 亿。按照上海市 2 420 万城区人口最多可容纳 60 万辆共享单车计算,饱和覆盖率约为 2.5%,也就是这 1.5 亿的人口最多可容纳投放 375 万辆共享单车,而目前实际投放的单车数量达 3 000 万辆,其中龙头企业投放的就超过 2 000 万辆,是饱和规模的数倍之多。以摩拜的辆均造价千元来算,光制造成本就达到了 300 亿元。

至 2018 年,共享单车行业普遍进入了过度投资、产能利用率极低而运营维护费用极高,进而产生大额亏损的状态。将摩拜公司的财务状况进行解析,按照 299 元押金计算,共有 3 287 万用户,收取 98.29 亿元押金,其中已被挪用约 60 至 70 亿元。其月度收入构成大约是 1 000 万的利息收入与 1 亿元的付费骑行收入。假设按 900 万辆单车计算,每辆车每天创造营收 0.41 元,平均被骑半次,而花销是 2.93 元,净烧掉 2.52 元。净利率达到惊人的 -619%。除去自创的递延所得税资产 16.37 亿元外,摩拜公司的净资产几近于零,只能勉强依靠融资性现金流维持生存。在财务清算的意义上来看,如无法以账面价值出售其主要资产(即共享单车),即造成实质上的资不抵债。自 2018 年 4 月 4 日美团收购摩拜 100% 股权起至年末,由摩拜贡献的并表亏损额达 45.5 亿元,占美团当年营运亏损的 41%。同行业的永安行在其公布的 2017 年报中,亦报告了其用户付费共享单车业务 -76.06% 的毛利率,该亏损使得公司整体毛利率下降了 1.9 个百分点。

除了企业自身亏损,共享单车亦给公共管理制造了大量难题。2017 年 7 月杭州约谈共享单车企业,要求暂停投放;同年 8 月,上海、深圳等城市也跟进要求单车企业停止投放。同时,这些城市还着手清理在部分区域点位无序堆放或者干脆被废弃无人运维的单车,如上海 2017 年下半年不到 3 个月时间即已清理 50 万辆过度投放共享单车。然而叫停投放效果并不好,总有某些企业试图突破法律的边界与城市管理的权威,深圳早在 2017 年夏便已禁止新投共享单车,而 2018 年 3 月 17 日凌晨滴滴仍夜半突击投放青桔单车 2 万辆。

造成共享单车投资潮涌的原因如何用经济学理论进行解释呢? 我们认为主要通过以下几点:

第一,政府失灵。造成共享单车行业产能过剩的政府失灵,既包括公共利益代理人缺位问题,又包括中国独有的央地关系、官员绩效考核与晋升机制。游离于监管之外、获得低廉要素价格且不承担社会成本,本质是对产能过剩行业的变相补贴,推动了过度投资。这在钢铁等上游行业产能过剩中十分明显,例如地条钢的蔓延即是小作坊式的工厂,可以在少支付甚至不支付资源使用成本、污染治理成本和法定税费的基础上,偷偷生产攫取暴利。此外,不少地方政府有意无意地掩护这类产能上马,常见手段是随意的税收优惠、低地价乃至零地价供地,人为压低要素价格,扭曲市场机制。单车的过度投放与随意废弃问题,经公共经济学的理论抽象后,也可以简约化为:公共管理部门允许经营交通工具自营租赁业务的私有企业没有任何代价地使用公共资源(包括停车场资源、路面资源、清理开销等),公私混淆势必带来激励扭曲,"愈禁愈勇"——其本质和过度砍伐、过度捕捞及环境污染等其他公地悲剧类似。

第二,不完全信息和羊群效应。林毅夫教授指出投资潮涌并非是某个发展阶段国家的专利,区别的只是社会心理、制度供给与宏观调控能力,否则美国也不会爆发次贷危机,全球央行也不用推行 MPA 框架下的宏观审慎监管了。再则,共享单车行业发展的每一步,包括融资与投放,都可通过大量媒体报道与实地观察获知一手信息,我国金融资本控制的风险投资市场已十分发达,被投企业股权关系盘根错节,形成了康采恩结构。这些投资机构和创投媒体，完全有意愿也有能力打造风口、制造共识。

第三，高估值套现投机驱动。由于初创企业尚无成熟的财务数据以便估值，且各方正在对其商业模式观察评估，故拼命扩大规模是争取较高估值的唯一方式。而扩大规模，重在扩大对重点城市重点点位的投放，如上文所分析，疏于监管实际上为共享单车企业提供了变相补贴，而谁先抢占这些点位，谁能获得的补贴就更多、生存能力就更强；不断膨胀的估值能够使早期投资人从接盘方手中以数倍、甚至千万倍的回报套现退出，也能使参投企业获得账面上的公允价值变动收益。

第四，预算软约束。预算软约束理论可以很好解释共享单车行业如何发生产能过剩——风险投资的康采恩结构以及集中趋势，共同创造了特定的预算软约束条件，并从内外部激励了管理团队不断扩张无效产能。龙头企业投资者大量集中在一线著名创投机构和互联网巨头，创业者本人获得的股权较少，而公司控制权更是通过董事会席位、一票否决权等牢牢掌控在投资机构手中。其他互联网公司也与巨头间形成了交叉持股、交叉控制的关系。更重要的是，巨头是互联网生态里其他中小型玩家的流量分发来源，如需低成本尽快获得用户就必须得到巨头的荫蔽，这就使得巨头对创业企业，比法律意义上的股权、人事权拥有更强的支配与控制能力。坊间戏称巨头为"爸爸"，鲜明地表现了其与科尔奈笔下父爱主义特征高度吻合。互联网巨头和投资机构之间通过股权、人事权和流量分发形成错综复杂的康采恩结构，这里并未体现多投资主体带来的多目标制衡约束，而更多体现为领投与跟投带来的绑定结构。

案例五　大器晚成的"麦当劳之父"[①]

麦当劳是全球知名的餐饮品牌，超过 37 000 家餐厅遍及全球 100 多个国家和地区，由斯坦利·梅斯顿（Stanley Meston）设计的"金拱门"家喻户晓。1990 年麦当劳进入中国，截至 2019 年 6 月，中国内地已开设超过 3 100 家麦当劳餐厅，员工人数超过 17 万，逐渐成为全球第二大特许经营市场。麦当劳的创始人名叫雷·克拉克（Ray Kroc），这位 1902 年出生的"麦当劳之父"在 1955 年创办了麦当劳公司的前身——麦当劳系统公司（McDonald's System, Inc.）。为什么克拉克要给自己的餐厅取"麦记私房菜"这样的名字？

根据麦当劳官网的介绍，雷·克拉克在 1917 年谎报年龄，以救护车司机的身份加入红十字会，但战争在他训练完成之前就结束了；此后，他做过钢琴乐师、纸杯推销员和奶昔搅拌机推销员。1954 年，52 岁却仍奋战在推销一线的克拉克收到一份奇怪的订单，订单来自加利福尼亚州圣贝纳迪诺市的一家餐厅，一口气就要了 6 台奶昔搅

---

①　资料来源：雷·克洛克，罗伯特·安德森.大创业家：麦当劳之父雷·克洛克自传［M］.北京：中国经济出版社，2019.

拌机。雷·克拉克想不通,多大餐厅、多少人同时就餐才需要购置6台双头奶昔机?这份好奇驱使他来到圣贝纳迪诺,决心看一眼这家"大餐厅"。

而迎接克拉克的却不是什么规模庞大的餐饮巨头,只是一家由麦当劳兄弟经营的小快餐店。理查德·麦当劳(Richard "Dick" McDonald)和莫里斯·麦当劳(Maurice "Mac" McDonald)兄弟二人从1937年开始经营热狗生意,1940年在菜单中加入了烧烤汉堡并开设了名为Dick and Mac McDonald的麦当劳餐厅。经营一段时间后,兄弟二人发现餐厅80%的营业收入都来自汉堡,这促使他们灵活转型,停业三个月将餐厅改成自助式,提供9种餐品(火腿汉堡、芝士汉堡、汽水、牛奶、咖啡、薯片和馅饼等)的快速化和标准化服务,并于1948年形成了著名的"快速服务系统"(Speedee Service System)。美国《餐厅》杂志在1952年7月刊登了以麦当劳为主题的封面故事,向人们介绍起这种自助式快速餐饮服务,也激发了麦当劳兄弟开设自营连锁店的想法。克拉克怎么也不会想到,眼前的麦当劳品牌已经做到了全年20万美元的营业额。

电影《大创业家》(The Founder)用戏剧化的手法再现了"快速服务系统"的形成过程。麦当劳兄弟这样向满脸疑惑的克拉克解释:"我们拆分所有的细节,重新分配和建立,重新审视所有环节。我们精确地在网球场上画出我们的厨房,让员工模拟工作时的操作,大约六个小时后,我们重组了一切,这绝不是浪费时间,而是一场效率的交响曲。我们将蓝图交给建筑商,按我们的要求定制厨房,快速服务系统就诞生了,这是世界上第一条快餐生产线,是一场革命。"而饶有趣味的是,经过短暂的适应,美国民众接受了这种新颖的就餐模式,对这种餐品有限还要自己站着排队点餐、等餐的模式表示理解和喜爱。这一切惊呆了前来参访的雷·克拉克,他从优质和快捷的服务中看到了商机。

经过沟通,雷·克拉克消除了麦当劳兄弟对开放特许经营会增加品质控制难度的担忧,签下了第一个麦当劳餐厅特许经营权,并于1955年以经销权在伊利诺伊州德斯普兰斯市开设了首个麦当劳餐厅(第9分店)。1960年,雷·克拉克以行政总裁身份将Dick and Mac McDonald餐厅更名为McDonald's,并于次年买下了"麦当劳"的冠名权和"快速服务系统"的专有权。麦当劳兄弟远没有雷·克拉克的雄心和视野,为了保住圣贝纳迪诺的第一家麦当劳餐厅而拒绝了克拉克提出的全年营业1%的权利金。此时的麦当劳兄弟已不再拥有"麦当劳"商标,只得将自己的餐厅更名为巨无霸餐厅(Big Mac),但深谙竞争之道的克拉克在巨无霸餐厅的对面开了一家麦当劳,彻底终结了麦当劳兄弟的快餐梦。

时至今日,谁也说不清麦当劳兄弟和克拉克为何分道扬镳,但坊间传闻这和一位名叫哈利·索恩本(Harry Sonneborn)的财务顾问有关。当初麦当劳兄弟将特许经营权交给克拉克时,开出了非常苛刻的条件:只能抽取连锁店营业额的1.9%作为服务费,其中1.4%归克拉克、0.5%归麦当劳兄弟。1960年,拥有228家麦当劳餐厅的克拉克已经获得3 780万美元的年营业额,克拉克本人却只有7.7万美元的盈利。正在麦当劳连锁逐渐成为市场鸡肋的时候,克拉克遇到了哈利·索恩本。哈利研究了麦当劳餐厅的财务报表,敏锐地指出要涉足房地产市场"以地养店",想加盟麦当劳,就要租克拉克的地。

涉足房地产的好处是非常明显的。第一,稳定的前期收入,在加盟商生产第一个汉堡前,麦当劳公司就获得了资金收入;第二,良性的资本扩张,又反过来刺激土地收购。当然,更重要的是,这一做法彻底摆脱了特许经营协议中规定的利润分配比例,加强了克拉克对加盟商的控制,彻底解决了长期困扰麦当劳兄弟和克拉克的餐品品质控制问题。这一天才的想法却惹怒了麦当劳兄弟,但怒火无法阻挡克拉克带领麦当劳餐厅蓬勃发展,此时的克拉克不再是那个碌碌无为的奶昔搅拌机推销员,而是在17个州拥有大量地产的企业家。从麦当劳兄弟手中买下麦当劳的冠名权已然顺理成章,从此麦当劳和麦当劳兄弟不再有丝毫关系。

雷·克拉克曾骄傲地说:"如果30年算是一个漫长的夜晚,那我也是一夜成功的。"他明白麦当劳的前进动力来自与市场需求相适应的模式创新:在营销创新方面,麦当劳餐厅在1970年代增添了娱乐区(play places)和穿越车道(drive-thru),进入中国后推出了适应本土市场的甜品站(1994)、McCafé(2001)、24小时营业餐厅(2005)、得来速汽车餐厅(2005)、麦乐送送餐服务(2007)、未来餐厅(2016)。在餐品创新方面,麦香鱼(Filet-O-Fish,1965)、巨无霸(Big Mac,1968)、鸡蛋满分(Egg McMuffin,1975)和麦乐鸡块(McNugget,1983)等著名餐品均是由加盟商创新后引入全国甚至全球的标准菜单,不同国家和地区的麦当劳也会推出具有本土特色的创新餐品,如1998年配合电影《花木兰》而推出的川香酱(Mulan Szechuan sauce)在全球范围内引发多次抢购热潮。在社会责任创新方面,麦当劳在1974年便推出了公益项目"麦当劳叔叔之家",为异地就医的病童家庭提供住所,2002年开始发布企业社会责任报告。

从麦当劳公司的创业发展中,我们能获得哪些启示呢?

第一,创业精神是创业的动力与源泉,是创业者的精神支柱,故事中的雷·克拉克表现出非常典型的创业精神。其一,他善于发现机会,通过奶昔搅拌机的销量便注意到快速服务系统的前景,以商业方式把握住合作机会并逐渐成为创业主导;其二,他敢于承担创业风险,借贷获得270万美元买断麦当劳的特许经营权,以微小利润不断扩张商业版图;其三,他充分认识到创新在创业中的核心作用,不断引入新模式、新产品、新理念,使麦当劳公司自我完善以适应变化的市场格局;其四,克拉克本人具有高度的自我实现需求,52岁涉足餐饮行业并创业,以人格魅力和商业手段建立起私人王国,他意志坚定并渴望胜利,与麦当劳兄弟的保守呈现出鲜明的对比。

第二,麦当劳非常重视企业的内生成长。麦当劳兄弟时期,餐厅通过简化菜单,将具有竞争优势的餐品进行标准化和快速化,基于企业战略的成长动力强劲,这也是早期快速发展和吸引克拉克的原因;但麦当劳兄弟未能正确建立适合企业发展的长期战略,对企业追求的终极目标和经营范围认知不足。克拉克时期,在哈利·索恩本的帮助下,麦当劳形成了明确的资源主导型成长模式,涉足房地产行业,以土地资源获得企业良性成长的动力,并建立起具有强约束力的加盟商品质控制机制。时至今日,麦当劳的标准化服务已具有价值优越性和不可仿制性,其他企业可以模仿快餐形式,但无法在短期内建立起与之媲美的品牌价值和人文情怀,这是麦当劳能够快速适应多元市场环境并保持长期竞争优势的核心能力。

第三,资本及其结构对麦当劳公司的成长影响深远。一方面,雷·克拉克通过贷款获得 270 万美元,开启了麦当劳加盟时代。但这笔资金并不是狭义的天使投资或创业投资,在企业扩张期曾一度形成致命的还款压力,直接影响到克拉克的经营决策;在涉足房地产市场后,企业进入良性的资金循环,弱化了加盟商经营绩效对企业利润的影响。而另一方面,从麦当劳兄弟的角度看,这 270 万合伙资本远没有表面上那么友善,当克拉克完成店面和资金的结构化扩张后,麦当劳兄弟在企业中的决策权受到严重挑战,最终失去了麦当劳品牌和具有核心价值的"快速服务系统"。正如魏徵在《谏太宗十思疏》中说的那样:"水能载舟,亦能覆舟";创业资本对企业具有控制力量,直接影响到管理结构和企业存续。

第四,作为老牌创业企业,麦当劳并没有故步自封,而是以创新为导向不断整合企业资源。信息资源方面,麦当劳以开放心态接受基层员工在餐品(如巨无霸)和组合(如儿童套餐)上的创新,建立起全球化的信息网络。社会资源方面,克拉克建立起严格的供货商制度,亲自考察原材料品质和安全,官方宣传声称"克拉克曾与每一位原料供应商握过手";同时,麦当劳高度重视企业的社会定位和责任,推出"麦当劳叔叔之家"等公益项目,以温暖和亲近的姿态获得消费者和投资人的信任。人力资源方面,麦当劳以标准化原则规范加盟品质,严格要求"同餐品同口味",早在 20 世纪 60 年代便建立起麦当劳大学(汉堡大学)培养标准化人才,将企业价值和人文情怀发散开来。

案例六　人工智能革命下的政府与企业创业①

2018 年,世界人工智能大会在上海开幕,根据最新的《2018 中国人工智能发展报告》,中国人工智能的发展成果主要表现在以下几个方面:在科研上方面,近 20 年来中国人工智能论文数量和高被引数量均排在世界第一;在人才投入方面,中国人工智能人才拥有量世界第二;在产业方面,中国人工智能企业数量位列全球第二;在投融资方面,2017 年中国人工智能领域融资额占到了全球的 60%,堪称最"吸金"国家。2017 年全球人工智能领域投融资规模达 395 亿美元,中国融资总额达 1 800 亿人民币,占到了 70%;全球人工智能领域共发生融资事件 1 208 笔,中国占到了 31%。约三成的投资事件获得了全球七成的融资金额,中国人工智能市场的整体融资规模处于全球领先地位。根据中国信息通信研究院发布的"2018 全球人工智能产业地图",目前我国人工智能企业数量已经接近 1 500 家,在全球市场排名第二,是全球人工智能发展的高地之一。

---

① 根据有关新闻资料整理。

一、地平线机器人

在我国的人工智能创业公司中,地平线机器人公司是知名度较高的一家,由百度研究院前院长、深度学习实验室主任余凯创建。余凯 2012 年回国加入百度,建立了中国第一个人工智能研究院,百度的深度学习、自动驾驶,都是他带领团队建起来的,当时百度跟谷歌是世界上唯二做人工智能的公司。到了 2015 年,余凯认为,人工智能真正要发生革命性的力量,撬动它的点不在软件,而在新的处理器架构。底层的计算效率跟功耗不够,上层再怎么努力都没用。这个观点当时非常超前,但百度是个软件公司,很难去投入。想明白这件事以后,余凯便自己出去创业,于 2015 年 7 月创立地平线机器人。创业从招聘到融资,都不是非常顺利,尤其是融资,余凯团队谈了大概 60 来家投资机构,没一家出钱。2015 年到 2017 年,公司搭建技术团队,并在机缘巧合下与英特尔合作了一款产品,在 2017 年初向英特尔的客户展示,之后就获得了英特尔公司的投资。此外,投资人中还包含了众多的顶级投资机构——晨兴、高瓴、红杉、金沙江、线性资本、创新工场和真格基金等,还获得了著名硅谷风险投资家 Yuri Milner 的投资。2018 年,地平线机器人公司联合融资 6 亿美元。

南京市为江苏省会城市,人工智能发展水平排名也比较靠前,为了吸引国内外知名人工智能企业推动南京人工智能技术的发展,南京市政府出台了许多扶持政策,大力推进人工智能技术产业化应用,对技术水平先进、商业模式领先、市场前景好的人工智能关键技术产业化项目择优给予补助。部分措施如下:一,孵化创新创业企业,支持人工智能创新资源条件相对聚集的区域,孵化培育一批人工智能创业企业。积极落实国家级、省级科技企业孵化器、大学科技园,以及符合条件的众创空间享受免征房产税、增值税等优惠政策。二,支持开展以深度学习为核心的计算机视觉、语音识别、自然语言处理、生物特征识别、新型人机交互、自主决策控制等方面的开发,对企业新获批国家级、省级应用基础研发平台,分别给予一次性奖励。三,支持人工智能关键技术攻关,对实现重大突破的原始创新和关键技术源头创新项目最高给予 2 亿元资金支持,对取得颠覆性创新成果的项目最高给予 1 亿元资金支持。支持人工智能领域企业主动参与并承担国家、省科技重大专项,对新获得国家和省科技重大专项支持的项目,按照实际国拨或省拨经费给予 1∶1 资金配套。这些措施仅仅是优惠政策的一部分,但是在很大程度上已经具有其他城市所不能比拟的优势,从而能够吸引到优秀的企业入驻南京,共同推动南京市的人工智能技术及产业的发展。

在南京市政府对人工智能产业扶持政策的吸引下,2016 年 9 月,地平线南京研发中心启动仪式在南京国际博览会议中心隆重举行。地平线南京研发中心的成立,获得了南京市政府在资金政策等方面的全力支持。结合南京的人才特点,地平线南京研发中心以系统软件、应用软件和声学信号处理三大技术方向为核心,在智能家居、自动驾驶和自主设计研发的深度学习芯片上发挥着重要作用。南京研发中心计划根据业务的进展不断进行扩充,并在 2020 年达到接近 500 人的技术研发团队规模。地平线机器人技术(Horizon Robotics)致力于人工智能领域的创新,提供嵌入式人工智能解决方案。地平线具有世界领先的深度学习和决策推理算法开发能力,将算法集成在高性能、低功耗、低成本的嵌入式人工智能处理器及软硬件平台上。地平线目前提供基于 ARM/FPGA 等处理器的解决方案,同时开发自主设计研发的 Brain Processing Unit(BPU)——一种创新的嵌入式人工智能处理器架构 IP,提供设备端上完整开放的嵌入式人工智能解决方案。公司核心业务面向智能驾驶和智能生活等应用场景,目前已成功推出了面向智能驾驶应用的"雨果"平台及面向智能生活的"安徒生"平台,与国内国际顶尖的汽车 Tier 1、OEMs 及家电厂商展开合作,并在成立仅一年多的时间内成功推出量产产品。2017 年 12 月,其正式发布两款计算机视觉嵌入式 AI 芯片——旭日和征程,分别面向智能驾驶和智能摄像头。

2018 年,创始人团队对于是否从事商业化开始产生左右冲突,意见分歧比较大,在战略会议上,团队对于战略发展也吵得不可开交。最终经过冷静思考,余凯团队成员觉得还是应该做产业的赋能者,不去做产品,不碰数据,不做服务,不跟客户竞争。余凯希望做一个生意模式,跟着整个产业演进的节奏,每一步都能挣钱,而不是最后把它做成了才能挣钱,这样的商业模式是不够健全的,从创业开始,余凯就在努力加速把自己从科学家变成一个商人。余凯直言他们团队是最早进入 AI 芯片的,而后来者包括寒武纪、华为等企业,彼此没有在任何一个地方碰到竞争,即使相互竞争也有自己的优势。目前地平线没有过多思考盈亏平衡,一直在生存的边缘。这有点像亚马逊,只是比别人更加勇敢地把赚到的利润又去投到研发当中。

2018 年 4 月,地平线同南京市政府、清华大学张钹院士领衔的国内著名 AI 学者团队三方打造的南京人工智能高等研究院正式成立;11 月,地平线 Matrix 自动驾驶计算平台获 2019CES 创新奖。2019 年,与 SK 在高精地图更新与自动驾驶更新领域展开重量级合作,荣登 CB Insights 全球 AI 百强,成唯一上榜中国 AI 芯片企业。此外,地平线 Matrix 自动驾驶计算平台荣获"最佳汽车解决方案"分类奖,获评麻省理工科技评论 2019"50 家最聪明的公司"(TR50),并发布了中国首款车规级 AI 芯片——征程二代。从目前地平线的发展历程来看,在中国人工智能创业公司中属于行业的佼佼者,较为典型,创业者余凯通过创造性的识别和把握商业机会,为人工智能技术及产业的发展创造了价值,进而推动地区经济的发展。从地平线机器人的发展趋势看,地平线的态势朝着不断向好的方向前进,公司的估值也将会随着业务及核心技术的发展逐渐增加,总体来说是一个年轻有活力的潜在独角兽企业。

二、智能语音技术哪家强

苏州思必驰信息科技有限公司是一家语音技术公司,是国际上极少数拥有自主产权、中英文综合语音技术(语音识别、语音合成、自然语言理解、智能交互决策、声纹识别、性别及年龄识别、情绪识别等)的公司之一,其语音识别、声纹识别、口语对话系统等技术曾经多次在美国国家标准局、美国国防部、国际研究机构评测中夺得冠军,代表了技术的国际前沿水平,被中国和英国政府评为高新技术企业。作为国内领先的人工智能语音公司,思必驰目前为智能车载、智能家居和智能机器人三大垂直领域提供自然语言交互方案,致力于打造最实用、有趣的人机交互体验。

思必驰的创始人为高始兴和俞凯,两人2007年在剑桥创立了企业。2008年企业回国落户苏州国际科技园。苏州市政府为了引进龙头企业促进人工智能产业的发展,颁布了一系列的扶持政策及优惠措施。比如资本性支出不低于1亿元或估值10亿元以上的人工智能及相关领域项目,经认定后,可以享受以下优惠政策:落户补助,在按约定完成投资进度前提下,最高给予实际到位资本10%的补助,分3年拨付,单户本项累计补助金额不超过5 000万元;办公用地用房支持,租用自用办公用房,对其租金按照园区核定的标准,实行3年(整年,以下同)免3年减半政策。每年最高补贴不超过500万元,对需要供地的企业予以优先保障;经济发展奖励,企业获利后,根据其地方经济社会发展贡献,给予每年50%—100%的奖励,最长不超过3年,奖励金额每家企业每年最高不超过500万元。

俞凯在剑桥待了10年,前5年做的是语音识别,后5年做的是对话系统。刚开始创业阶段,是以口语教育作为主要方向,利用智能语音技术来实现口语的发音评估和口语综合能力的评估。2011年底,Siri出现了,移动互联网的虚拟助理来了,整个互联网行业发生了翻天覆地的变化,俞凯他们预感到了物联网时代对语音的极大需求,不仅是传统的英语教育领域,在移动互联网端、物联网端等,智能语音的需求越来越旺盛。整个语音在机器学习和人工智能领域里,应用层面的地位也会变得非常高,而且技术的更新迭代也特别快。意识到这一点后,2012年后公司整体方向向移动互联网和智能硬件转移,以全面的端到端口语对话系统作为最终极、完整的系统解决方案。到了2013年之后,语音识别很快接近饱和,接下来就是如何做交互。在接下来的几年间,这个方向已经成了整个业界都非常关注的焦点。目前思必驰主要的研究方向包括自然口语交互所能涉及的各个方面,典型的包括语音识别、合成、理解和交互控制。

思必驰由于在智能语音技术方面的出色,已经与国内众多知名企业成功进行了合作,并取得了满意的效果。如凭借自身技术服务特色,专为同程网进行了语音技术优化和语义技术的定制,提供人机语音交互的信息查询、各类预订等功能,让搜索结果更为准确,操控更为便捷,极大提高了同程网产品的用户体验! 2014年,思必驰对话工场与春秋航空正式达成战略合作,对话工场将向春秋航空提供语音识别、语音合成、语义、人机对话等一系列语音技术服务,为春秋航空提供全方位技术支撑。此外,思必驰凭借专注的技术,丰富的经验与合作诚意,打动了国际知名企业联想集团,未来联想智能设备将植入思必驰国际领先的语音识别、语音合成等技术,实现唤醒、人机互动等特色语音功能,为消费者带去更多语音惊喜。诸如此类的成功案例比比皆是,反映出思必驰所独有的商业魅力和商业价值,思必驰在发掘潜在商业机会的基础上,通过行动将之转化为现实,更是创造了巨大的经济价值。

三、经验启示

随着知识和信息经济的发展,大众创业、万众创新已经不是一句口号,而是成为个个鲜活的例子,不断地在中国大地上生根发芽。继第三次技术革命后,人工智能技术的出现和发展已经成为全世界的共识——这将是第四次技术革命!谁能抢占新技术革命的先机,谁就能在未来相当长一段时期内获得经济发展的主动权,因此各个国家都在积极地推动人工智能产业及技术的发展。

中国为了抢占人工智能发展高地,将人工智能技术上升到国家战略层面。各地政府响应国家战略,纷纷出台了发展人工智能产业实施意见,旨在吸引国内外优秀人工智能相关技术领域的各类企业加入当地政府的经济发展中,其产业扶持政策的力度可谓是不断创新高,由此可见各级政府对人工智能产业的重视程度。在人工智能不断发展的过程中,企业的数量在逐渐地增多,其中不乏有许多企业都是初创企业,并且在不断的壮大,取得的成果也越来越丰硕。之所以中国能够在新的技术革命浪潮来临之际抓住发展机遇,与政府、企业以及创业者个人都息息相关。

在这次以人工智能为代表的新技术革命创业浪潮中,政府、企业创业者分别担任着不同的角色。有了数次技术革命历史经验的教训,在这一次技术革命中,政府为了吸引企业,不仅出台了相关扶持政策,而且在扶持力度上也花了大力气,如资金、税收等方面的优惠。除了引导企业,政府部门还加强了环境建设,在很大程度上营造创业的氛围和帮助企业存活,包括建设企业孵化平台。可以说政府在人工智能创业的浪潮下担任了引导者、促进者和服务者的角色,贯穿了创业企业前中后发展的三个阶段。从企业层面来看,人工智能企业大多数都还在初创成长期,少数企业已经到了规模扩张成长期,如行业的典型佼佼者。从初创企业的成长,到核心业务的成熟扩张,开始在全国产业政策及各方面基础比较先进的城市扩张,不断成立分公司及研发中心。因此,从某种程度上来看,企业在创业过程中是主体,充当着促进一个地区经济增长潜在主力军的角色,将来也必将是地区经济发展的支柱。而从创业者个人的角度来看,创业者是创业过程中的一个导火索或关键因子,在识别商业机会后,通过综合各方面的信息及政策,果断抓住机会将其变为现实,因此在某种程度上,创业者在创业精神的推动下更像是一个执行者,在识别商业机会和执行的动态过程中创造价值,为经济发展注入活力。因此,当一个创业浪潮来临的时候,需要政府、企业和创业者个人三方互相配合,才能使潜在的商业机会变成现实,进而推动经济的增长,使创业经济的效应发挥到最大。

主要参考文献

[1] 彼得·德鲁克.创新与创业精神[M].上海:上海人民出版社,2002.

[2] 彼得·德鲁克.21世纪的管理挑战[M].北京:机械出版社,2006.

[3] 蒂蒙斯.战略与商业机会[M].北京:华夏出版社,2002.

[4] 姚毓春.创业型经济与就业问题研究[M].北京:经济科学出版社,2014.

[5] 张茉楠.创业经济论[M].北京:人民出版社,2009.

[6] 胡振华.创业经济学[M].北京:北京大学出版社,2013.

[7] 曼昆.N.G.,张晓.宏观经济学[M].梁晓钟,译.北京:中国人民大学出版社,2005.

[8] G.M.格罗斯曼,E.赫尔普曼.全球经济中的创新与增长[M].何帆,牛勇平,唐迪,译.北京:中国人民大学出版社,2003.

[9] 戴维·罗默.高级宏观经济学[M].苏剑,罗涛,译.北京:商务印书馆,1999.

[10] 菲利普·阿吉翁,彼得·霍依特.内生增长理论[M].陶然,倪彬华,汪柏林,等,译.北京:北京大学出版社,2004.

[11] 约瑟夫·熊彼特.经济发展理论[M].北京:商务印书馆,1990.

[12] 任保平,宋宇.宏观经济学[M].北京:科学出版社,2016.

[13] Acs Z.J., A Formulation of Entrepreneurship Policy[R]. The FSF-NUTEK Award Winner Series. 2001.

[14] Aghion P., Howitt P., Endogenous Growth theory[M]. Cambridge, MA:MIT Press, 1998.

[15] Audretsch D.B., Thurik A.R., Capitalism and Democracy in the 21st Century: from the Managed to the Entrepreneurial Economy[J]. Journal of Evolutionary Economics, 2000(10).

[16] Audretsch D.B., Thurik A R.What's New About the Neweconomy? Sources of Growth in the Managed and Entrepreneurial Economies[J]. Industrial and Corporate Change, 2001, 10(1).

[17] Audretsch D.B., Entrepreneurship: A Survey of the Literature[R]. European Commission, Enterprise Directorate General, 2002.

[18] Audretsch D.B., Thurik R. A Model of the Entrepreneurial Economy[J]. International Journal of Entrepreneurial Education, 2004, 2(2).

[19] Audretsch D.B., The Entrepreneurial Society[M]. Oxford: Oxford University Press, 2005.

[20] Wennekers S., Thurik, R.Linking Entrepreneurship and Economic Growth[J], Small Business Economics, 1999. (13):27—55.

[21] Thurik R., Wennekers S., Lorraine M U.Entrepreneurship and Economic Performance: a Macro Perspective[J]. International Journal of Entrepreneurship Education. 2002, 1(2).

[22] 唐纳德·F.库拉特科.创业学[M].9版.北京:中国人民大学出版社,2014.

[23] 罗伯特·D.赫里斯.创业学[M].9版.北京:机械工业出版社,2016.

[24] 杰弗里·蒂蒙斯,斯蒂芬·斯皮内利.创业学[M].6版.北京:人民邮电出版社,2005.

[25] 大卫·R.贾斯特.行为经济学[M].北京:机械工业出版社,2016.

[26] 窦大海,罗瑾琏.创业动机的结构分析与理论模型构建[J].管理世界,2011(3):182—183.

[27] 谭远发.机会型和生存型创业的影响因素及绩效比较研究——基于 GEM 数据的实证分析[D].西南财经大学,2010.

[28] 郑馨,周先波,张麟.社会规范与创业:基于 62 个国家创业数据的分析[J].经济研究,2017(11):59—73.

[29] 刘鹏程,李磊,王小洁.企业家精神的性别差异:基于创业动机视角的研究[J].管理世界,2013(08):126—135.

[30] 张青.创业与经济发展关系研究回顾与分析:基于不同经济学视角[J].外国经济与管理,2009(11):21—28.

[31] 尹志超,宋全云,吴雨,等.金融知识、创业决策和创业动机[J].管理世界,2015(01):87—98.

[32] 邢源源,陶怡然,李广宇.威廉·鲍莫尔对企业家精神研究的贡献[J].经济学动态,2017(05):151—158.

[33] 严维石.创业决策的行为经济学研究[J].江苏社会科学,2011(3):92—96.

[34]《全球创业观察报告 2016/2017》.

[35]《全球创业观察报告 2017/2018》.

[36] 刘立,王博,潘雄锋.能力演化与科技企业创业成长[J].科研管理.2012(6):16—23.

[37] 巴罗.小型企业[M].北京:中信出版社,1998.

[38] 伊迪斯·彭罗斯.企业成长理论[M],上海:上海人民出版社,2007.

[39] 毛蕴诗,欧阳桃花,戴勇.中国优秀企业成长与能力演进——基于案例的研究[M].北京:中国财经出版社,2005.

[40] 陈芳.产业集群创业人才孵化因素机器作用机理研究[D].武汉:华中科技大学,2011.

[41] 李志能.企业创新:孵化的理论与组织管理[M].上海:复旦大学出版社.2001.

[42] 梁云志.孵化器商业模式创新:关于专业孵化器参与创业投资的研究[D].上海:复旦大学,2010.

[43] 邵俊岗,常林朝.专业技术孵化器的运行与管理[M].北京:经济科学出版社,2008.

[44] 卢锐.科技企业孵化器的政策分析[M].北京:化学工业出版社,2009.

[45] Praharad C.K., G. Hamel. The Core Competence of the Corporation[J]. Harvard business review, 1990(6):79—91.

[46] Teece D., Pisano G. Shuen A. Dynamic Capabilities and Strategic Management[J]. Strategic Management Journal, 1997(7):509—533.

[47] Porter M. Competitive Strategy[M]. New York: New York Free Press, 1980.

[48] 高鸿业,刘文忻,冯金华,等.西方经济学[M].北京:中国人民大学出版社,2018.

[49] 刘志彪.现代产业经济学[M].2版.北京:高等教育出版社,2009.

[50] 郭琪,贺灿飞,史进.空间集聚、市场结构对城市创业精神的影响研究——基于 2001—2007 年中国制造业的数据[J].中国软科学,2014(5):107—117.

[51] 刘军.我国大学生创业政策:演进逻辑及其趋向[J].山东大学学报(哲学社会科学版),2015(3):46—53.

[52] 杜晶晶,林梦情,陈丽清.企业资源整合研究综述及展望[J].全国流通经济,2017(16):32—34.

[53] 周键.创业者社会特质、创业能力与创业企业成长机理研究[D].济南:山东大学,2017.

[54] 刘冠男.创业导向、学习导向对机会开发和国际创业绩效的影响研究[D].长春:吉林大学,2017.

[55] 李小平,李小克.企业家创业促进了企业创新吗——基于省级工业企业所有权异质性的分析[J].贵州财经大学学报,2017(02):63—74.

[56] 唐君军.创业机会识别的影响因素研究[J].企业改革与管理,2016(24):1,11.

[57] 刘冰欣,赵丙奇.创业资源、创业机会开发与新创企业成长关系研究[J].特区经济,2016(11):52—55.

[58] 张秀艳,孟宪春.创业资本和创业发展的区域特征——基于创业发展指数(CEDI)的实证研究[J].吉林大学社会科学学报,2016,56(02):52—61,190—191.

[59] 王竞一.创业机会识别相关理论研究述评[J].中国劳动,2015(06):34—38.

[60] 刘美玉.创业动机、创业资源与创业模式:基于新生代农民工创业的实证研究[J].宏观经济研究,2013(05):62—70.

[61] 郭新宝.创业教育对创新型国家建设的影响及政府推动[J].科技进步与对策,2012,29(17):149—153.

[62] 瞿莉娜.资源整合对企业自主创新的作用机制与对策[J].中国市场,2012(19):97—98.

[63] 王旭,朱秀梅.创业动机、机会开发与资源整合关系实证研究[J].科研管理,2010,31(05):54—60.

[64] 买忆媛,姚芳.创业者先前技术经验对创业企业创新活动的影响[J].科学学与科学技术管理,2010,31(09):184—189.

[65] 周艳春.关于创业与创新关系的研究综述[J].生产力研究,2009(22):255—256.

[66] 马剑.解决好转轨时期的劳动就业问题必须提高劳动者素质[J].经济研究导刊,2009(13):108—109.

[67] 李时椿.略论创新与创业的融合及其发展趋势[J].科技管理研究,2008(09):300—302.

[68] 姚梅芳.基于经典创业模型的生存型创业理论研究[D].长春:吉林大学,2007.

[69] 兰建平,苗文斌.着力扶持创新型创业发展——从创新型创业的内涵与特征谈起[J].浙江经济,2007(17):26—27.

[70] 李时椿,刘冠.关于创业与创新的内涵、比较与集成融合研究[J].经济管理,2007(16):76—80.

[71] 腾讯研究院.2016互联网创新创业白皮书[R].2016.

[72] 汪连杰.互联网创业模式发展[J].重庆社会科学,2016(12):56—62.

[73] 邹宝玲,李华忠.交易费用、创新驱动与互联网创业[J].广东财经大学学报,2016,31(03):26—33.

[74] 王汪.1996—2001中国互联网创业史[J].今日科苑,2015(06):68—70.

[75] 丁怡琼,夏青.基于社会网络的网上购物研究——从社会互动角度的解释[J].现代商业,2015(06):76—79.

[76] 中国互联网产业 群雄逐鹿[J].信息化建设,2014(11):8—9.

[77] 李柯诺.中国互联网行业精英创业模式及启示[D].武汉:武汉科技大学,2013.

[78] 张晓宏.社会网络对创业活动影响的实证研究——基于欧洲 20 个不同文化国家的比较[J].软科学,2012,26(10):82—85,103.

[79] 杨清云.我国团购网站的发展趋势探究[J].电子商务,2012(08):15,17.

[80] 梁昊光,张燕,兰晓.首都互联网产业经济效应分析[J].北京社会科学,2012(02):28—32.

[81] 潘洪刚,吴吉义.中国网络创业的发展轨迹及趋势研究[J].科技进步与对策,2012,29(03):110—114.

[82] 李东.重庆如何做出一线互联网公司——从中国互联网 100 强公司研究中得到的启发[J].数字通信,2011,38(06):24—28.

[83] 潘洪刚,吴吉义.我国网络创业的兴起及发展现状研究[J].华东经济管理,2011,25(11):23—26.

[84] 王有为,徐云杰,彭志伟,黄丽华,凌鸿.社会资本、网络口碑和网商绩效——基于面板数据的实证研究[J].研究与发展管理,2010,22(05):31—38.

[85] 韩国文,陆菊春.创业学[M].2 版.武汉:武汉大学出版社,2015.

[86] 张玉利,陈寒松,薛红志,李华晶.创业管理[M].4 版.北京:机械工业出版社,2017.

[87] 张帏,姜彦福.创业管理学[M].2 版.北京:清华大学出版社,2018.

[88] 饶育蕾,彭叠峰,盛虎.行为金融学[M].2 版.北京:机械工业出版社,2018.

[89] 尼克·威尔金森.行为经济学[M].北京:中国人民大学出版社,2012.

教师教学资源服务指南

关注微信公众号"**高教财经教学研究**"，可浏览云书展了解最新经管教材信息、申请样书、下载课件、下载试卷、观看师资培训课程和直播录像等。

🎯 课件及资源下载

电脑端进入公众号点击导航栏中的"教学服务"，点击子菜单中的"资源下载"，或浏览器输入网址链接http://101.35.126.6/，注册登录后可搜索相应资源并下载。

🎯 样书申请及培训课程

点击导航栏中的"教学服务"，点击子菜单中的"云书展"，了解最新教材信息及申请样书。

点击导航栏中的"教师培训"，点击子菜单中的"培训课程"即可观看教师培训课程和"名师谈教学与科研直播讲堂"的录像。

🎯 联系我们

联系电话：（021）56718921　　　高教社管理类教师交流QQ群：248192102